COUVERTURE SUPERIEURE ET INFERIEURE EN COULEUR

JOB ET L'ÉGYPTE
LE REDEMPTEUR
ET
LA VIE FUTURE
DANS
LES CIVILISATIONS PRIMITIVES

PAR

L'abbé Victor ANCESSI

𓀀𓏤𓆣𓂀𓏤𓈖𓏏𓊪𓏏𓀭

Cet esprit glorieux, de sa chair, lui-même il voit Dieu. *Todtenbuch.*

ומבשרי אחזה אלוה אשר אני אחזה־לי
ועיני ראו ולא־זר

De ma chair, le verrai Dieu, je le verrai moi-même ;
mes yeux le verront, non ceux d'un autre. *Job.*

PARIS
ERNEST LEROUX, ÉDITEUR
Libraire de la Société Asiatique, de l'École des langues orientales, etc.
28, RUE BONAPARTE, 28.
1877

Du même auteur :

ATLAS
GÉOGRAPHIQUE ET ARCHEOLOGIQUE
POUR L'ÉTUDE
DE L'ANCIEN ET DU NOUVEAU TESTAMENT
1 volume grand in-8 jésus.

L'EGYPTE ET MOÏSE
PREMIÈRE PARTIE

LES VÊTEMENTS DU GRAND PRÊTRE
ET DES LÉVITES

LE SACRIFICE DES COLOMBES
D'après les peintures et les monuments contemporains de Moïse

ETUDES DE GRAMMAIRE COMPARÉE
L'S CAUSATIF ET LE THÈME N
Dans les langues de Sem et de Cham

LE THÈME M
Dans les langues de Sem et de Cham

LA LOI FONDAMENTALE DE LA FORMATION TRILITTÈRE
Les *adformantes* dans les langues sémitiques

Pour paraître prochainement :

L'EGYPTE ET MOÏSE
SECONDE PARTIE
LE TABERNACLE

LE RÉDEMPTEUR

ET

LA VIE FUTURE

JOB ET L'ÉGYPTE

LE RÉDEMPTEUR

ET

LA VIE FUTURE

DANS

LES CIVILISATIONS PRIMITIVES

PAR

L'abbé Victor ANCESSI

𓎛𓂝𓊪𓇋𓊖𓏏𓂋𓏛𓈖

Cet esprit glorieux, de sa chair, lui-même il voit Dieu. *Todtenbuch.*

ומבשרי אחזה אלוה אשר אני אחזה־לי
ועיני ראו ולא־זר

De ma chair, je verrai Dieu, je le verrai moi-même; mes yeux le verront, non ceux d'un autre. *Job.*

PARIS

ERNEST LEROUX, ÉDITEUR

Libraire de la Société Asiatique, de l'Ecole des langues orientales, etc.

28, RUE BONAPARTE, 28.

1877

A MON PÈRE

BIEN AIMÉ

RECONNAISSANCE ET AFFECTION

INTRODUCTION

> Omnia adversus veritatem de ipsa veritate constructa sunt.
> TERTULL., *Apol.* XLV.

C'est avec une profonde et religieuse émotion que je soumets cet humble essai aux hommes de notre temps qui se préoccupent des graves problèmes de Dieu, de l'âme, de nos destinées immortelles. J'ai le dessein d'y faire connaître les réponses que les générations des premiers âges apportèrent à ces questions, toujours résolues et toujours douteuses, qui troublèrent nos aïeux, agitent nos contemporains et inquiéteront sans doute jusqu'au dernier jour les habitants de la terre.

Depuis longtemps, il est vrai, elles semblent épuisées. Les intelligences les plus vigoureuses et les plus pénétrantes ont creusé tour à tour ces profonds sujets : aucun de ces grands esprits qui dominent le troupeau hésitant des foules humaines et rayonnent sur les hauts sommets de l'histoire n'a pu rester indifférent à ces spéculations qui seules entre toutes demeurent à la fois, pour chacun de nous, désintéressées et d'une importance souveraine; et cependant il semble, d'après les incertitudes de beaucoup et la foi inébranlable de quelques-uns, que toujours les mêmes ombres à demi transparentes et les mêmes clartés à demi voilées enveloppent ces insondables mystères.

Peut-on espérer du moins que l'avenir apportera des données nouvelles à la solution de ces problèmes?

La longue expérience du passé semble nous interdire une telle espérance : on dirait que tous les efforts ont été épuisés; il ne reste plus aujourd'hui qu'à répéter sous d'autres formes, à présenter sous d'autres aspects, les arguments anciens qui ne paraissent nouveaux à quelques-uns que parce qu'ils étaient depuis longtemps oubliés.

Il faut le reconnaître humblement : la portée de l'intelligence humaine n'a dépassé et ne dépassera jamais l'infranchissable limite où Dieu veut que la raison s'arrête et que la foi commence. Le voile derrière lequel se cachent ces réalités qui font fléchir le genou de quelques-uns et provoquent le sourire des autres, demeure impénétrable.

Je ne puis donc avoir la prétention d'apporter

des solutions victorieuses et indiscutables dans ce débat solennel qui se renouvelle sans cesse depuis des milliers d'années pour chaque génération humaine ; mais je reste convaincu que tout esprit soucieux de la vérité et préoccupé des destinées qui nous sont faites, après avoir examiné avec nous la longue histoire de nos dogmes et constaté que l'humanité dès son origine fut en possession des enseignements qui sont la base de notre foi, devra se recueillir devant le fait le plus imposant et le plus grave que nous réservât l'étude du passé de notre race. Or ces quelques heures de réflexion et de silence ne seront peut-être pas sans profit. Ceux qui sont encore ennemis de nos croyances, comme ceux qui restent hésitants et troublés, ne verront certainement pas sans inquiétude l'isolement profond où les confinent leurs doutes au milieu de ces foules innombrables de croyants sincères et convaincus qui depuis les origines s'avancent sur tous les chemins de l'histoire, arrivent jusqu'à nous et nous enveloppent de leurs multitudes recueillies et fidèles.

Nous allons rencontrer, en effet, dix siècles avant Moïse et plus tôt encore, à peu près tous nos dogmes et toutes nos espérances, dans la plus ancienne civilisation de l'univers. Nous verrons un peuple dont les origines lointaines sont aussi mystérieuses que les sources du fleuve qui arrose son riche territoire, un peuple loyal et sérieux, dont personne ne contestera les convictions ardentes, croire dès les premiers jours de sa vie au jugement de chacun à l'heure de la mort, à l'éternité des peines, à l'éternel bonheur des élus, à la résurrection de la chair, à l'intervention d'un rédempteur sauveur et juge des âmes, en un mot, à presque tous les dogmes que professent aujourd'hui les nations chrétiennes en plein xixe siècle.

Je ne sais pas de fait plus considérable et plus décisif dans l'histoire de l'humanité ; je n'en connais pas qui puisse assurer plus de considération et de respect à des croyances qui semblent l'héritage inaliénable de la grande famille humaine. Quiconque réfléchira aux changements perpétuels qui emportent comme en un tourbillon nos théories, nos lois, nos institutions, nos cités, nos républiques, nos empires et jusqu'au souvenir de leur grandeur, verra dans l'inébranlable majesté de ces dogmes et la domination persévérante qu'ils exercent sur l'âme humaine, l'avertissement le plus solennel et le témoignage le plus imposant de la haute valeur de ces principes sur lesquels reposent l'édifice des sociétés, les espérances de ceux qui meurent, les convictions de ceux qui luttent et souffrent pendant ces jours rapides que dure la vie.

Pour mettre en lumière un fait d'une telle importance et montrer tout ce qu'il y a d'extraordinaire et d'inexplicable dans la persévérance de ces dogmes au milieu des variations incessantes de l'intelligence humaine, je veux retracer d'abord à grands traits l'histoire de nos connaissances et rappeler la mobilité perpétuelle de nos conceptions, de nos théories et de nos systèmes sur tout ce qui nous intéresse et nous touche de plus près. Alors cette grave leçon de l'histoire aura toute son autorité et sa grandeur.

Depuis le jour lointain où l'homme s'éveilla sur notre planète, il n'eut sans cesse sous les yeux que deux grands faits : l'univers et lui-même.

L'univers qui l'enveloppe de forces mystérieuses ou bruyantes, de redoutables spectacles ou de tableaux enchanteurs, de silencieuses contemplations et d'impénétrables mystères ; cette grandiose demeure, si calme et si animée, toujours immobile et toujours changeante qui déploie autour de lui, dans un contraste inexplicable, des scènes riantes et de royales magnificences, à côté des plus cruelles surprises et des plus amères déceptions.

Tandis que les transparences profondes de l'air, les frais ombrages des palmiers, les brises fécondes du printemps, les lumières voilées de la nuit, les parfums que les fleurs jettent à tous les souffles, le retour ponctuel de ce grand flambeau qui éclaire nos horizons, l'ordre et la paix qui règnent partout rassuraient le nouvel habitant de ce palais immense; la piqûre d'un insecte ou d'un reptile caché sous les feuilles qui tout à coup le pénétrait d'une vive douleur et peut être le faisait mourir; l'apparition soudaine de ces êtres aux formes étranges qui, plus forts et plus rapides que lui, l'épiaient de loin, flairaient la trace de ses pas et bondissaient des sombres retraites de la forêt ou des eaux tranquilles des fleuves; les fureurs des ouragans, les déchirements de la tempête devaient le remplir d'inquiétude et le plonger dans la stupeur.

Comme le disaient les Grecs, il monte de tous les horizons du monde une double harmonie : celle de la lyre et celle de l'arc. L'une, douce et enivrante; l'autre, formidable et mortelle : l'harmonie de la joie et de la vie; l'harmonie de la douleur et de la mort. Leurs voix confondues et mêlées promènent sur la tête de toutes les générations leurs mélancoliques accents et sont répétées sans cesse par tous les échos des mondes (1).

Tel fut le spectacle que l'homme, dès les premiers jours, rencontrait autour de lui. Oublieux du passé et inquiet du présent, il se demanda alors, comme ces héros du moyen âge transportés par un philtre dans des palais enchantés, quelle était cette étrange demeure, où éclataient tous les contrastes, où les contradictions et les surprises tenaient sans cesse en émoi son âme rassurée et inquiète, son cœur plein de confiance ou glacé de terreur.

Qu'étaient ces yeux brillants, qui, la nuit, le regardaient de la voûte du ciel ; quelle main, tous les soirs, venait rallumer ces lampes fidèles? Qu'étaient ces sources transparentes qui jaillissaient de la roche et s'en allaient, à travers les cailloux et les mousses, en chantant dans un langage insaisissable (2)? Qui leur ouvrait ces chemins

---

(1) Παλίντονος γὰρ ἁρμονίη κόσμου ὥσπερ λύρης καὶ τόξου καθ' Ἡράκλειτον, καὶ κατ' Εὐριπίδην. PLUTARQUE, *Isis et Osiris*, 45.

(2) Est enim partim dulcis partim salsa, partim fontana in varias discreta proprietates, alia potabilis, alia non, alia potabilis sed non omnibus, his noxia non illis et e diverso; item alia frigida naturaliter, alia calida... Cœlum vero naturam habet incomprehensibilem, nec ulla ejus notitia certa demanat ad nos. Quid enim possumus de hoc pronuntiare? esse concretam glaciem, ut quibusdam placuit, an ignem purissimum?... Quid illa

inaccessibles et les faisait sourdre sans cesse des entrailles de la terre? Qu'étaient ces souffles qui gémissaient dans les grands arbres et qui, la nuit, venaient secouer la tente ou fouetter la fragile toiture où s'abritait son sommeil? qui les poussait dans leurs courses vagabondes et hâtait la marche rapide de leurs tourbillons? Qu'étaient ces plantes dont le suc donnait la mort, et ces fruits dont la saveur délicieuse réparait ses forces et réjouissait son cœur? pourquoi les uns et les autres sortaient-ils de la même terre, s'épanouissaient-ils au même soleil? Pourquoi indifféremment se présentaient-ils sous sa main? Qui donc les semait sans cesse et sans cesse les faisait mûrir? Qu'étaient toutes ces forces cachées qui tiennent dans un travail incessant et une activité sans relâche les étoiles dont le roulis silencieux traverse le ciel, les sources dont les eaux descendent les collines, les fleuves qui se promènent

---

extrema sphœra fixorum siderum, habet-ne soliditatem, an superficiem tantum sine altitudine, figuris in plano pictis similis? Quid stellæ ipsæ; sunt-ne terreæ moles ignitæ? nam quidam aiunt eas colles saltusque ignitos, ipsi digni pistrino et carcere, ubi hæc instrumenta sunt torquendis impiis istorum similibus. An forte sunt densi quidam ætheris glomi non dissimiles?

Sed animati-ne ac rationales, an ratione simul carentes et anima? Voluntarios-ne an necessitate coactos motus habent? Quid luna? nativo-ne an mutuatitio lucet lumine? suis radiis micans, an illustrata solaribus?... PHILO, *de Somniis*. Paris, 1640, p. 568.

dans les vallées, la mer qui sourit et murmure sur le rivage, qui porte l'homme sur ses flots sans consistance, qui bouillonne et se déchire dans les tempêtes? Qu'étaient les plantes qui naissent et meurent pour le nourrir; les bêtes fauves qui se cachent et veillent pour le dévorer; les oiseaux qui entourent sa tente pour l'endormir dans leur ramage ou le réveiller de leurs notes matinales?

Etaient-ce d'invisibles génies, bienveillants ou malicieux, qui se cachaient derrière tous ces masques et abordaient nos pères tour à tour pour provoquer leurs espérances ou troubler leur sécurité? Non contents de les poursuivre le jour et de les accoster dans la lumière incertaine des forêts, ne venaient-ils pas encore les visiter la nuit dans leur sommeil, agitant devant eux des images trompeuses, les berçant de rêves pleins de charme ou les épouvantant par l'apparition de fantômes plus redoutables que tous les ennemis qu'ils avaient rencontrés sur leurs pas? Cette explication, qui pouvait bien ne pas répondre aux données de l'expérience, avait pour des natures jeunes et des imaginations ardentes le charme irrésistible qui tient encore l'enfant suspendu aux lèvres de sa grand'mère, lorsque le soir elle raconte, autour du foyer, devant la famille attentive, les histoires des revenants d'autrefois.

— x —

L'hypothèse plaisait : ce fut la vraie. Elle fit rapidement son chemin.

Une légion d'êtres imaginaires, pour lesquels on trouva facilement des noms et des formes, s'empara de l'univers et dressa ses tentes sur tous les points du globe, à côté des demeures de nos aïeux. Plus nombreux que les véritables habitants de notre planète, plus puissants que les plus vaillants des guerriers, plus libres des lourdes entraves qu'attachent à nos membres et l'espace et le temps, ils avaient devant eux un champ sans bornes, où ils se jouaient dans toutes les extravagances et les folies des contes fantastiques, sans avoir à compter avec aucune résistance.

Mais l'expérience apprit lentement que les phénomènes de la nature, constants dans leurs manifestations, réguliers jusque dans leurs surprises les plus imprévues, se renouvelaient toujours, en suivant les mêmes voies, en revêtant les mêmes formes, en se maintenant dans une même mesure.

Alors peu à peu tout l'édifice mystérieux de l'univers, encore incertain et mal assuré, échappa à ces influences capricieuses et prit aux yeux de l'homme plus de consistance et de fermeté.

Après des observations attentives et réfléchies, la demeure enchantée de nos pères vit se retirer, l'un après l'autre, les esprits qui la hantaient depuis si longtemps; comme, au retour de l'hiver, nous voyons les oiseaux voyageurs s'envoler vers d'autres climats : ils s'éloignaient en silence, laissant derrière eux quelque chose de moins pittoresque, de moins intéressant peut-être, mais qui n'en était que plus vrai : la physique, la chimie et la mécanique céleste.

Cependant quelques retardataires de la cohorte en fuite, encore cachés dans les cabanes de l'Islande et sous les huttes de la Scandinavie, nous garderont longtemps le souvenir de l'antique puissance de leur tribu. Ils racontent leurs travaux légendaires, leurs décevantes manœuvres et conservent partout une place honorable dans les récits de la veillée et les histoires dont les nourrices bercent leurs babys endormis.

Tous ces hôtes familiers de nos pères se sont donc retirés de la scène du monde; mais il faut dire que, pour débouter ces usurpateurs, ce ne fut pas une facile affaire. Le procès fut long devant le tribunal de la science. Cette jurisprudence nouvelle eut besoin, pour sauvegarder l'autorité de ses arrêts, de s'entourer de ces sages lenteurs qui, au palais, mécontentent les partis, mais assurent du moins un terme aux débats. Comme toujours, les incrédules — et cette fois c'étaient les croyants

— ne se rendirent qu'à regret à l'évidence. On ne put reconquérir que pas à pas le sol envahi : chaque jour, on arrachait quelque nouveau domaine des mains des intrus; et l'on reculait lentement la limite de cette région, où l'homme se trouva enfin chez lui, seul maître et seigneur de son patrimoine.

Nous fîmes ainsi la conquête de notre globe, en chassant les hôtes tout-puissants dont nous l'avions peuplé. Ce fut le premier triomphe de la critique sur l'imagination, du bon sens sur les folles élucubrations de nos rêves.

Ce premier résultat n'était malheureusement que négatif, et rien n'était fait encore; c'était la table rase sur laquelle il fallait travailler, le terrain qui devait soutenir le nouvel édifice.

Quand l'univers eut échappé à ces influences occultes, qu'il eut repris consistance et fut reconnu régulier dans ses mouvements, indépendant dans le jeu de ses forces, l'observation patiente et fine vint alors reprendre l'œuvre que l'imagination avait entreprise à son compte; l'homme commença cette fois une véritable et sérieuse étude de sa demeure. Les travailleurs, en foule, s'enrôlèrent sous le pacifique étendard de la science et ouvrirent une nouvelle croisade pour la conquête du berceau de l'humanité; mais cette tentative hardie, commencée depuis des siècles, est encore bien loin du but qu'elle vise.

Chaque jour, le monde déjà si grand semble s'élargir sans cesse; de nouveaux horizons s'ouvrent devant les investigateurs dirigés à la fois sur tous les points; les frontières que la science croyait proches reculent toujours devant les instruments dont elle s'aide pour pénétrer les secrets de la création.

Par delà les plus lointaines étoiles que poursuivent sans les atteindre les plus puissants télescopes, le calcul révèle encore des mondes. L'imagination s'épouvante des solitudes infinies et des masses gigantesques dont nous parlent les chiffres. L'astronomie raconte le plus invraisemblable de tous les romans, mais il est écrit en algèbre et il faut bien le croire, à moins de douter que deux et deux font quatre.

A l'autre extrême, par delà les barrières que le regard humain ne peut dépasser, le microscope retrouve des mondes inconnus qui s'agitent et travaillent autour de nous, dans une goutte d'eau, sur un grain de poussière. L'univers, tel que nous le montre aujourd'hui la science, semble atteindre par tous les points les frontières de l'infini. Et qui peut dire que ce sont là les dernières limites de l'œuvre de Dieu? Demain, ce champ s'élargira peut-être encore devant des instruments plus ingénieux et plus pénétrants.

Or, tandis que l'univers gagne tous les jours en étendue à travers les espaces, nous ne sommes pas moins surpris de le voir se développer en profondeur dans les domaines du temps.

Le regard de l'homme a furtivement surpris au ciel la formation des nébuleuses, la naissance des soleils, la séparation des planètes et des satellites; il a vu se former, se consolider et grandir des mondes nouveaux à côté des vieux mondes; il a vu se voiler et s'éteindre les globes qui ont longtemps vécu. Nous avons appris qu'ils peuvent se briser, et les fragments épars d'un de ces navires qui voguent près du nôtre, roulent à côté de nous pour nous rappeler ces désastres qui pourraient nous atteindre et dont l'appréhension devrait sans cesse nous tenir en éveil. Cette hypothèse, qui n'inquiétait pas nos pères et qui ne nous trouble pas davantage, est cependant devenue non loin de notre demeure une réalité terrible. Nous pouvons dire des mondes ce que Rutilius disait des cités :

Cernimus exemplis oppida posse mori.

Mais, si pour mourir, il ne faut qu'un instant même aux planètes, la lente transformation des cieux nous apprend que, pour la formation de ses sphères les plus humbles, il faut des siècles sans nombre. L'étude des couches géologiques est venue à son tour compléter les données de l'astronomie, et faire reculer dans des profondeurs incalculables le jour lointain des origines de notre globe.

La terre nous a dit la longue histoire de ces épaisses assises sur lesquelles pèsent nos temples et nos cités. Elle nous a raconté les générations innombrables de ces êtres aux formes à peine ébauchées, qui, avant nous, habitaient notre demeure; elle nous a appris les longues évolutions de leurs types, les péripéties de leur vie et de leur mort; elle nous a conservé les formes de leurs squelettes, les débris de leurs membres, l'aspect de leur physionomie et jusqu'à la trace de leurs pas. A côté de ces faunes éteintes, des végétaux qui ne poussent plus sur notre terre, sont sortis des couches stratifiées, comme des feuilles d'un herbier immense, avec leurs écorces rudes ou lisses, leurs cellules cristallisées et la séve qui perlait dans leurs fibres délicates.

De ce côté encore le monde s'est élargi au delà de toutes les prévisions : les calculs les plus sages reportent les premiers jours de la formation de notre sphère à des distances dont notre imagination se déconcerte.

C'est ainsi que l'œuvre de Dieu, en demeurant

toujours la même, a sans cesse changé d'aspect devant les yeux de l'homme.

L'avenir réserve sans doute à ceux qui viendront après nous encore de nouvelles découvertes et d'aussi étonnantes surprises. Un jour peut-être on sourira de notre joie et de notre émotion en face de ces progrès, qui nous semblaient cependant devoir assurer à notre âge une si noble place dans le respect de la postérité.

Quoi qu'il en soit, nous sommes loin du temps où un des plus profonds penseurs de la race de Sem disait dans un langage imagé et poétique, le seul que l'homme sût parler alors :

> Dieu étend le septentrion sur le vide,
> Il suspend la terre sur le néant,
> Il presse les eaux dans ses nuages,
> Et la nue ne se rompt pas sous leur poids.
> Il joint fortement les ais de son trône,
> Il étend par-dessus son nuage comme un tapis;
> Il trace un cercle sur la surface des mers;
> Il fixe leurs limites à la lumière et aux ténèbres.
> Les colonnes des cieux s'ébranlent
> Et sont frappées de stupeur à sa menace.
> Il soulève les flots par sa puissance,
> Par sa sagesse il brise leur orgueil (1)...
> Qui comprendra le balancement des nuages
> Et le fracas de la tente du Très-Haut?

(1) Job, xxvi, 6-12.

Il étend autour de lui sa lumière :
Il s'environne de l'abîme des mers,
Car ainsi il juge les peuples
Et leur donne d'abondantes récoltes.
La foudre brille dans ses mains
Et il la lance contre les rebelles.
Son tonnerre l'annonce à toute créature,
Quand il marche au combat,
C'est pourquoi mon cœur s'émeut
Et frissonne :
Ecoutez l'éclat de sa voix
Et le murmure qui s'échappe de sa bouche.
Il se répand sous l'immensité des cieux ;
Son éclair brille jusqu'aux extrémités de la terre :
Puis le tonnerre gronde ;
Dieu tonne de sa voix majestueuse ;
Mais nul n'en peut suivre la trace, malgré cette voix
[retentissante.
Qu'il est admirable, ce tonnerre de Dieu !
Que ses merveilles sont incompréhensibles !
. . . .
Au souffle de Dieu, la glace paraît
Et la surface des eaux se durcit.
Il charge les nuages de vapeur,
Il sème dans l'air les nuées orageuses.
On les voit errer en tous sens,
Selon qu'il les dirige,
Pour exécuter tout ce qu'il commande
Sur la face du monde entier (1).
. . . .
Etendras-tu le firmament avec lui,
En lui donnant la solidité d'un miroir d'airain?

---

(1) Job, xxxvi, 29... xxxvii.

Nous sommes loin du temps où les Égyptiens voyaient dans l'azur du ciel les flots immobiles d'une mer sans rivage, ces *eaux d'en haut* (1) sur lesquelles naviguent les barques de leurs dieux. Les étoiles fixes étaient pour eux des nacelles lumineuses dont les rameurs se reposent; tandis que sur les planètes les matelots rament éternellement, dans un voyage sans terme, promenant à travers les cieux les pavillons sacrés qui abritent les triades divines. A tous les points de l'horizon, les esprits célestes attendaient le brillant cortége, le saluaient de leurs acclamations et l'accompagnaient de leurs cantiques (2).

Nous sommes loin du temps où la partie de notre globe, immergée dans l'ombre que projette derrière elle sa silhouette immense, était la demeure des défunts, le pays de l'éternité, peuplé des assesseurs du juge suprême, des gardiens des pylônes inaccessibles; cette terre inconnue, où passent les âmes, sombre refuge du grand serpent, ennemi des dieux et des hommes, qu'Osiris per-

---

(1) Cette expression que nous rencontrons au premier chapitre de la Genèse semble répondre à l'idée que se faisaient les contemporains du système des mondes. Voir dans notre *Atlas géographique et archéologique de la Bible*, une note à ce sujet.

(2) Les Psaumes et le livre de Job font quelquefois allusion à ces esprits, qui veillent sur les hauts sommets de la création et saluent Jéhovah sur son passage.

çait de ses flèches et refoulait dans les ténèbres.

Si l'univers, qui reste toujours le même, a tant changé aux yeux de ceux qui le contemplent de nos horizons bornés et rapides de la vie, d'un autre côté cet autre objet qui sans cesse fixe nos regards et attire notre attention, l'homme, n'a jamais été entrevu que sous des aspects incomplets et des apparences mobiles. L'homme tel qu'il est ne se dévoile que lentement et ne se laisse pénétrer que pas à pas. Sans doute nous connaissons mieux aujourd'hui qu'aux jours de Job et au temps des premières civilisations le jeu de ses forces, les fonctions de ses organes, les rôles divers et complexes de ses éléments, les phases organiques de son développement, de sa vie et de sa mort; nous avons appris que le sang circule en des canaux sans fin, promenant la chaleur à travers nos membres; nous avons appris la puissance et le rôle de ces fibres légères qui portent la sensibilité et le mouvement à travers nos organes. La glande pinéale n'est plus, comme au temps de Descartes, le sanctuaire de l'âme; les esprits animaux se sont enfuis pour faire place à des fluides aussi mystérieux; mais si nous avons fait quelques progrès dans la connaissance de notre corps, nos savants les plus habiles avouent humblement qu'il reste à cette heure plus de problèmes à expliquer que le jour où ils commençaient leurs études. Ici encore les frontières reculent, le voile se retire, mais pour mieux cacher les mystères qui sollicitent plus vivement notre curiosité et provoquent surtout nos recherches.

L'homme a donc changé d'aspect et changera encore à ses propres yeux, comme a changé la création tout entière; et ces transformations semblent suivre la même marche. Il fallut le délivrer d'abord des influences capricieuses des esprits et de l'immixtion perpétuelle des puissances étrangères avant de constater lentement que des lois complexes mais invariables administrent l'économie savante de son organisme, que des lois non moins obéies régissent l'économie plus merveilleuse encore de ses facultés intellectuelles et morales, sous l'action insaisissable de la liberté. Ce principe une fois admis, ses organes et ses facultés se classèrent dans des groupes distincts dont l'analyse épia le fonctionnement et les évolutions cachées.

De ce côté aussi nous sommes loin du jour où la sensibilité, l'imagination, l'intelligence, la mémoire, le sens moral, l'instinct, n'avaient qu'un même nom et ne répondaient qu'à un même concept. Nous sommes même loin du temps où Socrate avait encore un démon familier.

Mais ce n'est pas seulement l'homme dans sa vie intime et le jeu de ses organes qui se montre à nous aujourd'hui sous une lumière plus étendue et plus vive : son histoire à travers les siècles nous apparaît aussi sous un aspect nouveau.

Au fond des cavernes, nous avons surpris des ossements humains mêlés à des débris d'animaux qui ne vivent plus autour de nous; nous avons appris avec étonnement que nos ancêtres eurent à lutter contre des fauves qui n'habitent plus nos forêts. Or, pour combattre ces redoutables ennemis, ils n'avaient que des pointes de silex, des lames de pierre écaillée, des massues de basalte passées dans un vigoureux bouleau ou attachées à un muscle flexible.

Sur tous les points du globe se retrouvent toujours en grand nombre, quoique en des proportions différentes, les traces et les souvenirs de cette laborieuse étape que l'humanité traversa à ses débuts. La vie âpre et difficile, les hasards périlleux de ces civilisations préhistoriques se prolongèrent longtemps, d'un côté parmi les races moins intelligentes et moins actives, de l'autre dans les pays où les besoins matériels, les soins de la défense ne laissaient ni trêve ni relâche. Mais dans les vallées fécondes de l'Euphrate et du Nil, par exemple, là où le sol plus clément se hâtait de pourvoir aux nécessités les plus pressantes, des tribus entreprenantes et hardies, après avoir apaisé la faim et s'être assuré quelque abri contre les intempéries des saisons, trouvaient bientôt le loisir de réaliser de nouveaux progrès, d'améliorer leur sort et de poursuivre sans cesse l'œuvre de la civilisation.

Ainsi naissaient les premiers peuples et commençaient les plus anciennes histoires.

Après chaque conquête, toujours aiguillonnée par de nouveaux besoins, l'activité humaine avançait vers de nouveaux progrès. L'invention du métal fut, à ces époques lointaines, une des meilleures fortunes que l'homme rencontra, par hasard sans doute, au milieu d'autres recherches infructueuses et oubliées. Les oxydes du cuivre firent reconnaître tout d'abord ce précieux minerai, dont le feu devait extraire bientôt de grossières parures, des haches émoussées, des couteaux informes : instruments bien imparfaits, il est vrai, mais déjà bien précieux pour la défense et le travail. Le jour de cette découverte, dont il est difficile de fixer la date, vit peut-être le pas le plus décisif dans les progrès de l'humanité. Plus tard vinrent le fer et les autres métaux, et avec eux ces ouvrages gigantesques dont les ruines se dressent encore sur nos vieux continents, comme pour rappeler à nos générations fatiguées et vieillies l'indomptable ardeur et les audacieuses témérités des premiers hommes.

C'est sous cet aspect nouveau, dur et sévère, misérable et grandiose, que nous apparaissent aujourd'hui les premiers débuts de l'homme exilé sur la terre.

Mais, tandis que l'examen des cavernes habitées par nos aïeux et l'étude de ces débris inattendus des phases d'une civilisation dont l'histoire avait perdu le souvenir, nous montraient les origines laborieuses des peuples primitifs, deux grandes nations, que les historiens classiques n'avaient connues qu'aux derniers jours de leur puissance et dont la Bible elle-même ne nous avait entretenus qu'en passant, sortaient tour à tour des tombeaux de la vallée du Nil et des ruines immenses qui couvrent les plaines désertes de l'Euphrate et du Tigre.

Les vieux Pharaons de toute dynastie, les souverains de Babylone et de Ninive reparaissaient sur les murailles enfouies de leurs palais et de leurs temples, conduisant les chasses royales, les armées victorieuses, les prisonniers innombrables, les pompes magnifiques des panégyries.

Leurs statues sortaient des profondes retraites des hypogées ou des sanctuaires en ruine, avec tous les détails des costumes royaux, tous les traits de la physionomie mélancolique et altière de ces grands conquérants qui visitèrent, à la tête de leurs armées, les plages de l'Asie et les terres habitées de l'Afrique. De longs papyrus ou d'immenses pages de pierre donnaient la série des rois et classaient par groupes les souverains des nombreuses dynasties qui avaient régné sur ces puissants empires. Les serviteurs des dieux et des princes se réveillaient à leur tour de leur sommeil, étalaient leurs titres pompeux, racontaient leurs longs services dans l'administration, la guerre, l'enseignement ou le sacerdoce.

Les parures, les bijoux, les colliers, les bracelets, les vases d'or ou d'albâtre, les parfums, les lettres d'affaire, les cahiers de magie, les romans, les copies d'écolier, les dieux et les déesses, les préceptes de morale, les prières liturgiques, les vertes corrections des précepteurs ou des bons pères de famille : tout ce qui avait rempli la vie de ces peuples, agité leur esprit ou leur cœur, occupé leurs loisirs, exercé leur activité, se retrouvait pêle-mêle dans cette mer de sable qui avait couvert, comme un linceul, la vallée du Nil, ou sous les décombres qui peuplent les plaines de l'Assyrie. Les récits des grandes batailles qui avaient compromis les destinées de l'empire ou reculé ses frontières, les prisonniers et les vaincus, les noms des villes emportées d'assaut ou soumises à de lourds tributs, se déroulaient tour à tour dans des chroniques illustrées qui couvrent de légendes et d'images les murailles de Karnac et d'Abydos, de Babylone et de Ninive.

Ainsi, nous avons retrouvé tout à coup les contemporains d'Abraham, de Moïse et des rois de Juda. Or tout ce peuple ne vient point à nous silencieux et muet, comme une apparition fantastique et brillante. Au socle de leurs statues, ils ont gravé leur histoire : dans leurs mains, ils portent de longs registres où ils ont consigné les souvenirs de leur âge et le récit des événements qui se passèrent sous leurs yeux.

Ils viennent nous entretenir de ce lointain passé ; et ils veulent être entendus.

On vous avait vaguement parlé de nos temples, disent-ils, les voici ; on vous avait parlé de nos villes, nous en avons conservé les plans ; on vous avait parlé de nos rois, ils sont là devant vous, dans leurs images vivantes, avec les cornes symboliques, la majesté de leur cour, les serviteurs qui forment leur cortége. Ils se lèvent puissants comme les dieux, abrités sous le dais que portent les princes, entourés des enseignes sacrées, gardés par de mystérieux génies, ombragés par les plumes que les puissants de l'empire balancent autour de leurs diadèmes.

On vous a raconté nos batailles, nous demandons à vous les dire nous-mêmes; on s'est vanté de nos défaites, mais nous avons le droit, à notre tour, d'en reprendre le récit; on vous a dit nos torts, mais on se taisait sur nos mérites : l'heure est venue où justice se fera.

Qu'allaient devenir, devant les affirmations de ces témoins ressuscités, les récits de nos Écritures, lorsqu'on les lirait sous les yeux des contemporains et qu'on les confronterait avec leurs témoignages ? quelle valeur conserveraient encore ces documents qui, seuls jusqu'à ce jour, nous avaient entretenus de ces âges lointains ? Allaient-ils se montrer controuvés ou authentiques, véridiques ou menteurs? Ces questions se posaient dans tous les esprits : personne n'y pouvait répondre que par les affirmations de la foi, toujours malheureusement suspectes à la science.

Le moment était donc venu où nos textes sacrés devaient subir, à la face du monde et sous les yeux attentifs des croyants et des sceptiques, la plus redoutable et la plus imprévue de toutes les épreuves.

Ce ne fut pas sans une vive anxiété que, dès les premiers jours du dépouillement de ce dossier en désordre, on attendait l'arrêt de la science. Mais ici comme toujours, lorsque des intérêts de cet ordre sont en jeu, on se pressa : or la précipitation ne peut que se tromper.

Après les attaques vaines et les inquiétudes sans fondement que provoquèrent les zodiaques, les esprits trop hâtifs et encore enfiévrés de l'émotion de ces découvertes comprirent qu'il fallait plus de circonspection, de mesure et de critique dans l'examen des pièces et l'audition des témoins. On sentit qu'il fallait avancer avec plus de prudence et de respect.

Voilà bientôt un siècle écoulé depuis lors, et chaque jour se poursuit encore l'instruction de ce procès solennel, dont les pièces augmentent sans cesse.

On peut cependant affirmer déjà que, jusqu'à cette heure, tout concourt à établir la véracité et l'authenticité de nos Ecritures. Les inscriptions des rois d'Assyrie ont rendu témoignage à la fidélité des récits bibliques; les traditions babyloniennes de la création, de la chute, de l'arbre mystérieux de la vie, de la tour des langues, du déluge, ont confirmé les narrations plus sages, plus logiques et plus simples de la Genèse. Partout les récits mosaïques gardent une élévation et une autorité dont les nouveaux documents font mieux apprécier la valeur.

Nous avons nous-même montré, dans un récent

travail (1), comment les monuments égyptiens contemporains de Moïse permettent de fixer le sens de textes encore inexpliqués, de saisir les descriptions obscures des vêtements du grand-prêtre et les rites des sacrifices. En reprenant bientôt cette longue étude, nous continuerons à confronter ces contemporains, qui depuis si longtemps s'étaient perdus de vue, et il nous sera facile d'établir que sur tous les points leurs dires se confirment et rendent témoignage à la véracité des uns et des autres (2).

Ce sera là une preuve aussi inespérée qu'éclatante de la haute valeur historique des documents sur lesquels s'appuie notre foi. Il faut bénir Dieu de l'avoir réservée à notre temps, dont les croyances, ébranlées par tant de discussions, ont besoin de nouveaux soutiens et de nouvelles lumières.

Après avoir constaté sur notre chemin ces résultats importants au point de vue particulier des études bibliques et au point de vue général des croyances religieuses, reprenons notre thèse et disons que, de ce côté encore, l'histoire s'est élargie et a changé d'aspect. Son cadre s'est dilaté au delà

---

(1) *L'Egypte et Moïse*. Première partie : les vêtements du grand-prêtre et le sacrifice des colombes d'après les monuments égyptiens contemporains de Moïse. Chez *E. Leroux*.

(2) Voir encore à ce sujet notre *Atlas archéologique de la Bible* et l'index qui l'accompagne. Chez *P. Lethielleux*.

de toutes nos prévisions pour recevoir des figures jusqu'à ce jour inconnues et pour enregistrer des phases nouvelles de l'évolution de notre race. Mille problèmes, qui n'avaient jamais été soulevés, nous laissent déjà pressentir des solutions prochaines. D'un côté, le développement et la marche de la civilisation; de l'autre, les transformations des langues, leurs laborieuses étapes, les difficultés des premiers pas, les résistances obstinées des anciens dialectes à se laisser pénétrer par l'abstraction, leur lenteur à dépouiller les formes matérielles, à envelopper dans un réseau plus transparent et plus flexible les concepts de l'ordre intellectuel (1); enfin la formation lente des mythologies dont pour la première fois nous surprenons les débuts dans les métaphores des langues primitives, dans la psychologie brillante et imagée des premières races; tout semble ouvrir devant nous des horizons inconnus, où la marche de l'humanité apparaît sous un aspect et dans un jour nouveaux.

Nous contemplons avec étonnement ces lointaines perspectives; nous suivons avec curiosité ces révélations incessantes qui transforment chaque jour nos idées sur l'histoire de notre race,

---

(1) Voir mes *Etudes de grammaire comparée des langues de Sem et de Cham*. Chez *Maisonneuve*.

comme les recherches et les découvertes de la science modifient sans cesse la figure et l'aspect mobiles de ce monde qui passe; en un mot, l'univers aussi bien que l'histoire ne sont plus pour nous ce qu'ils furent pour nos aïeux.

Des mondes inconnus s'agitent et vivent dans des solitudes dont les profondeurs échappaient à leur regard, soit que, infiniment réduites, elles se cachent autour de nous et en nous-mêmes, soit que, infiniment étendues, elles dépassent la portée de notre œil, ou défient les conceptions les plus hardies de notre pensée. Des instruments pénétrants nous ont fait entrer dans les secrets intimes de la nature; nous avons vu de nos yeux ce qui restait voilé aux yeux de nos pères et que hier encore nous ne soupçonnions pas nous-mêmes.

Parmi toutes ces merveilles cachées, nous avons surpris avec émotion cet acte continuellement créateur, qui, entretenant sans cesse, au milieu du monde et pour ainsi dire sous les regards de l'homme, la manifestation éclatante de la puissance et de l'intelligence divines, fait émerger chaque jour du néant des formes et des êtres nouveaux, après la ruine et la mort des formes usées et vieillies. L'observation nous a appris que Dieu crée sans relâche, non-seulement à travers ces cadres connus et fixes de chaque espèce, où la naissance et la mort font succéder perpétuellement de nouveaux individus, mais sur une échelle bien plus grandiose dont les couches géologiques nous montrent les proportions et dont le ciel tout entier nous donne la mesure dans ses mystérieuses et incessantes genèses.

Pour chaque être, comme pour chaque espèce (1), comme pour chaque monde, il semble que, dans un combat dont le champ est partout, la vie et la mort luttent dans un infatigable duel qui sème le monde de vaincus et de cadavres, mais sans laisser une place vide au milieu de la création ; partout se poursuit ce travail douloureux et plein d'espérance qui remplit l'univers d'un mélancolique murmure, dont notre cœur reste l'écho le plus fidèle et le plus ému.

Tout se transforme, mais rien ne périt que nos théories vaines et nos fausses conceptions. L'œuvre de Dieu demeure aussi jeune qu'au

---

(1) Il semble démontré à cette heure que chaque espèce ne peut donner la vie qu'à un nombre limité et fixe d'individus. Quand ce chiffre est atteint, l'espèce disparaît, la source vitale semble tarie. C'est ainsi que s'éteignent à travers les époques géologiques les races diverses qui se succèdent sans que les conditions climatériques aient pu changer sensiblement. Alors apparait une espèce nouvelle, qui comble la lacune. La loi de ces successions est incontestablement une loi de progrès; les types nouveaux sont supérieurs aux types précédents. Et ici encore la mort apparaît comme la condition et le chemin non-seulement de la vie, mais d'une vie plus large, plus complète, plus féconde.

premier jour; elle est aussi féconde, aussi brillante, aussi peuplée.

Son incommensurable grandeur dans les profondeurs du temps et dans les solitudes de l'espace apparaît comme une image immuable et changeante de l'éternité; ses contours fermes et ondoyants à la fois semblent projeter derrière elle comme l'ombre même de l'infini.

Et l'homme, ce résumé du monde, est encore plus grand et plus insondable; ses aspects sont aussi variés, ses mystères plus impénétrables, son cœur plus complexe et plus large, son intelligence plus étendue, sa vie plus mobile et les lois de sa nature plus invincibles. Quand l'univers aura dit son dernier mot et livré son dernier secret à la science, l'homme taira encore le sien. De ce côté aussi, il est des perspectives que le regard n'a pas entrevues et que sans doute il ne pénétrera jamais.

Si l'univers a changé chaque jour aux yeux de l'homme, lui-même a donc changé et changera davantage encore. Les secrets de son histoire, que nous soupçonnons depuis quelques jours à peine, réservent bien des problèmes; les cadres élargis sont encore mal fixés, et il faudra de longues et patientes recherches pour en assurer les contours et y placer dans leur véritable lumière les figures absentes.

Or, si les idées que se faisait l'homme sur le

monde et ses origines, sur lui-même et sur son passé, se sont transformées lentement d'une façon si profonde; si notre science n'est plus la sagesse des anciens âges; si nos théories de la nature, notre cosmogonie, notre psychologie et notre histoire ne sont plus celles de nos aïeux; si notre science ne sera plus la science de ceux qui nous chassent devant eux et nous poussent déjà de l'épaule vers les sombres solitudes et le profond silence de la mort; si tout a changé dans nos conceptions de l'univers et de l'homme; si tout doit changer encore pour ceux qui nous remplaceront: il est un fait singulier et étrange, bien digne de fixer l'attention des philosophes et des penseurs, c'est qu'au milieu de tous ces courants, calmes ou impétueux, dans ce mouvement incessant et irrésistible qui entraîne toutes les formes abandonnées de nos conceptions et de nos théories, les notions essentielles et les principes fondamentaux de la vie religieuse et morale sont restés debout, inébranlables et immobiles à travers l'histoire de l'humanité, comme sur les plages de la mer, ces larges assises de falaises qui peuvent bien un instant, au milieu des tempêtes, disparaître sous les flots, mais qui émergent toujours des tourbillons et dominent de leurs cimes triomphantes et sereines les horizons apaisés de l'Océan.

Ainsi se dressent, aux plus lointains sommets de l'histoire et dans les perspectives les plus reculées des anciens âges, les dogmes essentiels à la vie de l'humanité : jamais ils n'ont sombré sans retour dans les naufrages innombrables où périrent tant de théories, d'institutions et de peuples. Obscurcis et voilés par tous les nuages et toutes les tempêtes qui ont traversé le ciel, ils sont restés comme des phares indiquant le port aux voyageurs, soutenant, aux jours les plus éloignés de notre histoire, le courage de nos aïeux, comme ils entretiennent encore nos espérances, leur montrant, comme à nous, par delà les horizons bornés de notre existence d'ici-bas, les rivages d'un monde nouveau.

C'est tout le but de ce livre et une de mes meilleures espérances, d'établir par des documents d'une incontestable autorité que les dogmes nécessaires à la vie religieuse et morale de l'homme furent, dès l'origine des sociétés, le précieux héritage de nos ancêtres : que nos pères connurent, comme nous, le Dieu unique, personnel et infini que nous adorons ; qu'ils connurent l'intervention miséricordieuse d'un sauveur pour nous racheter de la mort ; qu'ils connurent le rôle et le caractère de ce rédempteur ; qu'ils crurent, comme nous, à l'âme immortelle, aux éternelles récompenses et aux châtiments qui n'ont point de fin ; qu'ils répétèrent d'âge en âge les principes les plus élevés et les plus purs de notre morale ; qu'enfin ces dogmes et ces enseignements se maintinrent longtemps en tout leur éclat, dans les phases les plus éloignées de l'histoire primitive, et résistèrent, au delà de toute espérance, au courant rapide qui emportait dans l'oubli tout ce qui avait passionné un instant les individus et les familles, les peuples et les civilisations. Si plus tard, au cours des âges, ils s'obscurcirent et se voilèrent, ce fut lorsqu'ils allaient bientôt revivre dans des institutions immortelles qui les conserveront à jamais au milieu des peuples.

Je ne l'ignore pas : pour être complet, ce travail ne devrait pas se borner à l'étude d'une ou de deux races, il devrait embrasser toutes les familles humaines ; mais qui ne sait que les documents manquent et manqueront toujours ?

La plupart des peuples qui ont depuis longtemps disparu de la scène du monde n'ont laissé que de rares vestiges de leur passage. Quelques-uns n'arrivèrent jamais, d'autres n'atteignirent que fort tard à ce degré de civilisation qui pouvait leur permettre de léguer à leurs successeurs, dans des monuments durables, le souvenir de leurs croyances. Et quand, après de longs efforts, ils arrivèrent à cette phase nouvelle de leur vie, c'était souvent trop tard, pour enregistrer l'antique foi de leurs pères : elle était morte. Déjà bien loin de leurs origines, ils avaient été depuis longtemps entraînés vers de nouvelles doctrines par leur imagination brillante et mobile ; ils avaient été absorbés par la mémoire de leurs héros, dont ils faisaient des dieux, et par tous les autres souvenirs de leur existence agitée et changeante : ils avaient été fascinés par les spectacles de la nature, qui exerçait continuellement sur eux une action dominatrice : en un mot, ils avaient oublié, à travers leurs pérégrinations incessantes et les hasards d'une vie aventureuse, les traditions de leurs aïeux et les enseignements de leurs pères. Ces peuples étaient trop jeunes pour se souvenir des anciens jours. Les Egyptiens le répétaient souvent aux Grecs qui visitaient la vallée du Nil et ses antiques monuments : O Hellènes, vous êtes d'hier ; vous êtes des enfants ; comment vous souviendrez-vous des âges lointains ?

Mais si l'on ne peut espérer de renouer pour chaque peuple cette longue chaîne de nos croyances qui remonte aux origines de l'humanité, ne serait-ce pas déjà un résultat considérable et une démonstration suffisante de rétablir sur une ligne continue ce fil indestructible qui unirait les dernières générations de notre âge aux premières générations que nous puissions atteindre dans le plus lointain passé, par delà tant de siècles et de peuples?

Même isolé sur un point unique de l'histoire, ce fait ne perd rien de son importance et de sa signification, puisque partout ailleurs les documents font défaut et qu'aucune autre nation ne peut prétendre à des souvenirs si anciens. Nous n'avons qu'un témoin, sans doute, mais il est seul resté debout sur ce champ funèbre, où sont couchés ses contemporains et le silence qui règne autour de lui donne plus d'autorité à sa parole; une seule colonne se dresse encore au milieu des ruines du temple, mais elle suffit pour témoigner des proportions et de la grandeur de ce noble édifice où s'abrita l'humanité.

Ce ne sera peut-être pas sans surprise que ceux qui doutent et ceux qui croient verront la plupart de nos dogmes et de nos principes de morale remonter ainsi aux premiers jours de l'histoire humaine : ce fait ne sera pas sans signification pour les uns et les autres. A ceux-ci, il pourra paraître téméraire et périlleux de rester en dehors des croyances qui sont l'héritage inaliénable de cette grande famille dont ils sont membres : on a peu de chance d'avoir raison contre le grand nombre; les petits groupes de dissidents, quand il s'agit d'intérêts généraux et communs, n'ont pu accaparer le monopole de la sagesse. A ceux-là il ne sera pas inutile, pour affermir leurs convictions, de constater, dans la majorité imposante du passé comme du présent, qu'ils partagent avec les plus antiques civilisations et les plus grands peuples modernes la foi dont ils vivent; que les mêmes espérances et les mêmes craintes dominent l'histoire de l'humanité et soutiennent partout, dans la lutte du bien et du mal, la conscience qui cherche en un autre monde la sanction définitive dont celui-ci ne nous montre partout que la préparation et les pierres d'attente.

Il serait en effet bien étrange que ces dogmes et ces principes fussent demeurés inébranlables dans l'âme humaine toujours inconsistante et agitée, s'ils n'avaient été, pour ainsi dire, une part d'elle-même, le fond de sa nature, comme la raison dernière de son être.

Tout en effet a changé, hors cela : tout a passé et ceci reste, alors que rien dans l'univers ne parlait à l'homme de cet ordre mystérieux qui semble perdu par delà les horizons de la terre et les dernières frontières des mondes ; alors que rien dans la création ne l'entretenait de ces croyances qui pourtant sont encore au fond de ses entrailles et dont il ne se débarrasse jamais, quoi qu'il fasse.

L'avenir lui-même, qui revisera bien des fois les arrêts de la science, modifiera ses conclusions et transformera ses enseignements, n'apportera, nous pouvons l'affirmer hardiment, aucun renseignement nouveau, aucune notion auparavant inconnue, qui puissent atteindre ou ébranler les bases immuables sur lesquelles s'appuie l'édifice gigantesque où passent et se reposent un jour les générations humaines.

Tout a été dit et tout est épuisé sur ce sujet. L'histoire de siècles sans nombre a prononcé un jugement irréformable : la conscience humaine sur ce point n'a pu varier, et ne variera pas, à moins de se nier et de se détruire elle-même : il n'y a donc plus qu'à attendre dans le recueillement, le silence et la foi, la suprême sanction que Dieu doit à son œuvre et qu'il se doit à lui-même.

JOB ET L'ÉGYPTE

CHAPITRE PREMIER.

ETAT DE LA QUESTION.

> Particulatim veritas ab his tota comprehensa est.
> LACTANCE.

Je me propose de grouper les enseignements de la doctrine égyptienne sur Dieu, le rédempteur, l'immortalité de l'âme, le jugement, la résurrection des corps, les châtiments et les récompenses éternelles autour du texte célèbre, dans lequel Job, accablé par les reproches de ses amis, pliant sous le poids de ses infortunes et de sa douleur, désespérant de trouver ici-bas consolation et espérance, proclame solennellement sa foi en une vie nouvelle, où il est assuré de rencontrer, après la mort, un vengeur puissant qui dissipera ses ennemis et fera triompher son droit, une justice éclairée et incorruptible qui mettra fin à ses épreuves et récompensera ses vertus, enfin l'amitié et la vision de Dieu, dans une sécurité et un bonheur que l'adversité ne saurait plus atteindre.

L'importance de cette profession de foi a toujours vivement fixé l'attention des anciens comme des modernes.

Cette incursion rapide et imprévue dans les terres d'outre-tombe, dont les Sémites n'ont jamais été familiers ou enthousiastes et que leur pensée évitait avec une inexplicable réserve, ouvre tout à coup de nouveaux horizons, au milieu des contestations sans issue sur les desseins de la Providence et les lois de l'ordre moral, qui, depuis le début du poëme, retentissent, sans l'expliquer ou l'adoucir, autour de cette grande infortune du plus juste des hommes.

Toute la solution du redoutable problème qu'agitaient ces sages de l'antique Orient était là en ces lumineuses paroles de Job. Dieu, en effet, retrouvait en une vie future le temps et le moyen de punir les coupables qui avaient ici-bas échappé à sa justice, de récompenser le juste accablé par les caprices de la fortune ou la violence des méchants. Ce point une fois admis, il n'y avait plus qu'à clore la discussion et attendre l'arrêt suprême du juge infaillible.

Or, chose étrange mais bien explicable pour quiconque a observé attentivement la logique toujours un peu aventureuse et inconsistante de l'esprit oriental, cette lumineuse et décisive justification de Dieu et de sa providence dans le gouvernement de ce monde provisoire passe inaperçue au milieu du poëme, et la question n'a pas fait un pas, alors qu'elle était résolue. Les raisonnements, en effet, vont recommencer de plus belle, et la dispute ne se terminera que lorsque Dieu en personne aura imposé silence à ces théoriciens acharnés.

Si cette idée nouvelle et cette sainte espérance que le patriarche vient d'exposer si fermement par sa profession de foi, ne pénètrent point dans la trame toujours lâche et flottante des discours poétiques que prononceront encore les amis de Job, si la discussion n'est point ramenée vers ce point de vue où tout s'éclaircit et s'explique, nous n'en devons pas conclure cependant que cette solution ne fut point acceptée par les amis de l'infortuné sémite. Leur silence même montre qu'elle n'avait pour eux rien d'insolite et d'étrange; mais peut-être semblait-elle ne pas suffire à des hommes qui voulaient voir, en les rapides années de leur vie, s'accomplir toute justice et se liquider le compte des bons et des méchants.

Il faut remarquer cependant que, dès l'heure où cette solution inattendue intervient dans cette solennelle et décisive déclaration, nous entrons dans une phase nouvelle du poëme : l'attitude de Job change et le ton de ses discours ne sera plus le même.

Tandis que ses impitoyables amis, pour établir sa culpabilité, ramènent sans cesse la question sur le terrain étroit et glissant de l'expérience des contemporains ou des aïeux et limitent aux horizons bornés de ce monde les revendications de la justice divine, celui-ci semble s'être réfugié avec ses convictions, ses espérances et ses droits, sur les terres plus larges et plus fermes de l'éternité, où les jugements de Dieu s'accomplissent avec une inexorable rigueur, sans rencontrer jamais ces accidents capricieux que la liberté humaine jette comme des entraves au travers de la vie des individus et des familles, de la marche des peuples et du développement de l'histoire, pour arrêter le cours de la justice divine et en retarder la sanction.

Aussi le caractère des derniers discours de Job est-il profondément changé.

C'est toujours cette éloquence émue et saisissante, où les tableaux et les images se succèdent avec une inépuisable fécondité et une incomparable splendeur; mais l'accent de la douleur est plus contenu; la voix a quelque chose de plus attendrissant et de plus auguste que la résignation peut seule donner. Le désespoir si poignant des premières plaintes, les emportements des premiers cris d'indignation et d'angoisse se sont apaisés. La douleur demeure profonde comme la mer et insondable comme ses abîmes; mais ses flots tumultueux se calment; on dirait que la perspective de ces saintes espérances, entrevues aux lointains horizons de l'éternité, assure déjà, après les déchirements de la tempête, des jours de sécurité et de paix (1).

La profession de foi qui termine le chapitre XIX semble donc comme le centre et le nœud même de toute la composition.

Si elle n'attire pas vivement l'attention des contradicteurs de Job, si elle ne pénètre pas avec ses lumineuses solutions dans la discussion du redoutable problème qu'agitent en sens contraire les acteurs de ce drame émouvant, elle exerce une influence latente sur l'attitude du héros, sur la marche de sa pensée et mieux encore sur les dispositions de son cœur (2).

Or, si c'est là le point saillant et le centre de ce

---

(1) Il est facile de se convaincre de cette importante vérité, il n'y a qu'à parcourir les trois derniers discours de Job. En répondant à ses amis, il n'abandonne jamais le terrain nouveau sur lequel il vient de s'établir par la proclamation de sa foi en les vérités d'outre-tombe. Voici l'analyse de ces trois répliques, d'après notre illustre maître, M. Le Hir. Job répond successivement à Sophar de Naama, à Eliphas de Théman et à Bildad le Suhite « Il insiste sur ce point que le malheur d'un homme n'est pas une preuve de ses crimes, puisque Dieu n'exerce pas toujours sa justice en cette vie, et que très-souvent les impies prospèrent. Cependant il convient que souvent aussi ils sont punis d'une manière exemplaire et terrible, mais cela ne prouve rien contre lui. »

(2) Il serait impossible, en effet, d'expliquer autrement le calme et la sérénité qui règnent dans cette seconde partie de l'ouvrage. Il aurait fallu s'attendre à voir grandir la douleur et le désespoir du patriarche devant l'obstination de ses amis, si l'intervention de cette idée nouvelle n'avait apporté l'apaisement et l'espérance dans le cœur de cet infortuné.

magnifique poëme, la plus haute inspiration de son auteur et la dernière espérance de la grande infortune qu'il nous raconte, notre étude portera donc sur la partie la plus intéressante de cette composition et atteindra, pour ainsi dire, l'âme même qui l'anime.

Il est par conséquent de la plus haute importance, pour l'intelligence de ce livre, un des plus brillants joyaux que nous ait laissés le vieux monde oriental, de fixer le sens de cette déclaration solennelle, autour de laquelle rayonne tant de lumière et gravitent, comme vers leur centre, toute l'ordonnance des discours et la marche de la pensée.

C'est le nœud de l'ouvrage. Or, si tout nœud est difficile à délier, celui-ci a des difficultés particulières.

Ce texte contient des allusions évidentes à des traditions et à des dogmes qui semblent obscurcis et oubliés dans le monde sémitique; cette profession de foi reste jusqu'à cette heure un document isolé, sans précédent qui l'explique, sans commentaire qui l'autorise et le justifie. On dirait un cri sublime perdu dans ces âges lointains : s'il est arrivé jusqu'à nous, c'est la voix puissante mais solitaire dont retentissait le pays de Hus qui nous l'a fait entendre.

Rien d'analogue en effet dans les textes les plus anciens du Pentateuque ; rien de semblable dans les cantiques d'Israël ou dans les promesses et les enseignements des prophètes. Toutes ces pages si variées de nos Écritures, où se reflètent les phases diverses de la vie agitée des Hébreux, semblent appartenir à un autre âge ou à une autre civilisation. Les antiques traditions ont déjà fait place à de nouvelles espérances et à de nouveaux enseignements, qui se traduisent sous une forme spéciale et revêtent un aspect inconnu jusque-là dans les idées des enfants de Sem.

En la famille d'Israël, avec la législation mosaïque, le vieux monde primitif prend fin et un autre commence. Les anciennes croyances effacées ou perdues ne se réveillent que lentement, au cours des siècles, dans le symbolisme transparent de la loi et les brillants tableaux des prophètes. Mais tout prend alors un caractère particulier et national qui marque d'un cachet indélébile et donne une physionomie à part, une originalité remarquable, aux lettres et aux institutions hébraïques. Dans la vie de ce peuple, les doctrines et les espérances nouvelles semées par la main de Jéhovah se développent et grandissent peu à peu, comme la plante qui sort de son germe, où elle était déjà contenue tout entière en une miniature invisible. Là tout se tient, tout se suit, tout s'appelle.

Or, au milieu de cette littérature variée et changeante, mais dont toutes les parties sont animées par une commune inspiration et fortement maintenues par les liens d'une remarquable unité, le livre de Job et sa profession de foi demeurent isolés, quoi qu'on fasse. Ils semblent en dehors de ce mouvement qui anime l'œuvre tout entière et monte pas à pas vers les derniers sommets où rayonne la figure du Messie. Par son inspiration et son caractère, le texte que nous allons étudier semble ne pas trouver place dans cet ensemble et rester étranger au milieu du groupe où nous le rencontrons.

On dirait une de ces colonnes encore debout à Balbec ou au forum de Rome, quand tout le reste de l'édifice a disparu depuis longtemps, pour faire place à de nouveaux temples et laisser grandir des palmiers ou des cèdres au milieu de ses ruines.

Le profond isolement où se trouve ce document précieux n'ajoute rien à sa grandeur et compromet aux yeux de quelques-uns toute sa portée.

S'il impose par sa majesté séculaire à quiconque le considère avec respect et s'appuie avec confiance sur son autorité, il reste désarmé et impuissant contre celui qui se croit intéressé à le faire disparaître, à contester sa valeur, à amoindrir son importance. Il est impossible, en effet, d'en appeler au témoignage des autres livres d'Israël : tous sont muets, quand on les interroge sur le sens et la portée de cette déclaration unique et imprévue. Encore à ce point de vue nouveau, il serait donc important, pour apprécier son caractère et fixer sa signification, de retrouver, dans des documents plus anciens, une doctrine analogue et de semblables espérances.

Au lieu d'être alors comme une voix perdue et un débris isolé dont il est impossible de saisir le sens et d'indiquer l'origine, nous verrions ce document reprendre sa place dans l'ensemble dont il est détaché, retrouver l'appui et la lumière qui lui rendraient enfin son autorité et sa grandeur.

Grâce aux monuments égyptiens, tout cela est possible aujourd'hui. Ce sera une des meilleures fortunes et une des gloires les moins contestées de ces vieux papyrus de la vallée du Nil de rendre cet éclatant service à un des textes les plus précieux et les plus décisifs de nos saints livres.

Nous retrouverons, en effet, sur ces anciennes feuilles et sur ces bandes de toile conservées au fond des tombeaux de Thèbes ou du Sérapéum, non-seulement les doctrines et les croyances mentionnées dans le livre de Job, mais les expressions mêmes du patriarche. Or ces textes sont nombreux et étendus; ils sont d'une authenticité qu'on ne peut mettre en doute; leur sens est fixé, personne ne le contestera; enfin ils exposent un enseignement traditionnel qui remonte aux premiers âges de l'humanité et nous répètent, sous mille formes, les croyances dont vécurent pendant de longs siècles les générations qui nous les ont transmises.

Mais l'étude et la comparaison de ces documents nous amèneront à un résultat plus considérable encore.

Il est, en effet, quelque chose de plus important que d'assurer le sens d'un texte, si décisif qu'il puisse être; c'est de constater de communes traditions, une même doctrine, la même foi et les mêmes espérances dans ces deux grandes familles de Sem et de Cham, dont les fils remplirent toute l'histoire ancienne du bruit de leurs noms et de leurs œuvres.

De longs siècles s'étaient déjà écoulés depuis leur dispersion; ils vivaient séparés non-seulement par d'infranchissables déserts, mais par les barrières plus infranchissables encore de leur langue, de leurs mœurs, de leurs lois, de leurs cultes, de leurs civilisations, lorsque nous retrouvons dans les deux familles les mêmes enseignements et les mêmes croyances.

N'est-il pas surprenant de voir qu'après de si nombreuses générations, si le texte sémitique est enveloppé pour nous de quelque obscurité, nous pouvons interroger des documents écrits dans une autre langue et par un autre peuple, pour interpréter les paroles mêmes de nos Ecritures? N'est-ce pas une merveilleuse chose de voir les livres d'une race étrangère nous expliquer les enseignements des fils d'Abraham ? Et ne devons-nous pas à Dieu une profonde reconnaissance pour avoir réservé à notre foi une preuve si éclatante de son autorité ?

Pour mettre en lumière des faits qui contiennent de si graves enseignements, notre marche sera simple et facile à suivre.

Il ne s'agit que d'interpréter le texte sémitique, en le rapprochant des textes égyptiens. Nous n'aurons qu'à relever l'un après l'autre, dans chaque document, les données qu'ils peuvent nous fournir, à les placer dans leur véritable jour, et enfin à les mettre en regard des textes parallèles qu'ils doivent illustrer. Dans le cas où il resterait quelque doute, quelque obscurité d'un côté ou de l'autre, nous chercherons à les dissiper par la comparaison des formules analogues. Il serait bien étrange que, dans des textes semblables venus de sources si différentes, la même difficulté tombât sur les mêmes mots et affectât la même construction. Et alors même qu'il en serait ainsi, il nous resterait encore une ressource. L'abondance des documents égyptiens permet d'interpréter les passages obscurs par des textes plus clairs et dont le sens est incontesté. Or, une fois la signification des textes égyptiens sûrement établie, comment le texte sémitique résisterait-il encore, si des deux côtés nous retrouvons les mêmes enseignements ?

De plus, comme la haute antiquité des documents de la vieille Egypte ne peut être mise en question, comme ses livres donnent, de l'aveu de tous, l'exposé des plus antiques croyances dont le souvenir soit arrivé jusqu'à nous, nous n'aurons pas à nous inquiéter de fixer l'âge du texte de Job. Nous pourrons laisser aux exégètes le soin de rechercher l'époque où il fut écrit, sans que nos conclusions en soient ébranlées.

Cette épineuse question eût demandé bien du temps et bien des efforts, sans nous donner peut-être de résultat. Nous pourrons la passer sous silence. Pour nous, toutes les hypothèses qui, jusqu'à cette heure, divisent les savants sont également bonnes : quel que soit le sentiment auquel on s'arrête, nous n'avons pas à nous en préoccuper, aucun ne peut compromettre le résultat que nous poursuivons.

Si le livre de Job est ancien et remonte à l'âge des patriarches, il sera l'écho des traditions primitives du vieux monde sémitique, avant que la législation de Moïse n'eût encore discipliné sous des institutions nationales les races pastorales venues de l'antique cité d'Ur au pays de Chaldée; si ce livre est contemporain de Salomon ou d'Isaïe, nous y retrouverons une preuve éclatante de la vitalité de ces enseignements traditionnels que la Loi n'avait pas besoin d'enregistrer, au milieu de ses prescriptions rituelles et légales, pour les conserver au sein de la famille hébraïque; enfin si ce texte a été composé en dehors des frontières d'Israël, dans une tribu voisine, mais sortie de la même souche, nous n'en constaterons pas moins, dans la forte race de Sem, la persévérance de ces précieux enseignements. Car si les Hébreux traduisirent dans leur idiome ce texte étranger, s'ils le rangèrent parmi leurs livres les plus vénérables, ce ne put être que parce qu'ils y rencontraient, sous une forme littéraire que leur goût savait apprécier, l'exposition orthodoxe de leur foi et les enseignements de leurs docteurs.

Quelle que soit par conséquent l'hypothèse à laquelle on s'arrête, nous n'avons pas à nous en inquiéter en ce moment. Nos conclusions gardent leur importance et leur autorité. Le livre de Job n'en demeurera pas moins l'écho des plus anciennes traditions de la race sémitique.

Qu'il nous soit permis toutefois de dire humblement notre avis sur ce grave sujet. Nous ne prétendons pas trancher ce difficile problème et imposer notre sentiment; mais le caractère particulier et tout nouveau de notre étude semble fournir des données encore imprévues dont il faudra tenir compte dorénavant, et il convient de les mettre en lumière.

. Comme nous le faisions pressentir tout à l'heure, en parlant des rapports du livre de Job avec les autres textes de nos Ecritures, ce document nous paraît, du moins pour le fond, remonter à une haute antiquité.

Qu'il ait été définitivement rédigé du temps des premiers rois de Juda ou plus récemment encore, que l'original appartienne à la famille d'Israël ou qu'il ait été emprunté à un peuple voisin, il semble respirer dans son ensemble comme dans ses détails un parfum de simplicité et de grandeur qui rappelle l'âge des patriarches. Si quelques nuances de style et quelques analogies de grammaire ou de forme — indications toujours vagues et contestables que l'on pourrait d'ailleurs expliquer par la rédaction actuelle peut-être relativement moderne — le rapprochent, dit-on, de l'Ecclésiaste ou des Proverbes; le souffle qui l'anime, la marche de la composition, les allusions à des mœurs plus anciennes semblent nous reporter vers une autre époque et une autre civilisation.

Le cheval, par exemple, mentionné parmi les animaux rares et mystérieux dont les descriptions saisissantes se déroulent dans le discours final, pour frapper l'imagination interdite des amis de Job et réduire au silence le plaignant lui-même, ne trouverait pas sa place entre le béhémoth, le léviathan et les autres, qui tous semblent étrangers ou vaguement connus par les récits des voyageurs et des caravanes, si nous étions au temps où Salomon possédait des haras peuplés de la grande race d'Egypte, ou même à l'époque de l'invasion de la Palestine, lorsque les chars chananéens faisaient échec à l'infanterie de Josué; lorsque, pour obéir à une loi du Pentateuque, qui fut plus tard interprétée avec moins de rigueur, on coupait le tendon des chevaux pris sur le champ de bataille ou enlevés aux vieilles races autochthones.

Ce trait seul ne semble-t-il pas faire remonter plutôt cette composition à une époque où le cheval était encore absent des tentes des pasteurs et des demeures royales des Pharaons, alors qu'il restait, pour les Egyptiens et les Sémites, un animal presque légendaire, comme le crocodile et l'hippopotame, alors que son apparition insolite ou sa réputation grandie par les récits des voyageurs frappait vivement l'imagination de ces peuples, et réveillait dans leur esprit une haute idée de la souveraine puissance du Créateur ?

Si l'auteur du livre de Job eût vécu au milieu d'une race qui eût vu tous les jours sous ses tentes ou dans ses écuries ce noble et fier compagnon du guerrier ou de l'agriculteur, sa description brillante et émue n'aurait produit qu'une faible impression sur ses contemporains, et certainement nous ne la trouverions pas à la place qu'elle occupe dans son dernier discours.

Enfin les doctrines contenues dans la profession de foi, qui sera l'objet spécial de notre étude, semblent surtout appartenir à un âge plus ancien.

Cette impression deviendra plus vive et plus profonde à mesure que nous rapprocherons les traditions sémitiques des traditions de la vieille Egypte: je ne doute point que nos exégètes les plus autorisés ne trouvent dans ces données nouvelles une preuve, sinon décisive, du moins imposante, de la haute antiquité du livre de Job. Tous du moins seront d'accord sur ce point, que les doctrines mentionnées au chapitre XIX remontent aux âges les plus reculés.

CHAPITRE II.

LA STÈLE.

> L'Egypte régnait par ses conseils, et cet empire d'esprit lui parut plus noble et plus glorieux que celui qu'on établit par les armes.
> BOSSUET. *Discours sur l'hist. univ.*

C'est avec le chapitre XIX que s'ouvre le discours dont nous devons expliquer la conclusion. Job répond à Bildad le Suhite, qui, pour la seconde fois, vient d'exposer sa thèse : *L'impie est toujours malheureux en ce monde.* C'est, de l'avis du Suhite, une vérité incontestable, et sa contrepartie même : *Quiconque est malheureux est coupable,* ne lui paraît pas moins certaine. Job n'a donc qu'à conclure : Je suis frappé de Dieu, par conséquent je suis un impie.

Emporté par l'ardeur de la discussion et le vif désir de faire triompher cette doctrine, qui peut bien répondre aux vœux d'une âme droite et honnête, mais dont les faits ne veulent pas tenir compte, car les faits ne sont pas toujours aussi orthodoxes que l'exigeraient nos idées étroites et nos jugements précipités, Bildad, dis-je, pour établir sa thèse, a rencontré de saisissantes images et de brillants tableaux, mais il n'a pu trouver, en son cœur de théoricien imperturbable, ni la moindre consolation ni la moindre espérance pour son malheureux ami. Pourquoi d'ailleurs le consoler et le plaindre? Ne fallait-il pas avant tout sauvegarder l'autorité et le prestige des principes et ouvrir les yeux à cet insensé, qui se croyait juste à l'heure même de son châtiment?

Cependant, quoi qu'en dise Bildad, malgré toutes ses infortunes, Job se trouve innocent. Mais la douleur le mine; l'entêtement de ces implacables raisonneurs le torture; il est obsédé par leurs discours qui se répètent pour le condamner, par leurs systèmes faux dont on se fait une arme contre sa conscience; enfin il il n'y tient plus, il éclate comme la tempête.

> Jusques à quand, affligerez-vous mon âme,
> Et m'assommerez-vous de vos discours!
> Voilà dix fois que vous m'insultez,
> Que vous m'assourdissez sans pudeur!

Il reprend alors, dans un langage émouvant, la longue histoire de ses épreuves et le tableau de ses douleurs. Dieu s'est acharné à sa perte; ses frères l'ont abandonné; ses amis se sont détournés de lui; ses proches se sont éloignés; ses intimes l'ont oublié; ses serviteurs et ses servantes le traitent comme un étranger et un inconnu; sa femme fuit devant son haleine; en vain il demande grâce au fils sorti de son sein; jusqu'à ses petits-enfants, tous méprisent cet auguste vieillard. Autour de lui règnent la solitude, le silence, le mépris, la honte. S'il se regarde lui-même, il est à ses propres yeux un objet d'épouvante et d'horreur. Les os percent sa chair; il n'a de peau qu'autour des dents.

Dans cette détresse inouïe, qui fait un contraste saisissant avec ses splendeurs passées, il sort des entrailles de ce malheureux un cri suprême, cri touchant et plein de larmes, qui nous trouble encore après tant de siècles : *Miseremini mei, miseremini mei, saltem vos amici mei!* Ayez pitié, ayez pitié de moi, vous du moins qui êtes mes amis; car la main de Dieu m'a touché, *quia manus Domini tetigit me.*

Mais le cœur de ces sages impassibles ne se laissera pas ébranler; il souffre, il faut qu'il s'avoue coupable.

Que faire donc? où porter ses regards? où chercher consolation et espérance?

Au moment où ce discours, le plus tendre et le plus touchant peut-être de tout l'ouvrage, arrive à cette émotion poignante, à cette limite extrême où la douleur humaine ne sait plus que se taire et pleurer, tout à coup le patriarche s'arrête. On dirait que ses yeux baignés de larmes se relèvent de cette boue fétide, où ses chairs s'effondrent, de ces membres qui s'en vont en une pourriture vivante, et, le regard fixé vers le ciel, il s'écrie avec un accent qui a quelque chose de sublime et d'étrange :

Qui me donnera que mes paroles soient écrites,
Qui me donnera qu'elles soient consignées dans un livre,
Qu'elles soient gravées par un style de fer ou de bronze,
Qu'elles soient à jamais gravées sur le roc!

La solennité insolite de ce début ne semble-t-elle pas présager que nous allons entendre quelque parole décisive ; peut-être le dernier cri du désespoir, la dernière révolte de l'homme qui se dresse contre le ciel et le maudit au nom de la douleur et de la mort. Nous touchons à un dénoûment terrible. Tout ce qu'on peut imaginer de plus cruel, de plus désespérant dans la souffrance, la calomnie, la trahison, a été groupé avec art, pour donner plus d'éclat à cette scène suprême. Dieu écrase le juste et se tait; l'amitié, le respect et l'amour, ces choses saintes qui survivent à toutes les ruines et nous consolent encore dans nos plus cruelles douleurs, ont trahi à la fois la cause sublime et à jamais perdue de cet innocent. La situation reste sans issue. Il fau s'attendre à ne trouver au cœur de cette victime et sur ses lèvres frémissantes qu'un dernier anathème, un cri de désespoir, de malédiction et de haine, qui fera tressaillir le ciel, courbera comme l'orage la tête de ces amis sans entrailles et les fera pâlir sous le souffle d'un mourant.

Ne craignez rien. Si tout échappe et manque sur la terre à cet infortuné, s'il n'y a plus pour lui ici-bas ni espoir ni consolation, si le ciel est fermé et si Dieu se cache, cette dernière épreuve ne fera point fléchir cette âme héroïque.

Non-seulement le caractère du juste se soutiendra, mais encore il se relèvera en cette suprême angoisse. Un élan de confiance, qui marque, au milieu du poëme, le plus haut sommet d'abnégation et de foi que puisse atteindre le cœur d'un mortel, portera, comme d'un coup d'aile, le saint patriarche jusqu'au pied du tribunal où siége le juge qui ne peut faiblir. Fort de sa justice, Job fait appel à Dieu contre Dieu même. Malgré tous les démentis qu'il rencontre dans les raisonnements de ces sages et dans les malheurs qui l'accablent, il compte sur Dieu, sur son cœur, sur ses promesses, sur ses entrailles de créateur et de père. Emporté par ce mouvement de sublime confiance qui s'inspire de sa foi, des enseignements de ses pères, du cri de son cœur et des protestations de sa conscience, il déclare avec solennité et avec calme que tout n'est point perdu, que tout n'est pas fini.

Oui! je sais que mon vengeur est vivant,
Et qu'il se tiendra le dernier sur la poussière;

> Que de ce squelette retrouvant sa peau,
> Que de ma chair, je verrai Dieu.
> Moi-même, je le verrai :
> Mes yeux le verront, non ceux d'un autre.
> Mes reins se consument dans cette attente.
> Alors vous direz : pourquoi le poursuivions-nous ?
> Le bon droit, à cette heure, sera de mon côté ;
> Ce jour-là, craignez le glaive ;
> Les vengeances du glaive sont brûlantes :
> Pour que vous sachiez qu'il y a un jugement.

Ces paroles sont décisives. Job a désespéré de convaincre ses amis et de toucher leur cœur. Du côté de ces esprits prévenus et entêtés, il ne peut attendre aucune justice ; alors il fait appel à un tribunal mieux éclairé et plus impartial ; il compte sur le jugement de Dieu lui-même.

Or cette foi, cette unique consolation qui lui reste en ce monde, cette dernière espérance que lui promet l'avenir, il voudrait les confier à un monument impérissable, qui dirait à tous les âges sa justification suprême.

> Qui me donnera que mes paroles soient écrites,
> Qui me donnera qu'elles soient consignées en un livre,
> Qu'elles soient gravées par un style de fer ou de bronze,
> Qu'elles soient à jamais gravées sur le roc !

Il y a dans ce prélude quelque chose de plus qu'une apostrophe saisissante, familière aux rhéteurs de tous les temps ; il est impossible de ne pas y voir une allusion à quelque usage contemporain, bien connu du patriarche et de ses amis.

Notre texte nous place d'abord dans un âge et au milieu d'une civilisation qui connaît l'écriture. Qui me donnera que mes paroles soient écrites; qu'elles soient consignées en un livre; qu'elles soient à jamais gravées sur le roc. Le patriarche connaissait donc ces longs rouleaux de papyrus et de toile qui formaient les bibliothèques des peuples contemporains; il connaissait ces stèles taillées dans la pierre qui conservaient, au milieu de ces civilisations primitives, non-seulement le souvenir des grands événements politiques, mais encore les faits et gestes des riches particuliers et des puissants d'alors. Comment ce vœu se serait-il présenté à son cœur, comment aurait-il passé sur ses lèvres, si les habitudes de ses contemporains ne l'eussent justifié?

Et cependant il semble aussi que si cet usage est connu du patriarche, il n'est point familier parmi les siens, ou du moins que son exécution présente des difficultés considérables. Le caractère même de ce vœu exprimé par un cri sans espérance : *Qui me donnera que mes paroles soient écrites... qu'elles soient gravées sur la pierre!...* montre que Job se trouve impuissant à réaliser son désir : peut-être à cause de son infortune présente, peut-être parce qu'avant de mourir, dans cet abandon où il va s'éteindre, il n'aura ni le temps ni le moyen d'appeler de loin des scribes et des graveurs pour exécuter son projet.

Quoi qu'il en soit de ce mince détail, il n'en reste pas moins incontestable que nous avons dans ces paroles une allusion aux stèles qui peuplaient alors les temples et les tombeaux des nations voisines. Si elles n'étaient point en usage dans les tribus patriarcales de la terre de Hus, du moins les chefs de ces familles de pasteurs les avaient vues dans leurs pérégrinations lointaines.

Les dessins ingénus et les légendes pittoresques de ces monuments, qui pour nous-mêmes ont encore aujourd'hui tant d'intérêt et de charme, avaient frappé leur imagination et provoqué leur curiosité; ils s'étaient enquis sans doute de la signification de ces mystérieuses figures, et on leur en avait expliqué le sens et commenté les légendes, comme on le fit plus tard aux visiteurs grecs, à Pythagore, à Hérodote, à Platon (1) et à Germanicus (2).

Dans ces âges primitifs, ce dut être pour des hommes à peine initiés aux progrès de la civilisation

---

(1) Du temps de Strabon, on montrait encore à Héliopolis la maison où Platon et le mathématicien Eudoxe avaient passé douze ou treize ans. Nous verrons en effet souvent, au cours de notre étude, Platon enseigner dans ses dialogues les points fondamentaux de la théologie de la vieille Egypte. On a souvent remarqué que, lorsqu'il veut parler des anciennes traditions religieuses, c'est toujours un vieillard égyptien qu'il met en scène.

(2) TACITE, *Ann.* liv. II, 61, 62.

une vive joie et un profond étonnement d'apprendre que la pensée si rapide, la parole qui passe en un instant, pouvaient se fixer pour jamais sous une forme immobile qui saisit le regard, fixe l'attention et conserve, au milieu des hommes, le souvenir de nos actions, de nos idées et de nos vœux. Pour nous, c'est aujourd'hui chose vulgaire et banale qui ne saurait nous surprendre ou nous émouvoir; mais pour nos pères, ce fut une étonnante merveille de voir les mots, ce souffle volage où passe une part de notre âme et de notre cœur, prendre consistance, s'immobiliser dans leurs sons, s'envelopper d'un vêtement imagé et brillant, atteindre à la fois les organes de la vue et de l'ouïe, saisir l'homme tout entier dans leur pittoresque ordonnance, sans rien perdre, sous cette enveloppe d'emprunt, de la fraîcheur, de la poésie et de l'éloquence qu'ils avaient en tombant des lèvres du poëte ou de l'orateur. L'invention de l'écriture fut un progrès si décisif, dans l'histoire de l'humanité, qu'un long cri de joie retentit à travers mille générations, et peut-être qu'un écho affaibli de cette émotion générale se prolonge encore dans ces paroles de Job.

Mais nous trouvons quelque chose de plus dans ce texte précieux. Ces documents de la haute antiquité ont des aspects nombreux qu'il importe d'étudier attentivement.

La profession de foi qui suit ce vœu du patriarche : *Qui me donnera que mes paroles soient écrites, qu'elles soient consignées en un livre, qu'à jamais elles soient gravées sur le roc?* nous permet de préciser le caractère de l'inscription ou de la stèle que Job voudrait dresser. Il ne s'agit pas d'un monument qui mentionnerait les faits historiques de son temps, les alliances de sa famille, le nombre de ses troupeaux, ses voyages à travers les solitudes, les récits de ses pères sous cette tente où il naquit, mais ses convictions personnelles, ses suprêmes espérances, sa foi en face de la mort. Or nous rencontrons chez un peuple voisin, certainement plus ancien que notre livre et son auteur, des monuments de ce genre.

Dans la vallée du Nil, à côté des grandes pages de pierre qui racontent l'histoire des Pharaons, leurs campagnes victorieuses, les péripéties des batailles, le siége des villes ennemies, les cérémonies des temples et les pompes du culte, se dressent des monuments plus modestes que les particuliers élevaient aux abords des temples, dans les vestibules des sanctuaires, aux portes de leurs tombeaux et surtout dans les chambres sépulcrales. Dans ces longues et naïves inscriptions, l'Egyptien affirmait sa foi inébranlable en un vengeur dont nous dirons bientôt le caractère et le rôle, son espérance en les jugements de Dieu, sa conviction inébranlable en la résurrection de la chair et en la vision de celui dont les splendeurs réjouissent dans l'éternité les justes de la terre. Il affirmait ses sublimes croyances sur les papyrus et les bandes de toile qui ceignent les momies, sur les stèles qui peuplent les tombeaux et les chapelles des pyramides.

Or, comme autrefois Abraham dans ses pérégrinations pastorales, notre patriarche avait visité sans doute ces pays où florissait la plus brillante civilisation de son époque, et son esprit avait conservé le souvenir des vives impressions causées par ce spectacle nouveau : chaque page de son livre le montre jusqu'à l'évidence (1). Il connaissait

---

(1) Rappelons la description du papyrus :
    Le papyrus croît-il en dehors des marais ?
    Le jonc peut-il vivre sans eau ?
    Encore vert, nul ne le coupe,
    Et il est sec avant les autres herbes.
    Tel est le sort de ceux qui oublient Dieu ;
    L'espérance de l'impie périra. VIII, 11.
Job rappelle aussi des barques de jonc qui couraient sur les canaux du Nil :
    Mes jours ont été rapides comme le courrier :
    Ils ont fui sans avoir vu le bonheur.
    Ils ont passé comme les barques de jonc,
    Comme l'aigle qui fond sur sa proie, IX, 25.
Il rappelle le béhemot dont le nom même n'est que la transcription hébraïque de l'égyptien *pihémout*, l'hippopotame.
    Regarde Béhémot, que j'ai créé comme toi.
    Il mange l'herbe comme le bœuf.
    Sa force est dans ses reins,
    Sa vigueur dans les muscles de ses flancs.
    Il fléchit sa queue comme un cèdre,
    Les nerfs de ses cuisses sont un tissu de fer.
    Ses os sont des tubes d'airain
    Ses membres des barres de métal.
. . . .

les mines que les Egyptiens exploitaient au Sinaï, pour retirer des flancs de la montagne le cuivre et les turquoises. Il s'était penché sur ces puits ouverts dans les entrailles de la terre, formant des chemins obscurs que les oiseaux du ciel n'ont jamais affrontés et que le regard de l'aigle n'a pu sonder dans leurs profondeurs. Il avait vu, pantelant dans les nœuds d'une longue corde, l'ouvrier qui descendait au fond de la mine; et il se plaît, avec l'émotion d'un spectateur inaccoutumé à ces scènes saisissantes, à retracer les incidents de ces audacieuses entreprises (1).

Il se couche sous les lotus,
Dans les bas-fonds des roseaux et des marais.
Les lotus le couvrent de leur ombre,
Les saules du fleuve l'environnent.
Quand les eaux montent, il ne fuit pas;
Il serait impassible, si le Jourdain coulait dans sa gueule.
XL, 10.

(1) On sait les lieux d'où se tire l'argent,
Et l'or que l'on jette au creuset.
Le fer s'extrait de la terre,
Et l'on fond la pierre pour en tirer l'airain.
L'homme a mis fin aux ténèbres,
Et il pénètre jusqu'au fond des abîmes,
Jusqu'à la pierre enfoncée dans l'ombre,
Et dans la région de la mort.
Il s'est creusé une vallée profonde loin des passants,
Des sentiers inconnus aux pieds des voyageurs,
D'étroits sentiers qui se dérobaient à ses pas.
La terre qui lui donne son pain,
Il a bouleversé ses entrailles comme par le feu;
Il a retiré de ses rochers le saphir
Et les paillettes d'or.

Là aussi, il avait vu les inscriptions nombreuses que les colonies égyptiennes y ont laissées sur les rochers et aux flancs des édifices dont ce peuple constructeur semait tous les chemins où le portaient son commerce et ses victoires.

Job connaissait ces solitudes immenses que les puissants de la terre se bâtissaient pour dormir en paix le sommeil de la mort :

> Pourquoi ai-je trouvé les genoux qui me reçurent
> Et les mamelles que j'ai sucées ?
> Maintenant je serais en paix dans mon sépulcre,
> Et je reposerais dans mon sommeil,
> Avec les rois et les grands de ce monde,
> Qui se sont bâti de vastes ruines ;
> Avec les princes qui regorgeaient d'or,
> Qui remplissaient leurs demeures de richesses (1).

> Il s'est frayé une route ignorée de l'aigle,
> Et que l'œil des vautours n'a pas vue ;
> Les animaux féroces ne l'ont point foulée,
> Le lion même n'y a point risqué ses pas.
> L'homme a mis sa main sur le granit,
> Il a ébranlé les montagnes dans leurs fondements ;
> Il a fait jaillir des sources dans les rochers,
> Et rien de précieux n'a échappé à son regard.
> Il a arrêté le cours des fleuves
> Et mis à nu ce qui était caché. Ch. XXVIII, 1-11.

(1) Job III, 12-15. Nous avons peut-être, dans ces derniers mots, une allusion à l'usage des Égyptiens d'entasser dans leurs tombeaux des vases et des objets précieux pour le service du défunt, lors de sa résurrection. Dans les papyrus de Nebqued, au musée du Louvre, nous voyons, dans une galerie parallèle à la grande salle où le sarcophage est déposé : un coffre, un miroir, un étui à collyre, une paire de sandales, une canne, un vase à onguent, un vase à ablution, un vase à parfum. Ces Égyptiens

Ces souvenirs rappelaient nécessairement à la mémoire de Job les monuments sur lesquels, avant de descendre dans la tombe, ceux dont il avait visité les sépulcres consignèrent leurs espérances du côté de ce monde inconnu, où tour à tour s'en vont tous les mortels.

étaient vraiment bien précautionneux, bien prévoyants d'emporter ainsi jusque dans l'autre monde leur miroir et laur canne. Tous ces objets étaient placés près du tombeau pour le jour du réveil. Les rois et les reines emportaient fidèlement dans leur tombe leurs bijoux, leurs parures, leurs meubles, leurs vêtements les plus riches, en un mot tous leurs trésors. Ils étaient si sûrs de leur résurrection ; et tout cela pouvait être utile au jour où ils retrouveraient la vie. Nos collections sont pleines d'objets de prix trouvés dans les tombeaux. Une enquête judiciaire faite à Thèbes au temps de la vingtième dynastie, et dont nous avons toutes les pièces dans le papyrus Abbot, prouve bien que, malgré les précautions de la police d'alors, ces richesses n'étaient pas toujours en sûreté derrière les portes des hypogées, la majesté et le respect de la mort. Etrange contraste ! qui nous montre quelle influence profonde exerçait sur les mœurs la foi en la résurrection : les maisons égyptiennes étaient petites, étroites, bâties en bois ou en briques crues, mais les tombeaux, *les maisons éternelles*, étaient en granit. Il ne reste plus sur le sol de l'Egypte une maison ou un palais qui soit encore debout ; mais les tombes égyptiennes avec leurs pyramides immenses dureront autant que notre planète. Le temps passe sur elles, comme l'ombre des nuages, en les effleurant à peine. Les Hébreux, à l'exemple des Egyptiens, remplissaient leurs tombeaux d'objets précieux, qui sans doute, d'après leurs naïves croyances, pouvaient êtres utiles au défunt au moment de sa résurrection. Josèphe raconte qu'Hérode à court d'argent, imitant l'exemple de son prédécesseur, fit nuitamment, avec quelques gardes fidèles, une descente dans le tombeau de David. Il fut déçu et ne trouva point d'or ; mais, dit Josèphe, il en rapporta du moins *aurea ornamenta multumque supellectilis pretiosæ quæ omnia abstulit.*

Flav. Joseph. *Antiq. Jud.* lib. XIV, ch. vii, p. 724. Ed. Oxford.

Comme eux, Job voudrait laisser sa stèle, où, après avoir rappelé l'innocence de sa vie, ainsi que le faisaient les Egyptiens, il affirmerait sa foi en un vengeur, en la justice de Dieu, en la résurrection de la chair et en la vision de celui qui récompense les justes et châtie les méchants. Voilà bien, en effet, le programme d'une stèle commémorative, comme l'aurait dictée un habitant de la vallée du Nil.

Les inscriptions funéraires que nous ont conservées les tombeaux de la vieille Egypte sont de deux sortes.

Nous devons les faire connaître par une rapide description. Nous avons d'un côté les textes écrits sur papyrus et sur toile, qui enveloppaient de leurs bandelettes illustrées le corps de la momie, ou qui étaient déposés auprès du défunt à l'intérieur du sarcophage (1). D'un autre côté, nous avons ces monuments de granit, de calcaire ou de grès, couverts de textes et de dessins, qui étaient dressés dans les salles des tombeaux, sur les murs des sanctuaires, à l'entrée des pyramides.

Presque tous les textes retrouvés sur les momies

---

(1) Au moyen âge, on enterrait souvent les fidèles avec leur profession de foi, le *Credo*, le *Confiteor*, ou même le texte de Job que nous allons étudier. Quelquefois ce texte était placé dans les mains du défunt, quelquefois sur sa poitrine ou à ses côtés. Le Livre des morts des Egyptiens contenait également leur profession de foi et leur confession sous forme négative et affirmative. Mais nous reviendrons sur ce sujet en parlant du jugement.

sont des extraits plus ou moins complets d'un livre que Champollion appela le *Rituel*, mais qu'on désigne de préférence aujourd'hui sous le nom de *Todtenbuch* ou *Livre des morts*. C'est sous ce nom que Lepsius publia en 1842 un fac-simile du manuscrit de Turin qui remonte à la xxvie dynastie. Ce titre a prévalu dans l'Ecole égyptologique, parce qu'il permet de distinguer le recueil dont nous parlons des *rituels* véritables, ou manuels liturgiques relatifs aux cérémonies de l'inhumation. Quelques exemplaires de ce curieux cérémonial sont arrivés jusqu'à nous, le musée du Louvre en possède plusieurs (1).

Le Livre des morts au contraire est une collection d'hymnes, de prières et d'enseignements théologiques, divisée en cent-soixante-cinq chapitres par des titres et des rubriques. Ces rubriques, comme dans les missels et les bréviaires de l'Eglise romaine, consistent en un ou deux mots, transcrits à l'encre rouge, pour avertir du commencement du texte, tenir en éveil l'attention du lecteur et guider le célébrant. Les titres désignent en quelques mots le sujet traité dans le chapitre. Ils sont aussi en rouge. Les lignes sont ordinairement verticales. La marge supérieure qui règne

---

(1) Catalogue des manuscrits égyptiens du musée du Louvre, par M. Th. Devéria.
Ces textes décrivent les rites et donnent les prières pour l'embaumement et la sépulture.

le long du rouleau porte, dans les éditions de luxe, à côté du titre spécial de chaque chapitre, une illustration ou vignette plus ou moins soignée qui rappelle la doctrine enseignée dans cette partie du livre (1). Enfin, au cours du papyrus, toute une page est consacrée à sa représentation de la grande scène du jugement des âmes et au travail des moissons, dans le pays de *Ker-Neter*, la terre sainte des trépassés.

Ces textes devaient être récités par le défunt, soit pour échapper aux périls qu'il courait dans les régions d'outre-tombe, soit pour purifier son âme au moment de subir le jugement redoutable qui fixait ses destinées éternelles. Pour aider sa mémoire, un manuscrit accompagnait l'Egyptien dans sa dernière demeure. Quelquefois, sous la xii° dynastie, par exemple, la plus grande partie de ces textes sacrés était gravée sur le sarcophage.

Des variantes nombreuses de la version authentique pénétrèrent peu à peu dans les transcriptions et s'accréditèrent lentement, mais sans modifier la substance et le caractère de la doctrine, qui dans ses parties essentielles remonte certainement aux âges les plus reculés et jusqu'aux premières dynas-

---

(1) Ainsi, par exemple, le chapitre d'*obtenir la couronne de justification* a souvent pour vignette un autel sur lequel est déposée une couronne, et le défunt, dans l'attitude de la prière, demande cette récompense de ses mérites. Le chapitre de *boire l'eau de la vie* est illustré par un arbre d'où le divin breuvage s'épanche d'un vase incliné par une main mystérieuse, etc...

ties. Au dire des Égyptiens, Thoth, le dieu de la sagesse, avait dicté lui-même le Livre des morts. C'était la manière antique d'exprimer le profond respect qu'inspirait un texte sacré, de reconnaître son autorité divine et son immémoriale influence sur la religion du pays. Bunsen n'hésite pas à reporter la composition de la plus grande partie du Todtenbuch aux temps préhistoriques (1). M. Devéria, qui en ces questions jouit d'une grande autorité dans l'Ecole égyptologique, considère cette conjecture comme aventurée, mais non sans fondement (2). Ainsi qu'il le remarque, en effet, deux annotations antiques, dont nous n'avons pas de raison de suspecter l'exactitude, autoriseraient cette hypothèse. La première, au chapitre LXIV, 30, déclare que cette partie du Livre des morts fut trouvée à Hermopolis, écrite en bleu sur un cube de *baakes*, sous les pieds du dieu. Le royal fils *Hardoudouef* la trouva à cette place, au temps du roi *Menkera*, lorsqu'il faisait l'inventaire du temple (3). La seconde annotation nous apprend que le chapitre CXXX fut trouvé dans le pylone du grand temple, sous le règne du roi *Housapti*, en fouillant l'hypogée qu'Horus avait faite à son père. Or ce dernier Pharaon est le cinquième de la

---

(1) BUNSEN, *Egypt's Place in universal history*, t. V, p. 110.
(2) *Catalogue des manuscrits égyptiens*, p. 51.
(3) C'est ainsi que fut retrouvé le texte de la loi dans le sanctuaire de Jérusalem.

première dynastie ; Menkera est le constructeur de la troisième pyramide. A ces époques donc, certaines parties du Todtenbuch auraient été découvertes comme des antiquités dont on avait perdu le souvenir. Quoi qu'il en soit de ces premières origines qui resteront toujours bien mystérieuses, il est certain que nous retrouvons, sur les cercueils de bois de la onzième dynastie, de longs passages du Livre des morts, ce qui fait certainement remonter sa composition longtemps avant les Pasteurs et par conséquent bien avant Abraham.

Comme il fallait s'y attendre, les nombreux exemplaires que nous possédons sont d'une exécution inégale et quelquefois peu soignée. Bien des fautes se glissaient dans le texte à travers les fréquentes distractions du scribe qui faisait le vulgaire métier de copiste. Pourvu que les premières colonnes fussent d'une écriture correcte et soutenue, les parents ou amis du défunt ne prenaient pas le temps, en revenant de l'atelier, où ils avaient acheté le rouleau, d'en parcourir les longues pages. Le livre descendait tel quel dans les ténèbres de l'hypogée, où le mort ne s'avisait guère de corriger les fautes d'orthographe (1).

Les stèles et les pierres gravées qui décorent les tombeaux n'ont point le caractère impersonnel et

---

(1) La plupart des textes que nous citerons, au cours de notre étude, sont extraits de ce livre. Nos renvois se reportent à l'exemplaire type de M. Lepsius.

théologique des papyrus dont nous venons de parler. Le nom du défunt y est généralement inscrit à côté des noms de ses père et mère, quelquefois de ses fils et de ses filles. Mention y est faite aussi de ses titres, de ses fonctions, de ses emplois. Enfin, en tête du monument, se trouve, dessinée au trait, quelquefois gravée et peinte avec soin, une composition symbolique, dans laquelle le défunt fait une offrande à Osiris, son juge, ou à quelqu'un des dieux dont la protection lui paraissait plus utile. Parfois même, ce sont ses enfants qui offrent, devant l'image de leur père, des libations ou des offrandes et récitent les hymnes prescrites par la liturgie, sans doute pour le soulagement de son âme.

Il n'est pas rare de voir le défunt réclamer lui-même ces prières. La stèle funéraire de *Neb-oua*, conservée au musée de Boulaq, n. 64, se termine ainsi : « Aux vivants, aux anciens de la terre, aux prêtres, aux panégyristes, aux divins pères, à tous ceux qui verront cette stèle : faites, dit-il, pour moi, vos chants aimés d'Osiris, le roi éternel ; dites : que le souffle délicieux de la vie soit à la face du premier prophète d'Osiris, Neb-oua, le proclamé juste (1). »

Sur le couvercle d'un sarcophage conservé dans

---

(1) *Notice* des princip. monum., par M. Mariette, au numéro indiqué.

le même musée, n. 978, nous lisons encore : « prière que doit prononcer toute personne approchant de ce tombeau : Que Dieu te donne la lumière (1) et que ses rayons pénètrent dans tes yeux : qu'il donne à tes narines le souffle que tu dois respirer pour la vie » (2).

A côté des détails biographiques, des noms et des titres du défunt, de ses charges et de ses fonctions, qui changent sur chaque stèle, il reste dans ces sortes de monuments un fond commun que nous retrouvons à peu près le même à travers des formules variées. Ces formules sont empruntées le plus souvent à quelques chapitres du Livre des morts. Elles rappellent en particulier la foi du trépassé en la résurrection des corps, en les récompenses et les châtiments de la vie future, en le juge-

---

(1) Cette formule rappelle notre *Lux perpetua luceat eis*. Nous retrouverons plus tard cette autre expression de notre liturgie : *Requiescat in pace*.

(2) Ces demandes de prières et d'offrandes en faveur du defunt ont trop d'intérêt, au point de vue des croyances catholiques, pour que nous ne signalions pas encore quelques monuments qui nous permettent de constater la doctrine égyptienne à ce sujet.

Sur le devant d'une statuette du musée du Louvre, n. 5336, armoire B, le défunt demande à Ptah, *maître de la vérité*, qu'il accorde des offrandes funéraires à la personne du chef de Memphis, Hu-Maï.

Sur la statuette d'Aménophis III, n. 53, armoire C, nous lisons : « O Dieux qui êtes près du Seigneur universel..... accordez-lui les choses de l'autel du sanctuaire (les offrandes funéraires), écoutez tous ses vœux. »

(Voir le *Catalogue de la salle historique*, par M. P. Pierret.)

ment présidé par Osiris son rédempteur; enfin partout s'affirme la certitude de voir Dieu et de jouir pendant des siècles sans fin du bonheur de contempler le rayonnement de sa face.

C'est bien là, il me semble, tout l'exposé de la profession de foi du patriarche sémite. L'étude plus intime de chacun de ces points nous montrera que ces analogies se poursuivent jusque dans les moindres détails.

Nous ramènerons cet examen à quelques chefs principaux; l'intervention du vengeur, le jugement et ses conséquences, la résurrection de la chair.

Recherchons d'abord les enseignements de la théologie égyptienne sur Dieu et le rédempteur.

CHAPITRE III.

DIEU DANS LA THÉOLOGIE ÉGYPTIENNE.

> Qui nomine appellativo Deum, in omni lingua in qua quis enutritus est nominat, non peccabit.
> ORIGEN. *Cont. Celsum.*

Si rien n'est plus simple à l'origine que la théologie égyptienne, rien ne devient plus confus et plus inextricable, à mesure que se développent, sur les anciens dogmes, les commentaires des écoles et les superfétations mythologiques de chaque temple.

Les noms divins si variés et si nombreux, les formes bizarres et les symboles quelquefois ridicules, à nos yeux du moins, que revêt une idée ou un mythe, à travers chaque nouvelle transformation, les statues étranges d'un Horus à tête d'épervier, d'un Thoth à tête d'ibis, les attributs presque analogues que les hymnes donnent aux uns et aux autres font du Panthéon égyptien comme une forêt mystérieuse, hantée par des apparitions fantastiques dont l'imagination s'épouvante. Après un premier regard jeté dans ce monde singulier, on se retire sous l'impression pénible et confuse que laisse un cauchemar ou la visite de ces collections paléontologiques, où passent rapidement sous nos yeux les formes bizarres et monstrueuses des animaux fossiles qui furent comme les ébauches inachevées des premières créations. On se sent rempli de pitié pour le peuple qui vécut au milieu de ces images et fut dominé par de telles chimères.

C'est l'impression que nous avons tous éprouvée, en traversant ces longues galeries où se dressent immobiles et muets les dieux de la vieille Egypte. Ils vous regardent et semblent distraits; ils font un pas vers vous pour fixer votre attention et provoquer votre curiosité, mais demeurent silencieux et impénétrables. C'est bien ce peuple de granit et de porphyre, d'or et d'argent, dont Israël chantait : *Os habent et non loquentur : oculos habent et non videbunt : manus habent et non palpabunt : pedes habent et non ambulabunt : non clamabunt in gutture suo.* Et nous aussi volontiers nous dirions avec la nation affranchie : *Similes illis fiant qui faciunt ea : et omnes qui confidunt in eis.* On se demande, en effet, ce qu'il peut y avoir de vrai et de juste derrière ces formes, au milieu de ces fantômes (1).

---

(1) Ce fut sous cette impression que notre illustre maître, M. de Rougé, avait entrepris l'étude de la théologie égyptienne. « Je n'ai cependant abordé, après dix ans d'étude, qu'avec un vif sentiment d'anxiété les monuments religieux. Le labeur serait-il récompensé? N'y avait-il qu'un grossier fétichisme ou des jeux d'imagination en délire sous toutes ces figures bizarres? Recouvraient-elles au contraire un fond respectable, et quelques rayons

Et cependant cette histoire et cette civilisation de la vieille Égypte restent une des phases les plus longues et les plus brillantes de l'histoire humaine : ceux qui les ont étudiées savent quel déploiement de haute intelligence et de grandeur morale ils y ont rencontré, sous ces dehors qui nous étonnent et nous choquent.

Nous sommes là en face d'un des problèmes les plus curieux de la marche de l'esprit humain ; mais peut-être ce problème, comme les autres, n'est-il pas sans solution.

Il faut le dire tout de suite : la vie intellectuelle de nos civilisations modernes, toutes pénétrées d'une raison abstraite et savamment élaborée par le travail de générations nombreuses, nous fait juger d'une manière téméraire et irréfléchie les humbles efforts et les entreprises souvent avortées de l'homme à ses premiers débuts. Cependant le sage n'a pas le droit de sourire ou de s'étonner devant l'enfant qui cherche à prononcer le nom de son père, en le défigurant : lui-même, il a passé par là et a connu ces échecs. L'artiste qui décore, à Sèvres, une porcelaine élégante, doit encore con-

---

divins étaient-ils cachés sous ces voiles épais? Les Grecs me donnaient bien quelque espoir : Thalès était un disciple des prêtres d'Héliopolis. Je savais que Platon était venu s'instruire de leurs doctrines et qu'il introduisait un vieillard égyptien lorsqu'il voulait parler de la tradition sacrée appliquée aux choses divines. »
 (M. E. DE ROUGÉ. Conférence sur la religion des anciens Egyptiens.)

sidérer sans mépris les vases grossiers, séchés au soleil, que nos pères, contemporains de l'ursus speleus, fabriquaient au fond de leurs cavernes, après une chasse au redoutable carnassier qui a disparu de notre faune. Nos progrès n'ont été préparés de loin que par ces humbles efforts.

Or ce qui est vrai de l'industrie et de l'art est certainement plus vrai encore des sciences et de la philosophie.

Pour juger ces phases lointaines de l'histoire primitive, il faut nous reporter aux jours mêmes de l'enfance, alors que l'imagination s'agite sans discipline, que la raison manque de fermeté et de mesure, que l'ingénieux et le naïf ont un charme invincible, que tout l'ordre abstrait et logique est encore vague et couvert des brumes matinales. On l'a dit avec raison : les peuples primitifs eurent des idées, des connaissances, des préjugés ou des sentiments que l'esprit moderne, dérouté par l'immense acquis de la civilisation, n'est plus apte à concevoir. Nous devons donc nous tenir sur nos gardes. Ajouterai-je que, même après nous être ainsi préparés à l'étude de ces vieilles civilisations, nous aurons encore quelque peine à comprendre les hasards et les excentricités du symbolisme audacieux et puéril des premiers théologiens ? Surtout il reste difficile d'apprécier à leur juste valeur les obstacles que rencontraient, dans la vivacité de leurs impressions, l'agilité de leur pensée, les ardeurs indisciplinées de leur imagination naïve, ces enfants aux cheveux blanchis par l'âge, qui tentaient d'aborder le monde de l'abstraction et la sphère des esprits, n'ayant d'autres ressources, pour rendre leurs intuitions et commenter les enseignements de leurs aïeux, que des symboles matériels et des formes grossières. Le long et ardent travail de la pensée n'avait pas encore purifié de sa flamme cette épaisse enveloppe du langage, qui semblait sortir des impressions matérielles des sens, comme un lourd minerai du fond de la carrière.

Ne tenant pas assez compte de ces difficultés, notre critique exigeante ne sait plus retrouver et n'accepte qu'avec réserve ou méfiance les liens qui unissaient les concepts théologiques de nos devanciers avec ce symbolisme matériel et obscur. Leur esprit plus accommodant, plus ingénieux, plus primesautier, se contentait du fil le plus délicat et le plus fin pour unir ces deux ordres : il franchissait, si j'ose ainsi dire, l'abîme qui les sépare sur la plus fragile des passerelles. Ces imprudences nous alarment : cette ingénuité déconsidère à nos yeux la sagesse de ces hommes qui n'hésitaient pas un instant, par exemple, de donner au dieu de l'intelligence et de la sagesse la tête d'un ibis, parce que leurs noms avaient peut-être les mêmes lettres, la même assonance ; qui représentaient sans scrupule Dieu se renouvelant sans cesse en son éternité par un scarabée sortant du limon, parce que l'origine de ce coléoptère était un mystère aussi impénétrable pour ces naturalistes peu avancés que la naissance de Dieu lui-même (1). Ces liens bien fragiles suffisaient à leur esprit facile et ingénieux : ils n'en cherchaient point d'autre. Tout cela peut nous paraître étrange, peut nous choquer aujourd'hui ; mais tels sont les faits. L'intelligence humaine a passé par ces sentiers : notre tâche est d'expliquer ses péripéties et de rendre compte de sa marche. Si nous avons le droit d'être étonnés et attristés peut-être de procédés si naïfs, si puérils, nous avons aussi le devoir de ne les juger qu'à bon

---

(1) Les anciens n'étaient pas aussi difficiles que nous pour le choix de leurs symboles. Saint Augustin lui-même a dit quelque part : *Bonus ille scarabæus meus, non ea tantum de causa quod unigenitus, quod ipsemet sui auctor, mortalium speciem induerit, sed quod in hac fæce nostra sese volutaverit et ex hac ipsa nasci voluerit.* Dans quelques hymnes de la primitive Eglise, le scarabée apparaît comme le symbole du Christ. Clément d'Alexandrie et saint Ambroise y font quelquefois allusion. Il faut encore citer ici ces paroles de Porphyre : *Jam vero scarabæum,* dit-il, *stultus forte quispiam detestetur, ut pote divinis in rebus hospes ac peregrinus : at hunc Ægyptii quasi vivam ac spirantem solis imaginem venerari solent. Nam et scarabæus omnis mas est et semen in paludem immissum, ac sphæricam in figuram conformatum postremis pedibus in adversam partem convolvit, solis in cœlo motum æmulatus.*

EUSÈBE, *Præp. Evang.* lib. III, c. 4.

Philon nous a laissé, dans une formule d'une admirable précision, la loi de cette longue histoire du symbolisme primitif : *Aliam ullam rem incorpoream cogitare possumus, nisi occasione sumpta a corporibus.*

(*De Somniis*, p. 593. Paris, 1740.)

escient ; disons encore que l'indulgence sied bien à ceux qui ont profité de ces longs efforts et qui doivent leur supériorité à un travail qui provoquerait leur sourire.

A ce point de vue tout nouveau, l'histoire de l'esprit humain, de ses essais heureux ou avortés, de ses évolutions échevelées et boiteuses, de ses progrès ralentis par les imprudences et l'audace d'une langue indisciplinée, reste encore à faire et réserve à nos appréciations hâtives et à nos théories préconçues bien des déceptions et des surprises.

Malheureusement il serait trop long d'exposer ici l'état intellectuel et psychologique de ces âges lointains, de rétablir, sous nos yeux étonnés, l'aspect de la vie intellectuelle et la physionomie du langage de ces peuples ; mais il fallait du moins éveiller l'attention sur cette phase inexplorée de notre histoire, pour conjurer des appréciations injustes et des jugements faux, tandis que nous retrouverons à travers ce monde à peine connu, à côté des plus sublimes conceptions, les plus humiliantes défaillances.

Les Égyptiens avaient de Dieu une idée très-haute. Malgré les médisances, je n'ose dire les calomnies de nos auteurs classiques, justifiées d'ailleurs par les formes étranges et les pratiques ridicules qui, au cours des âges, pénétrèrent dans le culte et modifièrent la doctrine, il faut reconnaître, devant le témoignage de textes indiscutables, qu'il était resté, au fond des sanctuaires et dans les écoles théologiques, un enseignement digne d'un grand peuple et de la plus brillante civilisation de la haute antiquité.

Dès son origine et presque jusqu'aux derniers jours de son histoire, l'Égypte a cru à un Dieu unique, personnel, incréé, tout-puissant, auteur du monde et veillant sans cesse sur ses destinées (1).

Malgré les dieux sans nombre qui habitent les temples et les statues de toutes formes qui peuplent les sanctuaires, malgré les noms divins si variés inscrits sur les portiques, l'Egyptien savait qu'il n'y a qu'un seul Dieu, d'où tout est sorti, autour duquel tout gravite. Et comme s'il eût soupçonné les justes incertitudes et le trouble bien légitime

---

(1) Au sommet du panthéon égyptien, plane un Dieu unique, immortel, incréé, invisible et caché dans les profondeurs inaccessibles de son essence : il est le créateur du ciel et de la terre; il a fait tout ce qui existe, et rien n'a été fait sans lui.
M. Mariette. *Notice des princip. monum.*, p. 20.
Le Dieu des Egyptiens était un être unique, parfait, doué d'une science et d'une intelligence certaines, incompréhensible à ce point qu'on ne peut dire en quoi il est incompréhensible. « Il est le un unique, celui qui existe par essence, le seul qui vive en substance, le seul générateur dans le ciel et sur la terre qui ne soit pas engendré; le père des pères, la mère des mères. » Toujours égal, toujours immuable dans son immuable perfection, toujours présent au passé comme à l'avenir, il remplit l'univers sans qu'image au monde puisse donner même une faible idée de son immensité : on le sent partout et on ne le saisit nulle part.
G. Maspero, *Histoire ancien.*, ch. I, p. 27.

que causeraient un jour dans nos esprits le bataillon des statues divines, les litanies des noms attribués à ses dieux, il a pris un soin infini à nous renseigner sur ce point, et s'est ingénié de mille manières pour trouver les formules les plus décisives, afin de ramener nos esprits déroutés et redresser nos jugements que nous avions crus sages et qui n'étaient que téméraires.

Mais comment concilier alors ce polythéisme exubérant et ce monothéisme rigide? Le voici. L'Egyptien attribuait à Dieu des noms divers et des formes variées, selon les aspects qu'il voulait mettre en lumière. Mais, sous chacun de ces noms, derrière chacune de ces formes, Dieu restait toujours le même avec sa toute puissance et sa grandeur inaliénables. Comme éternel, antérieur à tous les êtres, il avait un nom; comme créateur et organisateur des mondes, il en avait un autre, comme providence, qui chaque jour veille sur son œuvre, la conserve et la vivifie, il avait encore un nom; enfin comme juge et rédempteur des âmes, il s'appelait Osiris. Dans chaque temple, dans chaque sanctuaire, le Dieu unique de toute la contrée, vivant en une triade qui, sans diviser sa substance, exprimait les phases de sa vie intime, était adoré sous une forme et un nom particuliers : il avait un culte spécial, des rites, des chants, des cérémonies inconnues dans les temples voisins. Mais les inscriptions et les hymnes rappelaient sans cesse que chaque temple et chaque culte étaient consacrés au Dieu unique, auquel appartiennent tous les temples et s'adressent toutes les prières (1).

L'Egyptien savait comme nous que l'être divin, immuable et inaccessible dans son essence, est un insondable mystère et ne peut avoir de nom. *Son nom est mystérieux comme sa naissance*, disent les textes. Considéré à ce point de vue, il s'appelle *le Caché*, *Ammon*, dont l'image est enveloppée d'un voile impénétrable. Mais l'Egyptien savait aussi que Dieu n'est point toujours resté dans cet abîme qui l'entoure. En créant le monde, il est sorti, pour ainsi dire, de la retraite profonde où le regard ne peut pénétrer, où la pensée ne peut atteindre. « S'il était apparent, il ne serait pas, dit « Hermès trismégiste ; toute apparence est créée, « puisqu'elle a été manifestée ; mais l'invisible est « toujours, sans avoir besoin de manifestation. Il

---

(1) Pour expliquer l'origine de ces formes innombrables que prend le Dieu unique et ses noms qui forment de longues litanies, il faut tenir compte encore d'un fait historique qui exerça une influence considérable sur l'ancienne religion de l'Egypte. « L'Egypte tout entière que Ménès réunit sous son sceptre, dit M. de Rougé, était divisée en nomes ayant chacun une ville capitale ; chacune de ces régions avait son dieu principal désigné par un nom spécial ; mais c'est toujours la même doctrine qui revient sous des noms différents. Une idée y domine : celle d'un *Dieu un* et primordial ; c'est toujours et partout une *substance qui existe par elle-même* et un Dieu inaccessible. »
(Conférence sur la religion des anciens Egyptiens.)

« est toujours et rend toutes choses visibles.
« Invisible, parce qu'il est éternel ; il fait tout
« apparaître, sans se montrer. Incréé, il manifeste
« toutes choses dans l'apparence ; l'apparence
« n'appartient qu'aux choses engendrées ; elle n'est
« pas autre chose que la naissance. Celui qui seul
« est incréé est donc par cela même irrévélé et
« invisible, mais, en manifestant toutes choses, il
« se révèle en elles et par elles, à ceux surtout
« auxquels il veut se révéler (1). »

Dans l'œuvre de la création, Dieu s'est donc révélé par ses actes ; il s'est manifesté par sa sagesse, sa puissance, sa bonté ; sans cesse il se montre dans l'action qui conserve et vivifie l'univers. Or chacun de ces actes, chacune de ces manifestations de Dieu au milieu du monde, présente à l'esprit comme des côtés accessibles, par lesquels il peut saisir l'insaisissable, voir l'invisible (2), donner des noms à celui qui n'a pas de nom (3) : *son nom est un mys-*

---

(1) *Hermès trismégiste*, liv. I, ch. v, du Dieu invisible et très-apparent. Traduct. Ménard, p. 36.

(2) Qui est plus apparent que Dieu ? S'il a tout créé, c'est pour que tu puisses le voir à travers toutes choses. C'est là le bien de Dieu, c'est là sa vertu d'apparaître dans tout. Rien n'est invisible même parmi les incorporels. L'intelligence se voit dans la pensée, Dieu dans la création. *Hermès*, liv. I, ch. xi, p. 20

(3) L'Egypte, dit M. Mariette, a considéré le monde, sa formation, les principes qui le gouvernent, l'homme et sa destinée sur la terre comme un drame immense. L'être par excellence en est l'unique acteur. Tout vient de lui et tout retourne à lui. Il a par-

tère (1); donner des formes à celui qui n'a pas de forme : *n'est pas connue son image.* Mais chacun de ces noms, chacune de ces formes appartiennent au même Dieu ; c'est toujours le même être invisible, celui qui est impénétrable et demeure à jamais caché. (2) Ayant toutes les puis-

---

tout des agents qui sont ses propres attributs personnifiés, et qui deviennent autant de dieux sous des formes visibles, dieux inférieurs limités dans leur rôle, quoique participant à toutes ses propriétés caractéristiques..... En somme, un Dieu invisible escorté de ses puissances divinisées, tel était pour le prêtre, nourri dans le sanctuaire, le suprême mystère caché dans les profondeurs de la religion égyptienne. Sous ce rapport, deux chapitres de Jamblique doivent rester classiques : « Le dieu égyptien, quand il est considéré comme cette force cachée qui amène les choses à la lumière, s'appelle Ammon, quand il est l'esprit intelligent qui résume toutes les intelligences, il est Emeth; quand il est celui qui accomplit toutes choses avec art et vérité, il s'appelle Ptah ; et enfin quand il est le dieu bon et bienfaisant, on le nomme Osiris. »

A. Mariette. *Notice des principaux monuments du musée de Boulaq.* p. 21, 22, 23.

(1) *Nam et alibi considerans an sit aliquod Entis nomen, satis didici nullum esse proprium ; et quodcumque dicatur, dici abusive.*
    Philo. *De somniis.* Par. 1740, p. 599.

Ὀνόματος γὰρ ὁ Θεὸς οὐ δεῖται, *attamen humano generi suum nomen elargitus est, ut habentes refugium ad preces et supplicationes a spe bona non excluderentur.* Philo. *De Abraha.* Par. 1740, p. 357.

(2) Tu voudrais que Dieu fût multiplié! n'est-ce donc pas lui qui agit de plusieurs manières? Quoi d'étonnant que Dieu fasse la vie, l'âme, l'immortalité, le changement, quand toi-même tu fais tant d'actions différentes?
    Hermès trismégiste, liv. I, ch. xi, p. 75.

Le monde a toutes les formes; elles ne sont pas hors de lui, il se transforme en elles. Mais si le monde a toutes les formes, que sances et toutes les grandeurs, ses noms et ses formes sont sans nombre. Les textes l'appellent expressément : *nombreux de noms, multitude par les noms.*

Résumant en quelques mots cette admirable et profonde doctrine, mais inclinant toujours vers le panthéisme, Hermès dit de Dieu : « Père de toutes choses, il est l'*unique*, et sa fonction propre est d'être père. Il a tous les noms (1), car il est le père

---

sera son créateur? Il ne peut être sans forme, et si lui-même les a toutes, il sera semblable au monde. S'il a une seule forme, il sera en cela inférieur au monde. Que dirons-nous de lui, pour ne rien dire d'imparfait? car on ne peut rien penser d'incomplet sur Dieu. Il a une seule forme, qui lui est propre, qui ne se montre pas aux yeux du corps. Et ne t'étonne pas qu'il y ait une forme incorporelle. Il en est ainsi de la forme d'un discours...
Hermès, liv. I, ch. xi, p. 77

(1) Le véritable nom de Dieu semble avoir été, pour les Egyptiens comme pour les Hébreux, le plus grand des mystères. Peut-être ne devait-il pas être écrit ; en tous cas le papyrus Harris défend de le prononcer. « Moi, je suis celui qui éprouve les guerriers, celui dont le nom n'est point connu. Il faut taire son nom sur la rive du fleuve; si on le prononçait, il consumerait. Il faut taire son nom sur la terre; si on le prononçait, il ferait jaillir des étincelles. »

(Traduction de M. Chabas, p. 145.)

C'est ainsi que les Hébreux ne disaient jamais le nom de Jéhovah. Au cours de leur lecture, ils le remplaçaient toujours par un des autres noms divins. Aucune bouche humaine ne devait prononcer le tétragramme sacré. Sa véritable prononciation est encore aujourd'hui un mystère.

Quod si quis, non dico blasphemaverit hominum deorumque Dominum, sed ausus fuerit vel nomen ejus intempestive promere noxam luat capite. Philo. *De Vita Mosis.*

Le mot *intempestive* fait allusion au droit qu'avait le grand-prêtre de prononcer le nom sacré, quand il pénétrait devant le trône du saint des saints.

unique; il n'a pas de nom, car il est le père de tout (1). »

Ces paroles sont l'écho fidèle des enseignements égyptiens. Nous lisons dans un hymne à Ammon : « Mystère est son nom comme sa nais-
« sance... Dieu qui multiplie ses noms... le
« nombre n'en est pas connu... il est le chef de
« tous les dieux, LE UN, L'UNIQUE qui produit tous
« les êtres... il est le chef des grandes personnes
« divines; il est :

Le un qui est seul; n'est pas de second de lui (2).

La suite de ce texte nous fera pénétrer plus avant encore dans la doctrine de l'immanence des personnes divines en une commune et inaliénable substance.

« Auteur des pâturages qui nourrissent le
« bétail et des plantes qui nourrissent les hommes;
« celui qui nourrit les poissons des fleuves et les

---

(1) *Hermès trismégiste*, liv. I, ch. v, p. 40.

(2) Mot à mot : *n'est pas de second de lui*, il n'y a pas de Dieu à côté de lui, avec lui, ni hors de lui.

Attestatur meis dictis Philolaus verbis his : est, inquit, auctor et princeps rerum omnium Deus, semper unus, stabilis, immobilis, ipse sui similis, aliorum dissimilis.
   PHILO, *De mundi opifice*, édit. par. 1740, p. 23.

Dieu seul, et justement seul, est totalement plein et parfait en soi, de soi et autour de soi. *Hermès*, liv. II, ch. xi, p. 158.

« oiseaux du ciel ; il donne le souffle de la vie au
« germe encore caché dans l'œuf; il nourrit l'in-
« secte qui vole et l'insecte qui rampe ; il fait les
« provisions de la souris en sa retraite et celles
« des oiseaux dans les forêts (1). Hommage à
« toi, auteur de toutes les formes, le *un qui est*
« *seul,* dont les bras s'étendent et se multiplient
« partout (2); toi qui veilles sur les hommes,
« quand ils reposent et qui cherches le bien de tes
« créatures : dieu Ammon, qui conserves tout ce
« qui est. Tum et Armachis t'adorent en leurs

---

(1) Est-ce toi qui chasses pour le lion,
Qui rassasies l'appétit des lionceaux,
Quand ils sont couchés dans leur tanière,
Et qu'ils se tiennent en embuscade dans les taillis?
Qui prépare au corbeau sa pâture,
Quant ses petits crient vers Dieu,
Et errent çà et là chassés par la faim?
Job, xxxviii, 39-41.

(2 Qui a tourné la sphère des yeux? qui a percé l'ouverture des narines et des oreilles? qui a ouvert la bouche? qui a tendu et enlacé les nerfs? qui a tracé les canaux des veines? qui a durci les os? qui a enveloppé la chair de peau? qui a séparé les doigts et les membres? qui a élargi la base des pieds? qui a creusé les pores? qui a étendu la rate? qui a formé la pyramide du cœur? qui a dilaté les flancs? qui a élargi le foie? qui a formé les cavernes des poumons, la cavité du ventre? qui a mis en évidence les parties honorables et caché les autres? Vois combien d'art sur une seule matière, quel travail sur une seule œuvre; partout la beauté, partout la proportion, partout la variété. Qui a ait toutes ces choses? quel est la mère, le père, si ce n'est l'unique et invisible Dieu qui a tout créé par sa volonté?
Hermès, liv. I, ch. V, du Dieu invisible
et très-apparent, p. 39.

« paroles et disent : Hommage à toi, *à cause de*
« *ton immanence en nous !* prosternation devant
« ta face, parce que tu nous produis ; hommage
« à toi par toutes les créatures ; acclamation à toi
« en toute région : dans les hauteurs du ciel,
« dans l'étendue de la terre, dans les profondeurs
« des mers. Les dieux se courbent devant ta majesté
« et exaltent l'âme de celui *qui les produit*, heu-
« reux de l'*immanence de leur générateur*. Ils te
« disent : Sois en paix, ô père des pères des dieux,
« qui as suspendu le ciel et fixé la terre, auteur
« des choses, producteur des êtres, prince su-
« prême, chef des dieux : nous adorons ta
« majesté, au moment où tu nous produis : *tu*
« *nous enfantes* et nous t'acclamons de demeurer
« en nous (1). »

Il serait difficile de dire, en un plus beau langage, les soins de la Providence, les rapports du créateur avec son œuvre et la nature même de la vie intime de Dieu (2).

---

(1) *Hymne à Ammon-Ra* des papyrus égyptiens du musée de Boulaq, traduit et commenté par M. E. Grébaut. Cet admirable travail nous a été trop utile dans cette partie de notre étude, pour que la modestie de son auteur ne nous pardonne pas le témoignage de notre reconnaissance et le juste tribut d'éloges que nous devons à son œuvre.

(2) « Unique en essence, il n'est pas unique en personne. Il est père par cela seul qu'il est, et la puissance de sa nature est telle qu'il engendre éternellement sans jamais s'affaiblir ou s'épuiser. Il n'a pas besoin de sortir de lui-même pour devenir fécond ; il trouve

Le lecteur aura remarqué sans doute comment *Tum* et *Armachis* semblent former avec *Ammon* une triade dont les personnes sont distinctes sans être séparées. Après le magnifique tableau du monde organisé et conservé par Dieu, qui raconte sans cesse la gloire de son auteur : « Hommage à toi par toutes les créatures : acclamation à toi en toute région, dans les hauteurs du ciel, dans l'étendue de la terre, dans les profondeurs des mers ; » le poëte se transporte par un élan sublime au sein même de la divinité. Il engage les personnes de la triade à élever la voix et à répéter au cœur même

---

en son propre sein la matière de son enfantement perpétuel. Seul, par la plénitude de son être, il conçoit son fruit, et comme en lui la conception ne saurait être distinguée de l'enfantement de toute éternité, il produit en lui-même un autre lui-même. Il est à la fois le père, la mère et le fils de Dieu. Engendrées de Dieu, enfantées de Dieu, sans sortir de Dieu, ces trois personnes sont Dieu en Dieu, et, loin de diviser l'unité de la nature divine, concourent toutes trois à son infinie perfection.

Ce Dieu triple et un a tous les attributs de Dieu : l'immensité, l'éternité, l'indépendance, la volonté toute-puissante, la bonté sans limites. Il développe éternellement ces qualités souveraines, ou plutôt, pour me servir d'une expressin chère aux écoles religieuses de l'ancienne Egypte, il crée ses propres membres qui sont les dieux... Chacun de ces dieux secondaires, considéré comme identique au Dieu un, peut former un type nouveau d'où émanent à leur tour et par le même procédé d'autres types inférieurs.... Néanmoins, les noms variés, les formes innombrables que le vulgaire est tenté d'attribuer à autant d'êtres distincts et indépendants, n'étaient pour l'adorateur éclairé que des noms et des formes d'un même être. »

G. MASPERO. *Histoire ancienne*, ch. 1, p. 27.

de Dieu l'hymne dont résonnent les échos de l'univers. Elles reprennent à leur tour le cantique universel et rendent hommage à celui qui les produit sans cesser d'être en elles : *Hommage à toi, à cause de ton immanence en nous : prosternation devant ta face, parce que tu nous produis..... tu nous enfantes et nous t'acclamons de demeurer en nous* (1).

Je ne sais s'il est possible d'exprimer d'une manière plus saisissante et plus nette le dogme de l'unité de Dieu. Chaque personne et chaque forme divines reposent en une substance unique dont elles sont un aspect, dont elles expriment un attribut; mais toutes se confondent et s'unissent dans l'essence indivisible qui les supporte et les vivifie.

Je ne voudrais pas affirmer cependant que cette conception si élevée et si abstraite, qui retenait, en une commune substance et dans un être unique, toutes ces formes et tous ces noms, tous ces dieux et toutes ces déesses, ne fût bien au-

---

(1) Un texte, cité par M. Pierret, nous montre la génération des personnes divines, la naissance de chaque membre de cette famille mystérieuse, où Dieu est seul au milieu d'une vie commune, précédant la création des mondes : « Salut à toi, ainsi qu'à *ceux de ton essence* que tu as faits, dans ton action de devenir Dieu : chairs formées de ses chairs, par lui-même. Non créé était le ciel, non créée était la terre, ne coulait pas l'eau. »

Leps. *Denkm.* VI, 118.

dessus des esprits vulgaires et des pensées de la foule. Ce fil subtil dut souvent se rompre en des mains grossières : les grains de ce long chapelet, fait de tant de formes et de noms divins, se délièrent sans doute, sous les doigts des fidèles, et s'égrenèrent plus d'une fois en un polythéisme monstrueux. Alors, malgré les affirmations répétées des inscriptions et des hymnes, l'Egyptien n'avait plus sur ses autels que de grossières idoles; au lieu de celui qui est *un et seul*, de *celui qui n'a pas de second*, il avait des milliers de dieux et de fantastiques statues qui recevaient son culte (1).

Mais pour les dépositaires des doctrines sacrées et des vénérables traditions des temples, il n'y eut jamais qu'un Dieu, vivant au milieu des triades divines, les pénétrant toutes de sa substance une et indivisible (2). Qu'il fût considéré dans

---

(1) Eusèbe fait la même remarque pour les Grecs. *Eumdem porro, ut vulgari Græcorum more plurium numinum appellatione uti soleant, Deum tamen unum agnoscere.*
EUSEBE, *Præp. Evang.* lib. XI, c. 13.

(2) « Chacun de ces dieux secondaires, considéré comme identiqu au Dieu un, peut former un type nouveau d'où émanent à leur tour et par le même procédé d'autres types inférieurs. De trinités en trinités, de personnifications en personnifications, on en arrive bientôt à ce nombre vraiment incroyable de divinités aux formes parfois grotesques et souvent monstrueuses, qui descendent par degrés presque insensibles de l'ordre le plus élevé aux derniers étages de la nature. Néanmoins les

l'inaccessible mystère de sa vie et de son essence, ou dans les actions multiples et variées par lesquelles il crée, conserve et vivifie le monde, il restait, ainsi que le disent les textes, *un dans son rôle comme avec les dieux* (1).

L'Égypte connut donc et adora un Dieu unique, éternel, incréé, auteur de l'univers et providence de ses créatures (2).

Je voudrais pouvoir citer ici tous les textes ingénieux et charmants, quelquefois naïfs ou profonds, dans lesquels ces vieux théologiens affirmaient tous les attributs de la divinité. Pour faire comprendre l'éternité de Dieu et montrer l'abîme qui le sépare du monde sorti de ses mains, ils ne reculent devant aucune comparaison, dussent-elles par leur crudité troubler notre pudeur. Ils disent de celui qui n'a pas eu de commencement, qui est sa raison d'être, son principe et sa fin : *il n'est pas né, il n'a pas été enfanté, il n'a pas de*

---

noms variés, les formes innombrables que le vulgaire est tenté d'attribuer à autant d'êtres distincts et indépendants n'étaient pour l'adorateur éclairé que les noms et les formes d'un même être.
    G. Maspero, *Histoire ancien.* ch. I, p. 28.

(1) Voir, dans l'*Hymne à Ammon-Ra*, la dissertation de M. Grébaut sur ce texte, p. 96.

(2) Les textes font remarquer que, si le Dieu unique s'est créé lui-même, les personnes divines tirent leur origine de l'essence du Dieu unique. « N'ont point les dieux enfanté leurs membres : c'est toi qui les as enfantés tous tant qu'ils sont. »

mère. Il s'engendre lui-même en son sein; il se féconde lui-même.

Il s'engendre en lui, lui-même (1).

Il se suffit, il est la sa cause; il est la raison dernière de son existence; tandis que le monde n'est que par lui, et n'existe que parce qu'il le crée, en suivant la pensée de son cœur.

Il s'engendre lui-même; non créé, toutes les créatures sont sorties du conseil de son cœur (2).

Hermès, exposant cette doctrine, semble traduire textuellement cette formule : « Le créateur

---

(1) Mot à mot : *il fait l'acte de la génération au dedans de lui, lui-même*. Ce texte revient sans cesse sur le monument égyptien.

(2) Lepsius *Denkm*, vi, 118. Mot à mot : il s'engendre lui-même, non créé, tous les créés sur la terre, des conseils du cœur de lui.

L'abîme céleste lui-même, où Dieu nous apparaît avant l'organisation des mondes, a été créé par le Dieu unique : « Je suis l'esprit qui a créé l'abîme céleste. »
Todten, 85, 9.

«... Donc le Dieu éternel ne peut et n'a pu naître ; il est, il a été, il sera toujours. La nature de Dieu est d'être son propre principe. »
Hermès, liv. II, ch. vii, p. 133.

« Il n'y a rien sans principe; le principe ne dérive de rien que de lui-même, puisque tout dérive de lui. Il est lui-même son principe, puisqu'il n'en a pas d'autre... Tout ce qui est engendré est imparfait, divisible, susceptible d'augmentation ou de dimi-

— 60 —

se crée nécessairement lui-même... La nature de Dieu est d'être son propre principe... L'éternel n'a pas été engendré par un autre; il s'est produit lui-même, ou plutôt il se crée éternellement. » C'est le commentaire de ces mots que nous retrouvons sans cesse dans les inscriptions : *il se crée lui-même* (1).

Aussi est-il appelé :

Le seigneur du temps faisant l'éternité (2).

D'après la théologie égyptienne, ce Dieu éternel par sa nature était, par sa pensée immuable et

---

nution. Le parfait n'a aucun de ces caractères... Voilà l'image de Dieu, autant qu'on peut se la représenter. »
        Hermès, liv. I, ch. IV, p. 34.

« Ne crois donc pas, ô Hermès, que rien, ni en bas, ni en haut, soit semblable à Dieu; tu serais hors de la vérité. Rien ne ressemble au fi l semblable, au seul, à l'unique. Et ne crois pas qu'un autre partage sa puissance.   *Ibidem*, liv. I, ch. XI, p. 72.

(1) « Si le créateur n'est pas autre chose que celui qui crée, fonction unique, simple et non complexe, il se crée nécessairement lui-même, car c'est en créant qu'il devient créateur. De même l'engendré vient nécessairement d'un autre; sans créateur l'engendré ne peut naître ni exister. Chacun d'eux perdrait sa propre nature s'il était séparé de l'autre. Si donc on reconnaît l'existence de deux termes, l'un créé, l'autre créant, leur union est indissoluble; l'un précède, l'autre suit; le premier est le Dieu créateur, le second est l'engendré, quel qu'il soit. »
        Hermès, liv. I, ch. XIV, p. 107.

(2) Hymne à Ammon-Ra, pl. III, 1.

son intelligence sans limite, le principe et la substance même de la vérité. Hermès, paraphrasant encore les légendes antiques, nous dit : « Ne regarde comme vrai que l'éternel et le juste. L'homme n'est pas toujours, donc il n'est pas vrai ; l'homme n'est qu'apparence, et l'apparence est le suprême mensonge... quelle est la vérité première ? *Celui qui est un et seul* (1). »

Les textes en effet appellent Dieu le seigneur de la vérité (2), et c'est à ce titre qu'il est le père des dieux.

Maître de la vérité, père des dieux (3).

Cette formule est expliquée par cet autre texte, qui suppose que le Verbe est le principe des personnes divines :

Émettant la parole, existent les dieux (4).

---

(1) *Hermès trismégiste*, liv. IV, ch. IX, p. 253.

(2) *Veritas enim a Deo non sejungitur.* PHILO. *Vita Mosis*, liv. III, Par. 1740, p. 679. C'est encore la pensée de Platon : *Veram scientiam in eo quod vere est et alia pariter quæ reipsa sunt contemplata.* Phædon.

(3) Hymne à Ammon-Ra, Pl. I, 6. « Quelle est donc la vérité première, ô mon père? Celui qui est un et seul; celui qui n'est pas formé de matière, qui n'est pas dans un corps, qui n'a ni couleur ni figure, qui ne change ni ne se transforme, celui qui est toujours. *Hermès*, liv. IV, ch. IX, p. 254.

(4) Hymne à Ammon-Ra, pl. IV, 2.

Et la première personne, émise ainsi par la parole ou la vérité, semble être Tum, mentionné plus haut à côté d'Armachis, troisième personne de la triade.

En effet, après avoir dit : « Émettant la parole, existent les dieux, notre hymne ajoute : (existe) Tum, père des êtres intelligents, qui fixe leur manière d'être, qui est l'artisan de leur existence.

C'est peut-être encore à lui que s'applique particulièrement la suite de notre texte, où est caractérisé le rôle du démiurge.

« Maître de l'intelligence, substance est sa
« parole; le Nil a jailli par sa volonté... il donne
« le mouvement à toutes choses; quand il agis-
« sait dans l'abîme des eaux (1), furent produites
« les délices de la lumière (2). Les dieux se ré-
« jouissent de sa beauté; les cœurs vivent, quand
« ils le voient. »

Commentant cette doctrine, Hermès dit à ce sujet :

« L'ouvrier a fait ce monde, non de ses mains, mais de *sa parole*. Il faut te le représenter comme

---

(1) Ce texte nous rappelle ces paroles de la Genèse : *Et spiritus Dei ferebatur super aquas.* Gen. I, 2.

(2) Et Dieu vit que la lumière était bonne, et il la sépara des ténèbres. Gen. I, 4.

l'auteur de tout, *l'un et le seul*, qui a créé les êtres par sa volonté (1). »

Dans un autre fragment, Hermès ajoute : « Le « Verbe, créateur du maître universel, est après « lui la première puissance incréée, infinie, sortie « de lui et préposée à toutes ses créations. Il « est le rejeton du très-parfait, le fécond, le fils « légitime, mais tu ne l'as pas compris. La nature « de ce Verbe intelligent est une nature généra- « trice et créatrice... Pense seulement ceci, qu'il « est parfait dans le parfait, qu'il fait des œuvres « parfaitement bonnes, et qu'il est l'auteur de la « création et de la vie (2). »

« La parole lumineuse (le Verbe) qui émane de « l'intelligence, c'est le fils de Dieu...L'intelligence « est le Dieu père. Ils ne sont pas séparés l'un de « l'autre, car l'union est leur vie (3). »

Et un peu plus loin, Poimandrès répondant à cette question : D'où sont venus les éléments de la nature, nous dit : « De la volonté de Dieu, qui, « ayant pris la Raison (le Verbe), et y contemplant « l'ordre et la beauté, construisit le monde d'a- « près ce modèle, avec des éléments tirés d'elle- « même et des germes d'âmes. L'intelligence, le « Dieu mâle et femelle qui est la vie et la lumière,

---

(1) *Hermès trismégiste*, liv. I, ch. IV, p. 30.
(2) *Hermès trismégiste*, liv. IV, ch. VI, p. 278.
(3) *Hermès*, liv. I, Poimandrès, p. 5.

« engendre par la parole une autre intelligence
« créatrice, le Dieu du feu et du fluide, qui forma
« à son tour sept ministres, enveloppant dans
« leurs cercles le monde sensible et le gouvernant
« par ce qu'on nomme la destinée (1). »

« Cet esprit dont j'ai souvent parlé est néces-
« saire à tout; car il porte tout, il donne la vie à
« tout, il nourrit tout. Il coule de la source sainte
« et vient sans cesse en aide aux esprits et à tous
« les êtres vivants (2). »

Nous retrouvons donc, dans la vieille théologie de l'Egypte, dans ces anciennes traditions qui remontent sans doute jusqu'aux premiers jours de l'histoire humaine, le point de départ et l'origine des enseignements de l'école alexandrine sur le Logos démiurge et des lueurs lointaines qui préparent partout les esprits à la doctrine chrétienne du Verbe créateur. Ce passage de l'*Hymne à Ammon*, que commentent avec tant d'autorité ces paroles d'Hermès, ne peut laisser aucun

---

(1) *Hermès*, liv. I, Poimandrès, p. 5.
(2) *Hermès*, liv. IV, ch. vi, p. 279.
Il est difficile de ne pas reconnaître dans ce Dieu du feu et du fluide, dans cet esprit nécessaire à tout, qui coule de la source sainte, qui vient en aide à tous les esprits et à tous les êtres vivants, qui a formé sept ministres dont l'influence règne dans tous les cercles des mondes, il est difficile, dis-je, de ne pas reconnaître une vague idée de l'Esprit-Saint, la troisième personne de le Trinité, avec ses sept dons qui brillent dans le monde de la nature comme dans le monde de la grâce.

doute sur la haute antiquité de ces traditions.

« Auteur des humains, réalisant la substance
« de chaque chose, c'est dans ton nom de *Tum-*
« *Cheper*. » Le mot *Cheper*, créateur, est ajouté
ici au nom de Tum, pour préciser son rôle particulier vis-à-vis du monde. C'est un nouvel exemple
des transformations des types et par conséquent
des noms divins, d'après l'acte qu'on leur attribue. Dans le même texte, le même dieu est
appelé *Tum*, quand on le considère en lui-même,
au sein de la divinité; ici, il est appelé *Tum-
Cheper*, pour caractériser son rôle *ad extra*, son
action spéciale dans la création : il est l'auteur
des hommes, le créateur de la substance des
choses, en *son nom* de Tum-Cheper (1).

Pour le docteur égyptien, la parole divine, le
Verbe de Dieu était la source, la mesure, la substance de la vérité et de l'être. Ammon est appelé : « Germe des dieux, Vérité (2), seigneur de
« Thèbes, dans ton nom d'auteur de la Vérité. »
Cette vérité était le principe et l'essence, la cause
et la vie des personnes divines. Elle les réalisait *ab
intra*, comme elle réalisait l'univers *ad extra* :
toute substance reposait sur elle et trouvait en elle

---

(1) Le créateur est d'ordinaire appelé simplement *Cheper*.

(2) Nous retrouvons dans Origène la même expression : « La
vérité est immortelle et invincible, *étant le germe même du Dieu
très-bon.* βλάστημα τοῦ ἀγαθοῦ Θεοῦ οὖσα. *Contra Marcionitas.*

5

sa raison dernière : « la collection des personnes divines subsiste par la Vérité chaque jour (1). »

---

(1) *Hymne à Ammon-Ra.* Pl. IX, 6.

Nous l'avons déjà dit, à côté des actes externes de Dieu, de ses manifestations extérieures qui avaient reçu un nom et revêtu une forme divine, les docteurs égyptiens admettaient encore, dans sa vie intime, l'existence et le concours de personnes distinctes, quoique unies dans la même substance. Leur origine et leur raison d'être se trouvaient dans l'évolution et le jeu de la vie éternelle du créateur. Il est remarquable, en effet, que c'est toujours par groupes de trois que se présente la divinité suprême de chaque temple. Au second de ces dieux est attribuée le plus souvent la création du monde. Il y a certainement là quelques vestiges, quelques vagues souvenirs du dogme de la Trinité. L'antiquité et la persistance d'une doctrine analogue dans les religions de l'Inde, l'importance de ce dogme chez des peuples séparés depuis si longtemps, ne s'expliqueraient guère sans de communes traditions et une même origine. Ce fut sans doute dans des vues toutes providentielles que les philosophes grecs et bientôt l'école d'Alexandrie, s'inspirant des enseignements théologiques de la vieille Egypte, remirent en honneur ces doctrines perdues dans le mystère des temples, derrière les voiles des anciennes écritures. Sans le savoir, ils préparaient par leurs spéculations l'esprit des contemporains à accepter le dogme chrétien de la Trinité, qui eût rencontré peut-être d'invincibles résistances sans ce travail qui, pendant quatre ou cinq siècles, familiarisa tout l'Orient à cette conception nouvelle de la vie intime de Dieu. C'est ainsi que les efforts de la philosophie, en reprenant l'étude des données traditionnelles que conservaient les vieilles religions, établissaient, d'un côté, la haute antiquité de ces enseignements et, de l'autre, ouvraient le monde aux prédicateurs de l'Evangile, qui allaient rendre à l'humanité, dans leur forme vraie et leur intégrité première, les dogmes obscurcis et presque oubliés. Bien des erreurs sans doute pénétrèrent dans les spéculations des philosophes et dans l'enseignement traditionnel des colléges sacerdotaux, mais ce qu'il importe de remarquer, c'est que la notion de ce mystère ne disparut jamais complètement. Plus l'on remonte vers les ori-

Créé par la parole divine, l'univers est sans cesse gouverné et soutenu par elle : jamais il n'est aban-

gines, dans l'étude des documents égyptiens, plus aussi l'idée de la Trinité semble juste. Si, au cours des siècles, on voit apparaître dans la triade de chaque temple l'élément féminin, la mère et l'épouse divine qui donne naissance à la troisième personne du cycle, il n'en fut pas toujours ainsi. Comme l'a fait observer M. de Rougé, ce n'était point là la doctrine primitive. A Héliopolis, par exemple, le personnage divin y apparait sous trois formes : le dieu inaccessible *Atoum;* le dieu scarabée, le créateur, *Choper;* Ra, la manifestation de Dieu, le soleil visible. « Telle est certainement la doctrine la plus ancienne, dit l'illustre professeur dans sa conférence sur la religion des Egyptiens; jusqu'ici pas de divinité femelle : c'est toujours un dieu mâle, représenté avec la barbe. Cette génération se passe dans le ciel. » Mais on conçoit qu'il était difficile, pour des théologiens qui aimaient à rapprocher sans cesse le monde surnaturel et divin des phénomènes qu'ils avaient sous les yeux, de s'en tenir à cette haute idée de la conception des personnes divines. Ils devaient être irrésistiblement entraînés à reporter dans le sein de Dieu l'élément féminin indispensable à l'acte de la génération, tel que nous le concevons ici-bas. Nous voyons cependant des docteurs de la vieille Egypte revenir souvent à l'idée première des trois dieux mâles constituant la triade. Nous en avons des exemples dans les hymnes à Ammon et à Osiris. Mais nous reviendrons encore sur ce sujet, en parlant tout à l'heure d'Osiris au sein du Dieu éternel. Nous verrons qu'on lui attribue, comme à Tum, le rôle de dimiuge et la seconde place dans la triade. Pour comprendre ces changements de noms et ces attributions diverses données aux personnes divines, il faut se rappeler l'influence des cultes locaux et les traditions particulières de chaque temple, qui modifiaient sans cesse les groupes divins et les noms de leurs personnes. De plus, la doctrine de la circumincession des formes divines dans la même substance permettait d'attribuer à chaque membre, du moins par voie réflexe, les actes spéciaux des autres dieux.

donné par son divin auteur. Un texte déjà cité plus haut nous a dit avec quel soin paternel Dieu veille sur son œuvre et pourvoit aux besoins de ses créatures. « Il nourrit les poissons des fleuves et les oiseaux du ciel... il fait les provisions de la souris dans sa retraite et celles des oiseaux dans les forêts... ses bras s'étendent et se multiplient partout... il veille sur les hommes quand ils reposent et il cherche le bien de ses créatures : il conserve tout ce qui est. »

Mais l'auteur de l'univers ne se contente pas d'une vigilance qui n'atteindrait que l'ordre matériel et n'assurerait que l'harmonie et la durée de son œuvre; il suit d'un regard plein de tendresse les intérêts de chacun; il écoute nos vœux, exauce nos prières, se rend à nos désirs. « Il exauce la prière de l'opprimé; il est doux de cœur pour celui qui crie vers lui; il délivre le timide du violent, il est le juge des puissants et des malheureux (1). »

Le Dieu suprême et unique, qui est la vérité essentielle, est ainsi la bonté souveraine. Un de ses noms, c'est *Oum nofré, l'être bon par excellence*, comme nous disons nous-mêmes *le bon Dieu*. « Dieu est le bien et n'est pas autre chose, dit Hermès; Dieu est le bien et le bien est

---

(1) Hymne à Ammon-Ra, pl. IV, 3.

— 69 —

Dieu (1). » Les inscriptions répètent sans cesse :

𓀭𓏤𓈖𓏏𓂋𓇳𓁹𓂻 𓅓𓂋𓏏𓇯𓂀

Dieu bon, très-aimé..., grandeur des amours (2).

C'est-à-dire, Dieu est grand par l'amour qu'il

(1) « Aucun de ceux qu'on nomme dieux, dit encore Hermès, aucun des hommes ni des démons ne peut en aucune manière être appelé bon : ce titre ne convient qu'à Dieu seul ; il est le bien et n'est pas autre chose. Tous les autres êtres sont en dehors de la nature du bien... Le bien égale en grandeur l'existence de tous les êtres corporels et incorporels, sensibles et intelligibles. Tel est le bien, tel est Dieu. Ne dis donc pas d'un autre être qu'il est bon, c'est une impiété ; ne dis pas de Dieu qu'il est autre chose que le bien, c'est encore une impiété. Tout le monde emploie le mot de bien, mais tout le monde n'en comprend pas le sens ; aussi tout le monde ne conçoit pas Dieu... Pour Dieu, le bien n'est pas une dignité, c'est sa nature. Dieu et le bien sont une seule et même chose et le principe de toutes les autres ; car le propre de la bonté est de tout donner sans rien recevoir. Or, Dieu donne tout et ne reçoit rien. Dieu est donc le bien, et le bien c'est Dieu. »   Liv. I, ch. II, p. 25.

« Le bien n'est nulle part ailleurs qu'en Dieu seul, ou plutôt le bien est toujours Dieu lui-même. C'est donc une essence immuable, incréée, présente partout, ayant elle-même une activité stable, parfaite, complète et inépuisable. L'unité est le principe de tout, le bien est la source de tout. Quand je dis le bien, j'entends ce qui est entièrement et toujours bon. Or ce bien parfait ne se trouve qu'en Dieu seul, car il n'est rien qui lui manque et dont le désir puisse le rendre mauvais, il n'est rien qu'il puisse perdre et dont la perte puisse l'affliger ; la tristesse est une forme du mal. Il n'est rien de plus fort que lui et qui puisse le vaincre, il n'est rien d'égal à lui et qui puisse lui nuire ou lui inspirer un désir. Il n'est rien qui puisse, en lui désobéissant, exciter sa colère, ni rien de plus sage qu'il puisse envier. »
  Liv. I, ch. VI, p. 42.

« Dieu n'a qu'une seule passion, le bien... Voilà ce qu'est Dieu, le bien ayant toute puissance de tout créer. Toute créature est engendrée par Dieu, c'est-à-dire par le bien, et la toute-puissance créatrice. Si tu veux savoir comment Dieu produit et comment naît la créature, tu le peux ; tu en as la plus ressemblante image dans un laboureur jetant des semences dans la terre : ici de l'orge, là du blé, ailleurs quelque autre graine... C'est ainsi que Dieu sème au ciel l'immortalité, sur terre le changement et la vie. »
  HERMÈS, liv. I, ch. XIV, p. 108.

(2) Hymne à Ammon-Ra, *passim.*

inspire aux personnes divines et à toute sa création. Enfin il semble que ni les images les plus touchantes, ni les plus hautes inspirations ne puissent suffire à exprimer quelque chose de la grandeur et de la bonté, de la gloire et des bienfaits de Dieu.

« Son amour est dans le midi, sa grâce dans le
« nord; sa beauté s'empare de tous les cœurs; son
« amour fait défaillir les bras; ses créations sont
« belles à paralyser les mains; les cœurs se fondent
« en le voyant... Par sa volonté, il a produit la
« terre, l'or, l'argent, le lapis... Quand il traverse
« les cieux sur sa barque et parcourt en paix les
« espaces célestes, ses nautoniers sont en allé-
« gresse; alors qu'il renverse l'impie et le dévore
« de sa flamme (1). »

Mais, pour si grandiose et si belle que soit son œuvre, elle n'a épuisé ni la fécondité ni la puissance du créateur : dans ses secrets conseils, Dieu tient en réserve tout ce qui doit un jour arriver à la vie.

---

(1) Hymne à Ammon-Ra, pl. V, 7 et suiv.
« Il faudrait dix mille bouches et dix mille voix pour bénir le Dieu de toute pureté, le père de nos âmes, et nous serions impuissants à le célébrer dignement; car les enfants nouveau-nés ne peuvent dignement célébrer leur père, mais ils font selon leurs forces et obtiennent ainsi l'indulgence. Ou plutôt, la gloire de Dieu, c'est qu'il est supérieur à toutes ses créatures; il est le prélude, le but, le milieu et la fin de leurs louanges; elles confessent en lui le père tout-puissant et infini. »
Hermès, liv. IV, ch. II, p. 298.

« Il est ce qui est et ce qui n'est pas : car ce qui est, il l'a manifesté, et ce qui n'est pas, il le tient en lui-même », dit Hermès, répétant un texte admirable du Livre des morts, mais en lui donnant une forme panthéistique qui n'est pas dans l'original. Là, en effet, il est dit que Dieu tient dans sa main tout ce qui est, et garde dans ses conseils ce qui n'est pas encore.

Ce qui est est dans ma main ; ce qui n'est pas est dans mon cœur (1).

Or tout ce qu'il veut, il le réalise, et aucune force ne peut lui résister.

Mes desseins s'accomplissent, on ne peut échapper à ce que je fais moi-même (2).

Je n'en finirais pas, si je voulais citer ici les textes innombrables dans lesquels les théologiens de la vieille Egypte se sont efforcés de rendre leur sublime conception de cet être toujours caché et

---

(1) *Todt.* XXXII, 8. Le défunt participant à la vie divine ne craint pas de s'appliquer à lui-même ces paroles, qui dans leur visée primitive se rapportent au créateur.

(2) V. E. DE ROUGÉ. *Chrest*, II, p. 54. « La volonté de Dieu, c'est l'accomplissement absolu ; vouloir et accomplir, c'est pour lui l'œuvre d'un même instant. » *Hermès trismégiste*, liv. II, ch. IV, p. 124.

toujours visible, toujours présent au milieu de son œuvre et toujours voilé dans le mystère de son insaisissable substance; se multipliant partout, ne se montrant nulle part; remplissant toutes choses et ne résidant qu'en lui. « Celui qui se crée à
« chaque instant et qui n'a pas de mère (1); qui,
« sublime, puise sa force en lui-même; dont tous
« les dieux redoutent la face; le Dieu des premiers
« temps (2).

« O être qui a formé son propre corps !
« O Seigneur unique sorti du Noun ! (3)
« O substance divine créée d'elle-même !
« O Dieu qui a fait la substance qui est en lui !
« O Dieu qui a formé son père et fécondé sa mère ! (4).

« Vaste dans sa largeur sans limite... vertu
« suprême aux formes mystérieuses ! âme mysté-
« rieuse, auteur de sa redoutable puissance... la
« vie saine et forte créée de lui-même ! Brillant,

---

(1) *Hymne à Shu.*
Papyrus magique Harris, traduction de M. Chabas, p. 139.
(2) *Ibidem.*
(3) L'océan céleste, l'abîme primordial d'où il se manifeste par la création.
(4) Conclusion des litanies de Shu, au *Papyrus Harris,* traduction de M. Chabas.
Le dernier trait est d'une étonnante énergie pour exprimer l'éternité divine. Car, pour former son père, il devait être déjà. Mais ces comparaisons empruntées à la génération dans le temps ne semblaient pas de trop pour faire mieux saisir cette éternelle naissance de Dieu.

« illuminant, éclatant! Esprit plus esprit que les
« dieux, tu es caché dans le grand Ammon!...
« Vieillard rajeuni, voyageur des siècles! Toi dont
« les desseins ont commencé le monde (1). O Am-
« mon, aux transformations saintes, celui qu'on
« ne connaît pas! Brillantes sont ses formes, son
« éclat est un voile de lumière. Mystère des mys-
« tères, mystère inconnu! Salut à toi au sein de
« Noun; toi qui véritablement as enfanté les dieux.
« Les souffles de la vérité sont dans ton sanctuaire
« mystérieux... Tu es adoré sur les eaux; la terre
« fertile t'adore; les entrailles de l'animal sau-
« vage sont émues quand ta barque passe à la
« montagne cachée. Les esprits de l'Orient te
« félicitent lorsque tes lueurs brillent sur leur
« face (2). »

Ces quelques citations suffiront, j'espère, à faire connaître la haute conception que se faisait le sacerdoce égyptien du Dieu auquel étaient consacrés ses temples grandioses, son culte imposant et magnifique.

Ces hymnes, ces cantiques, ces inscriptions, que nous aurions pu citer en plus grand nombre, appartiennent à toutes les époques de l'histoire égyptienne. Nous les rencontrons sur les anciens

---

(1) Hymne à Ammon-Ra-Armachis, traduction de M. Chabas, dans le *Papyrus Harris*.

(2) Hymne à Ammon, *Papyrus Harris*, traduction de M. Chabas, p. 142.

monuments et sur les monuments plus récents. Nous devons en conclure que la doctrine de l'unité de Dieu se conserva jusqu'aux derniers âges, sinon parmi la foule et dans l'esprit du peuple, du moins dans les écoles et les sanctuaires. Et qu'on ne vienne pas nous dire ici que c'est le long travail des penseurs et des philosophes qui a lentement élaboré cette idée et cet enseignement; que c'est la physionomie du sol de l'Egypte qui est monothéiste comme le désert; qu'à la longue elle projeta dans l'âme de la nation cette image et cette idée. Non certes, cette conception n'a surgi ni de l'effort de la pensée des sages, ni des vagues impressions de la nature. Aux premiers jours de l'histoire de cette vieille nation, elle brille d'un éclat qui va diminuant sans cesse au cours des siècles, à mesure que se développe la mythologie, et que l'univers, avec ses spectacles inexpliqués, pénètre les âmes d'une impression toujours plus mystérieuse et plus vive. Alors peu à peu ce dogme, qui rayonna sur le berceau de cette civilisation, se voile et s'obscurcit. Les temples, habités d'abord par cette majesté solitaire qui ne montrait nulle part son image et taisait partout son nom, sont envahis par des colonies de dieux qui s'installent dans tous les naos, se dessinent sur toutes les murailles, s'entassent dans tous les couloirs. Nous suivons avec émotion les progrès rapides de cette foule empressée; nous voyons ce peuple de divinités se développer et grandir, comme une famille étrangère qui usurpe un territoire riche et fertile et chasse devant elle les héritiers de cet antique patrimoine (1).

Ce n'est que par des efforts courageux et persévérants que les dépositaires des anciennes croyances maintiennent dans l'enseignement les vieilles traditions reçues de leurs pères. Les scribes continuent à graver sur les monuments, les poëtes à chanter dans leurs hymnes, les prêtres à adorer dans leur temple le Dieu unique; mais les esclaves, les ignorants, la foule, ne savent plus faire remonter leurs hommages jusqu'à l'invisible et au créateur que leurs pères avaient connu; ils n'adressent leur culte qu'à ces dieux de pierre, d'or et d'argent

---

(1) La découverte du temple de granit rose, auprès de Gizeh, a été comme une véritable révélation du monothéisme absolu de la religion primitive de la vieille Egypte. Plus tard, d'autres monuments de ces âges anciens sont venus confirmer d'une manière éclatante cette première donnée qui causa dans le monde savant une impression si vive. M. Mariette, notre maître à tous en archéologie égyptienne, insiste avec raison sur le caractère de ces premiers monuments.

« Je ne terminerai pas, dit-il, cette notice des chapelles de l'ancien empire, sans faire remarquer que les monuments funéraires du temps sont aussi sobres de représentations de divinités que les monuments du nouvel empire en sont prodigues; *l'absence complète de figures de dieux*, au milieu des innombrables scènes que nous ont restituées les *mastaba* de l'ancien empire, est, en effet, une anomalie qui constitue un caractère d'époque très-tranchée.

Notice des princip. monum. (p. 29).

qu'Israël lui-même adorait encore au désert, au pied du Sinaï ébranlé par la gloire de Jéhovah.

C'est donc bien aux origines même de cette civilisation qu'il faut remonter pour expliquer l'histoire de ce dogme. L'Egypte le reçut avec ses premiers colons, et il resta jusqu'aux derniers jours son plus riche héritage. Pour le conserver, ce ne fut pas de trop d'unir les efforts de son nombreux sacerdoce à toutes les forces de résistance que maintenaient, dans cette civilisation, le respect des anciennes croyances et la fidélité aux traditions nationales. Si ce flambeau toujours agité et vacillant ne s'éteignit point au milieu de ce peuple, ce fut comme par miracle. Dieu voulut, pour montrer sans doute qu'il n'avait jamais abandonné les nations païennes, qu'aux derniers jours de la vieille Egypte, alors que le monde entrait déjà dans une ère nouvelle, un des derniers philosophes de cette antique nation pût encore redire : Dieu est seul et unique ; il demeure au sein des personnes divines et au milieu de la création, πρῶτος τοῦ πρώτου (1), ou, comme

---

(1) Origène se sert encore de la même expression : οἶδα τὸν πρῶτον Θεόν. *Exhort. au martyre;* mais dans ce sens : τὸν ἐπὶ πᾶσι Θεόν, τὸν μέγαν Θεόν. Nous la retrouvons aussi dans Arnobe, l. II *Contra gentes. Ad cultum divinitatis obeundum satis est nobis Deus primus; Deus inquam primus, pater rerum ac dominus, constitutor moderatorque cunctorum.* Il est curieux de noter que, d'après Eusèbe (l. II, *Hist. Eccl.* c. 13), Simon le Magicien ne voulait pas qu'on adorât Dieu sous le nom de Θεός, mais sous celui de πρῶτος Θεός.

l'avaient répété ses anciens maîtres, *unus ex uno, le un qui est seul et n'a pas de second.*

Ainsi, les sages qui avaient puisé en ce trésor et savaient quelles richesses il cachait encore, disaient avec une profonde tristesse un suprême adieu à cette civilisation mourante. Je ne sais par quel pressentiment étrange ils entrevirent de loin de barbares envahisseurs qui foulaient d'un pied indifférent cette terre sacrée, passaient sous ses portiques, dans ses sanctuaires, à l'ombre de ses monuments, sans en comprendre le sens et s'incliner devant leur grandeur. Une race nouvelle devait remplacer les fils de Misraïm, envahir leurs cités en ruine, se reposer sur leurs tombeaux, sans s'inquiéter de ceux qui dormaient sous ces dalles. Les palais ne devaient plus voir les cours brillantes des Pharaons, les temples, les pompes sacrées, les foules recueillies, les cérémonies saintes; les autels ne devaient plus avoir ni victimes ni sacrificateurs. Plus de maîtres dans les écoles, plus de sages entourés de disciples. Toute cette civilisation allait disparaître, ne laissant que des souvenirs obscurs et des débris oubliés. Les descendants de ce grand peuple n'avaient plus de patrie. Mélancolique regret et sombres perspectives, que renouvellent pour les derniers enfants de chaque nation la fragilité des choses humaines et la marche impitoyable des siècles ! ils viendront un jour ou l'autre troubler notre cœur, comme ils troublèrent tour à tour les survivants de Rome et d'Athènes, d'Assyrie et d'Egypte. Une heure arrive où, tôt ou tard, dans la vie de chaque famille humaine, se réalise, sinon pour la religion et le culte, du moins pour la vie politique des empires, cette parole que prononçait Hermès sur le sépulcre encore ouvert des Pharaons : « O Egypte, Egypte! il ne restera de tes religions que de vagues récits que la postérité ne voudra plus croire; des mots gravés sur la pierre, racontant ta piété. Le Scythe, l'Indien ou quelque autre barbare habitera ta vallée; la divinité retournera au ciel; l'humanité mourra abandonnée, et l'Egypte sera déserte et veuve de ses habitants comme de ses dieux (1). »

Mais si les peuples succombent tour à tour, la vérité ne meurt pas. Ses rayons divins brillent à travers la poussière soulevée par la chute des empires et la ruine des peuples; le vent dissipe bientôt ces nuages et, des hauteurs sereines des cieux, l'éternelle lumière guide sans cesse dans sa marche l'humanité, toujours en quête d'une patrie permanente.

---

(1) Hermès trismégiste, *Asclep*. IX.

CHAPITRE IV.

OSIRIS, JUGE ET RÉDEMPTEUR DES AMES.

> Ipse erit exspectatio gentium.
> GENÈSE, XLIX, 10.

Nous avons exposé longuement l'enseignement égyptien sur la nature de Dieu et ses rapports avec le monde ; il nous faut maintenant aborder un côté aussi mystérieux, mais plus intéressant peut-être, de cette théologie : l'histoire et le rôle du rédempteur.

Nous ne surprendrons personne en affirmant que l'antiquité a connu, sous des noms divers et à travers des voiles plus ou moins transparents, la figure d'un libérateur, Dieu et homme, qui souffre et meurt pour l'humanité, qui ressuscite et demeure à jamais vivant pour assurer le salut de chacun et faire tôt ou tard triompher la vérité et la justice.

Cette sympathique et douce figure, qui fut entrevue dès les premiers jours de l'histoire dans les mystérieuses promesses de Dieu, reparaît sous des formes sans nombre dans les traditions, les légendes et les mythes de tous les peuples. Plus effacée dans le souvenir des civilisations classiques dont les fondateurs, à travers de longs voyages et une vie errante, avaient perdu depuis longtemps la mémoire des traditions primitives, elle n'avait pas encore complétement disparu ; mais elle se cachait dans des mythes obscurs et des fables sans consistance, tandis qu'elle resplendit d'un admirable éclat au milieu des peuples anciens qui avaient puisé leurs croyances à des sources moins troublées et avaient conservé plus fidèlement les souvenirs de leurs aïeux. Plus on remonte le cours des siècles dans l'étude des monuments de ces vieilles nations, plus aussi les conceptions religieuses nous apparaissent pures et élevées, plus la figure du rédempteur se dégage des voiles mythologiques pour se montrer à nous sous la forme simple et touchante que la réalisation de ces antiques prophéties nous a rendue familière.

Or, de tous ces mythes et de toutes ces légendes dont le souvenir est arrivé jusqu'à nos derniers âges, le plus ancien et le plus pur est certainement celui d'Osiris, tel que nous l'a raconté la vieille Égypte. Le caractère noble et bienveillant de ce dieu, son rôle plein de miséricorde pour l'humanité, lui font une place à part au-dessus de toutes les figures divines qui vinrent secourir l'homme au milieu de sa détresse, lui apporter consolation et espérance pour les jours d'ici-bas et lui ouvrir les perspectives d'une nouvelle et meilleure existence après la mort.

Encore aujourd'hui, après les enseignements de

l'évangile et l'histoire si émouvante de Jésus, Dieu fait homme, qui meurt pour ses frères et les associe à son triomphe, le souvenir de la légende égyptienne nous apparaît plein de grandeur et de charme.

Les docteurs de l'Eglise furent eux-mêmes saisis d'admiration et de respect devant cette auguste figure et ne craignirent pas de rapprocher le nom d'Osiris de celui de Jésus-Christ.

Ce fait ne nous surprend plus, maintenant que nous connaissons par les textes authentiques le Dieu que nous n'avions entrevu qu'à travers les récits inexacts des Grecs et des Romains. Ce qui nous semblait une témérité inexplicable chez un docteur aussi grave que Tertullien est enfin justifié à nos yeux et ne surprendra plus personne, après la lecture de ces quelques pages.

Aucun culte dans l'histoire de l'humanité n'a encore duré plus longtemps; aucun, si j'en excepte le christianisme, n'a rallié plus d'adorateurs; aucun n'a pénétré plus profondément l'âme de ses fidèles de l'importance souveraine d'ordonner les choses de la vie présente en vue de l'éternité; aucun n'a exercé une influence plus décisive et meilleure dans les mœurs et la vie des peuples. Pendant toute la durée de la longue histoire égyptienne, le culte d'Osiris ramena la pensée de cette grande nation vers ces vérités fécondes qui consolent des épreuves de la terre, tiennent la conscience en éveil et dominent les jugements des hommes ou les entraînements des passions par la certitude de rencontrer après la mort une justice sans erreur et sans faiblesse, sanctionnant dans l'éternité, par la félicité des justes et le châtiment des coupables, les arrêts de la conscience et les revendications sacrées du devoir.

Si l'homme a inventé cette admirable doctrine, c'est le plus beau témoignage qu'il ait jamais rendu au cœur de Dieu, la plus noble interprétation des sentiments que le créateur doit nourrir pour sa pauvre humanité. Celui qui a conçu et enseigné ces choses a eu une intuition sublime qui le place au premier rang parmi les sages et les penseurs.

Mais ce fut le sentiment des Pères, et c'est notre conviction profonde, que cette légende ne fut qu'un écho lointain des révélations primitives et le commentaire de ces prophéties qui annoncèrent dès le premier jour à l'homme déchu que Dieu interviendrait lui-même pour le racheter et lui rendre l'héritage perdu par la faute de ses pères. Il serait difficile d'expliquer autrement les rapports de cette doctrine avec les prophéties messianiques, qui rappelèrent plus tard au peuple hébreu, pour lequel ces traditions anciennes se perdaient chaque jour, la prochaine intervention de Dieu et le rachat de l'homme ; il serait impossible encore de comprendre les analogies de la légende osirienne avec l'accomplissement, dans la vie du Christ, de toutes les espérances dont elle entretint, pendant de si longs siècles, les générations innombrables de la vallée du Nil.

Mais, si la source où remontait l'histoire du rédempteur égyptien était pure, ses eaux devaient peu à peu se troubler à travers une si longue course.

Malgré les fortes barrières dont en Egypte le respect des traditions entourait les dogmes, il faut avouer que la longue durée du culte osirien, les inévitables transformations que produit le travail des esprits, l'interprétation des écoles, les commentaires des docteurs, amenèrent au cours des âges des variantes nombreuses dans l'histoire d'Osiris, des confusions dans ses généalogies, des rites nouveaux dans ses sanctuaires, enfin des explications naturalistes qui défiguraient à la longue l'enseignement primitif. Aussi lorsqu'on veut se faire une idée juste de la doctrine égyptienne, au sujet de ce dieu, on rencontre ici les graves difficultés qui enveloppent partout dans les mythologies les figures divines.

Nous l'avons déjà dit, rien n'est plus simple et plus net à l'origine que la théologie égyptienne; rien ne devient plus confus, plus inextricable, à mesure que les créations mythologiques se forment et se développent, en suivant une loi encore mal définie, mais dont tout le secret est dans la psychologie brillante et le langage imagé de ces peuples anciens. Les idées s'expriment en une figure qui devient bientôt une réalité vivante, s'incarne en un fait, prend un corps et se fixe pour jamais dans la doctrine, qui s'en va ainsi se transformant sans cesse.

Nous avons dit comment le Dieu suprême de l'antique Egypte, malgré le nombre de ses noms et de ses formes, était éternel, *créateur de tout ce qui est et de tout ce qui n'est pas*, le *un, unique, qui n'a pas de second*, celui *qui s'engendre soi-même*, enfin le caché, le *mystère* des *mystères*. Nous avons dit comment il reçoit des noms différents d'après l'attribut ou le rôle qu'on veut mettre en lumière. Osiris est un des noms de Dieu. Avec les autres personnes divines, avec Ammon, le Dieu caché, avec Phtah ou Tum (1), deux noms du

---

(1) « Chaque nome de l'Egypte, de même qu'il avait sa dynastie, avait son dieu national qui était une des formes et portait un des noms du Dieu unique. Formes et noms du Dieu unique s'étaient partagé la vallée en autant de domaines qu'il y avait de nomes et avaient constitué à côté de la féodalité politique une sorte de féodalité divine. Tum régnait sur Héliopolis; Théni et plus tard Abidos étaient sous l'autorité immédiate d'Osiris; Ammon possédait Thèbes, et Phtah vint dans les temps historiques s'établir à Memphis. Chacun de ces dieux, identiques en substance au dieu des autres nomes, reconnaissait de bonne grâce cette identité fondamentale. Ammon de Thèbes donnait l'hospitalité dans son temple à Min ou Khem de Coptos, à Tum d'Héliopolis, à Phtah de Memphis, qui, de leur côté, lui faisaient place auprès d'eux dans leurs propres sanctuaires. L'habitude de

démiurge, avec Thoth la divine sagesse, adorés toujours par groupes de trois dans les divers temples de la vallée du Nil, il partage la substance unique, la toute puissance et l'éternel fécondité de celui qui est *un et seul, en lui-même* et *avec les dieux*. Mais, en se communiquant entre elles les attributs essentiels de la divinité, chacune des personnes divines ne perd rien et n'enlève rien aux autres (1). Osiris, comme Ammon, est appelé le *maître de tout ce qui est*, le *seigneur au-dessus de tout*, le *seigneur unique, neb-ua*.

Il a cependant un titre incommunicable, un attribut personnel qu'il ne cède ni à Phtah, ni à Ammon, son nom à lui qui le caractérise et le sépare des autres : il s'appelle la bonté :

---

réunir dans une même adoration les formes différentes de la divinité, amenait perpétuellement leur fusion en une seule et même personne. Sévek du Fayom, associé à Ra, se changeait en Sévek-Ra; Phtah se confondait avec Sokari, sous le nom de Phtah-Sokari; et celui-ci, rapproché d'Osiris, devenait Phtah-Sokar-Osiris. Tous les types divins se pénétraient réciproquement et s'absorbaient dans le Dieu suprême. Leur division, même poussée à l'infini, ne rompait en aucune manière l'unité de la substance divine : on pouvait multiplier à volonté les noms et les formes de Dieu, on ne multipliait jamais Dieu. »

G. MASPERO. *Hist. anc.*, ch. I, p. 29.

(1) Ce texte du manuscrit du Louvre n° 3148 semble bien décisif : « Hommage au Dieu qui sort de l'abîme céleste, *aux dieux qui sont dans le sein du mystère* qui y est contenu, au dieu qui se rajeunit sans cesse, être primordial, *unité unique*, créateur de ce qui est. »

Catalogue des manusc. égypt., p. 147.

il est *Oun nofre*, l'être bon par excellence (1).

Cet attribut essentiel de Dieu donne à l'être divin qui le représente et le *personnifie* — qu'on me pardonne ce mot, si vrai et si juste dans ce cas — une incomparable grandeur et un rôle admirable dans le mystère de la vie de Dieu et dans le mystère de la vie humaine. Aussi les hymnes en l'honneur d'Osiris chantent-ils ses louanges avec un enthousiasme que rien n'égale dans la littérature sacrée de la vieille Egypte.

Nous lisons, dans le papyrus 3292, encadré dans la salle funéraire du musée du Louvre, ligne 14, cet admirable passage : « Hommage à
« toi, résidant dans la région occidentale, Osiris,
« souverain d'Abydos (2), seigneur du temps, toi
« qui conduis l'éternité : Dieu bienfaisant dès le
« principe, la plus grande des formes, la plus
« sainte des lois ; il est aimé du ciel inférieur (3),
« c'est le beau de visage (4) ; le grand de la cou-

---

(1) *Deus bonitatis nomen est, ut scias quod etiam res inanimas, non potentia sed bonitate condidit eadem qua animatas.*
      Philo. *Legis allegor.* l. II. Par. 1740. p. 74.
(2) Où le dieu avait son temple principal.
(3) Demeure des âmes.
(4) C'est le titre ordinaire du démiurge et du Logos, dont Osiris comme les autres dieux, par la circumincession des personnes divines, peut s'approprier l'attribut. Cette dénomination, le *beau visage*, qui semble se rapporter à la figure et à la vivante image du Dieu caché, à la forme divine qui révèle son mystère, fut sans doute l'origine d'une des théories de l'école alexandrine sur le *Logos image* du Père, dont aucun regard ne peut atteindre l'essence invisible.

« ronne, qui dompte les éléments dans les mys-
« tères qu'il a créés (1). »

« Salut à toi, Osiris..., le grand fils aîné de son
« père Ra, le père des pères; celui qui occupe
« une place auprès de Ra; le roi des temps im-
« menses et le maître de l'éternité, le premier de
« son cycle divin; celui dont la vertu est ef-
« ficace... Personne ne connaît son nom : innom-
« brables sont ses noms dans les villes et dans les
« nomes (2).

---

(1) Traduct. Deveria, *Catalogue* des manuscrits égyptiens, p. 7. Ces dernières paroles semblent faire allusion au mystère de la résurrection des corps. Osiris dompte par sa toute-puissance les forces de la mort, qui retiennent dans l'immobilité et le silence les débris du corps de ses fidèles. Comme nous le dirons plus tard, c'est lui qui les ranime et les fait revivre par le rayonnement divin de sa face et les conduit dans le séjour des élus.

(2) C'est de ces noms innombrables que les Egyptiens formaient ces litanies dont la liturgie catholique a conservé les touchantes et longues énumérations. La mélodie même si naïve et si douce de nos litanies des saints semble remonter à une haute antiquité. J'ai été fort surpris un jour, au Caire, d'entendre sous ma fenêtre des musiciens ambulants chanter une vieille légende sur ce rhythme simple dont la phrase harmonique par son retour incessant donne tant de charme à la mélodie. J'ai cherché bien des fois d'où pouvait naître cette émotion vague et profonde, mélancolique et douce, que nous cause toujours ce chant qui a bercé tant de générations. C'est peut-être qu'il y a un merveilleux rapport entre la pensée et le rhythme dans cette composition antique. D'un côté l'idée s'exprime de mille manières et demeure toujours la même; de l'autre, la mélodie ne varie jamais ses modulations, comme pour refléter dans le jeu de ses tons constants et mobiles quelque chose de l'unité qui persévère dans les paroles, à travers des images sans cesse renouvelées. C'était peut-

« Quand le soleil se lève au ciel, c'est par sa vo-
« lonté; quand il se couche, il contemple sa splen-

être sur le même rhythme que les Egyptiens chantaient leurs litanies en l'honneur d'Osiris.

J'ai cru qu'on lirait avec intérêt une de ces compositions. Je l'emprunte à notre papyrus du Louvre de *Neb-qed*, publié par M. Devéria et traduit par M. Pierret. Quand le défunt est arrivé dans la salle de la justice suprême et qu'il a terminé sa confession négative : je n'ai pas commis de faute; je n'ai pas tourmenté les malheureux; je n'ai pas tué; je n'ai pas altéré le poids des balances... etc., il reprend ainsi l'énumération des fautes qu'il a évitées, en proclamant quelques-uns des titres d'Osiris :

O marcheur, *sorti de An*, je suis sans faute.

O mangeur de l'ombre, *sorti de la double retraite*, je n'ai pas tué d'homme.

O impureté de la face, *sorti de Rastau*, je n'ai pas fraudé sur les mesures de blé.

O les deux lions, *sortis du ciel*, je n'ai pas commis de fraude dans la demeure de la justice.

O la flamme, *sortie en reculant*, je n'ai pas fait de mensonge.

O le rempart, *sorti de la demeure mystérieuse*, je n'ai rien fait de condamnable.

O celui qui vivifie la flamme, *sorti de Hat-Phtah*, mon cœur n'a pas de mauvaises intentions.

O celui qui retourne la tête, *sorti de la demeure de Phtah*, je n'ai pas de délateur.

O mystère de la jambe, *sorti de la nuit*, je ne me suis pas mis en colère.

O lumière des sens, *sortie de la région mystérieuse*, je n'ai pas eu commerce avec femme mariée.

O sang, *sorti de la chambre du lotus*, je n'ai pas été dépravé.

O celui qui renouvelle ce qui est en lui, *issu de Khem*, je n'ai pas été violent.

O chef des chefs, *issu de Khepra*, je n'ai pas été dépravé.

O celui qui recèle les paroles, *sorti de la grande demeure*, je n'ai pas prodigué les paroles.

O Nofre-Toum dans *Ha-Phtah-Ka*, je n'ai pas fait d'abomination.

« deur. Salut à toi, que ton nom de très-ver-
« tueux rend si grand; toi le fils aîné, le ressuscité
« des morts! Il n'y a aucun Dieu qui fasse ce qu'il
« a fait. Il est le seigneur de la vie et on vit par
« ses créations : personne ne peut vivre sans sa
« volonté (1). »

Tel est Osiris dans sa vie divine, au sein du Dieu unique dont il n'est qu'un aspect, une personne distincte, et toujours inséparable de celui qui est *un et seul*. Il est, dit notre texte, le fils aîné de Dieu le père; il occupe une place à côté

O celui qui est sans vicissitude, *sorti de Dadou*, je n'ai pas fait d'outrage aux dieux.

O celui qui agit selon son cœur, *sorti de...* je n'ai pas fait maltraiter l'esclave par son maître.

O celui qui pousse le fleuve céleste, *sorti de Saïs*, je n'ai fait de mal à personne.

O celui qui vivifie les êtres intelligents, je n'ai pas fraudé sur les pains dans les temples.

O beau Nehbka, je n'ai pas profané les aliments des dieux.

O celui qui dispose la tête, je n'ai pas enlevé les enveloppes des momies.

O celui qui conduit son bras, je n'ai pas enlevé le lait de la bouche de l'enfant.

O celui dont les yeux sont comme un glaive, je n'ai pas commis de faute dans la demeure de la justice.

Chacun des titres donnés à Osiris fait allusion à un mystère ou à quelque enseignement de la théologie égyptienne. Il serait intéressant de dépouiller ce long dossier, mais il présente de graves difficultés et ce ne peut être ici le cas d'entreprendre un pareil travail. Il suffit de donner une idée de ces sortes de prières conservées dans notre liturgie.

(1) Stèle de Rouma au musée de Boulaq.

M. MARIETTE. *Notice des princip. monum.*, p. 304.

de lui ; il est donc bien distinct de celui qui l'engendre, et cependant il vit en lui et demeure en son sein ; il est le premier du cycle, toujours composé, d'après la théologie égyptienne, de trois personnes divines ; il représenterait donc, à côté du père, la seconde personne de la triade. Comme son père, il a tous les attributs du Dieu unique, de celui qui n'a pas de second : il est éternel, puisqu'on l'appelle le roi des temps immenses, le maître de l'éternité. Comme Ammon, il a des noms innombrables, et personne ne connaît son véritable nom. Il est le rédempteur ressuscité, comme nous l'expliquerons bientôt, en racontant sa vie sur la terre ; il est aussi le démiurge qui a organisé le monde et commande à la création : le soleil se lève sur son ordre. Enfin, il est le Seigneur de la vie, et on vit par ses créations : personne ne peut vivre sans sa volonté.

En parcourant cette page, ne croirait-on pas lire un résumé prophétique de la sublime doctrine de saint Jean : *In principio erat Verbum et Verbum erat apud Deum : hoc erat apud Deum*(1)?

---

(1) Nous lisons dans le *Poimandrès* d'Hermès Trismégiste : « Cette lumière c'est moi, l'intelligence, ton Dieu, antérieur à la nature humide qui sort des ténèbres, et le Verbe lumineux de l'Intelligence, c'est le fils de Dieu... Ils ne sont pas séparés, car l'union est leur vie... En la vie et la lumière consiste le père de toutes choses... ce qui en toi voit et entend est le Verbe du Seigneur ; l'Intelligence est le Dieu père... je crois en toi et te rends témoignage ; je marche dans la vie et la lumière. O Père, sois

il occupe une place auprès de Ra; il est le grand fils aîné de son père (1). *Omnia per ipsum facta sunt et sine ipso factum est nihil quod factum est... in ipso vita erat...* Il est le seigneur de la vie; on vit par ses créations; personne ne peut vivre sans sa volonté. *Et Verbum caro factum est et habitavit in nobis et vidimus gloriam ejus... plenum gratiæ et veritatis.* Le Verbe s'est fait chair; il est mort et ressuscité, comme Oisiris s'est fait homme et s'est réveillé dans le tombeau, lui que son nom de très-vertueux rend si grand (2).

C'est ce second aspect de la vie du Dieu égyptien,

---

béni, l'homme qui t'appartient veut partager ta sainteté, comme tu lui en as donné le pouvoir. »

Ce commentaire de notre hymne, en se rapprochant davantage des paroles de saint Jean, nous montre comment se lient tous les anneaux de cette chaîne.

(1) Il est encore dit au ch. LXXXV, du *Todenbuch*: Je suis l'aîné des dieux.

(2) Je citerai encore ici ces paroles remarquables du papyrus du Louvre 3283, qui nous donnent une haute idée de la vie intime du dieu égyptien au milieu de ses triades. « Seigneurs puissants, bienfaiteurs divins, jugeant les paroles des habitants du pays, seigneurs de vérité!... Salut! dieux essences des essences privées de leurs corps... troisième grandeur au-dessus du père de leur père, invoquant l'âme de sa puissance, lorsque se produisent ses volontés; adorant leur père dans ses glorifications; types divins du type de tout ce qui est... Schous, anciens grands, divinités, essences premières d'Atoum, émettant les humains, faisant émerger les formes de toutes les formes; seigneurs des divins aliments; Hommage à vous, les seigneurs de la perpétuité, produisant l'éternité. »

Catalogue des manusc. égypt, p. 144.

sa pérégrination sur la terre, son voyage à travers le temps, son passage dans les terres de la mort, qu'il nous faut étudier maintenant que nous connaissons le mystère de sa vie auprès du Dieu unique, de celui qui est un et seul, qui n'a pas de second.

Plutarque initié aux mystères de son culte et toujours bien informé, comme le prouve la concordance des textes d'origine égyptienne, mais trop enclin au panthéisme et au naturalisme qui dominaient aux basses époques, nous a laissé un précieux traité sur Osiris, et les interprétations de ce mythe qui avaient cours alors dans les grandes écoles d'Égypte, où venaient se confondre dans un syncrétisme nébuleux les enseignements traditionnels des temples, les doctrines de l'Orient et les spéculations des philosophes grecs et romains.

Osiris, le seigneur du temps, celui qui conduit l'éternité, s'était fait homme (1) et régna sur la terre, nous dit Plutarque. Il donna à son peuple des lois sages et saintes, lui apprit à honorer les

---

(1) Ce mystère est rappelé dans une énumération des noms d'Osiris : « O Osiris, ta mère t'a enfanté dans ce monde ; elle t'a appelé d'un beau nom : Osiris est ton nom au sein des mânes ; Oun-Nofre Véridique est ton nom dans le ciel inférieur ; Seigneur de la vie est ton nom parmi les vivants ; Habitant de la région inférieure est ton nom au tribunal de la divine justice ; Sahou est ton nom dans le lieu saint ; Dieu grand est ton nom... Dieu est ton nom dans les temples : que ton nom reste à jamais ! »
Catalogue des manuscrits égypt. n° 3148, pag. 149.

dieux, parcourant la contrée tout entière pour instruire ses sujets et les rendre pieux et justes. Il fit la conquête de son empire par la grâce pénétrante de sa divine parole : le charme de ses enseignements suffisait pour entraîner les foules sur ses pas et les suspendre à ses lèvres.

« Dès qu'Osiris fut monté sur le trône, l retira les Egyptiens de la vie sauvage et misérable qu'ils avaient menée jusqu'alors ; il leur enseigna l'agriculture, leur donna des lois et leur apprit à honorer les dieux. Ensuite, parcourant la terre, il adoucit les mœurs des hommes, eut rarement besoin de la force des armes (1) et les attira presque tous par la persuasion, par le charme de sa parole et de la musique (2) : aussi

---

(1) Ἐλάχιστα μὲν ὅπλων δεηθέντα.
(2) Ce dernier trait nous surprend aujourd'hui. La musique est devenue, dans nos civilisations modernes, un agréable passe-temps et un art qui n'a plus assez de gravité pour faire honneur à un sage et surtout à un dieu. Il n'en était pas ainsi pour les anciens. Dans le *Phédon*, Socrate déclare que la philosophie n'est qu'une sublime musique : ὡς φιλοσοφίας μὲν οὔσης μεγίστης μουσικῆς. Dans le troisième livre de sa *République*, Platon va plus loin encore et affirme que le musicien seul est véritablement philosophe : ὅτι μόνος μουσικὸς ὁ φιλόσοφος.

A une époque où les peuples ne connaissaient point l'écriture, et plus tard encore, lorsque quelques rares savants et des sages en petit nombre aspirent à fixer, dans des monuments écrits, les traditions de leurs aïeux, les enseignements de leurs pères, l'histoire de leur pays, les anciennes légendes, les principes de morale; tout ce précieux dépôt était confié à la mémoire des générations rapides qui se le transmettaient de main en main. Pour que ces

les Grecs ont-ils cru qu'il était le même que Bacchus (1). »

---

souvenirs pussent se fixer plus sûrement dans l'esprit, on leur donnait un ton poétique et une certaine cadence; on les redisait dans les assemblées, dans les banquets, autour du foyer, sur un rhythme traditionnel dont la mesure demandait les mêmes coupes et à peu près les mêmes termes. C'est ainsi que nous voyons dans la Bible le premier essai de législation se formuler sur les lèvres de Lamec, en des expressions rhythmées, qui sans doute furent chantées d'âge en âge jusqu'aux jours d'Abraham. Il était tout naturel alors que le plus sage de la tribu fût celui dont la mémoire conservait plus fidèlement toutes ces antiques rapsodies ou dont l'imagination brillante et féconde savait trouver des chants nouveaux qui charmaient ces auditoires encore faciles. La sagesse et la science se montraient de la sorte inséparablement unies à la musique. Elle était devenue comme la dépositaire des trésors d'expérience recueillis par les générations passées et remplaçait à la fois l'écriture et l'histoire. Nous retrouvons chez tous les peuples cette tradition que leur code et leur rituel sont nés en chantant. Orphée chez les Grecs et les Latins, Osiris en Egypte, Bacchus chez les habitants de l'Asie Mineure sont des musiciens qui récitent, à travers les foules pressées, les histoires des anciennes races, les genèses divines, les origines du monde, les principes de morale, les espérances d'une autre vie, tout le répertoire des connaissances contemporaines. A ce point de vue, Platon pouvait dire : μόνος μουσικὸς ὁ φιλόσοφος. Le plus grand éloge qu'on pût faire d'Osiris en ces siècles reculés, c'était donc de l'appeler un musicien, de lui donner une lyre et de le montrer à travers les campagnes attirant à lui les peuples par le charme de ses récits et l'harmonie de ses chants.

(1) PLUTARQ. *Traité d'Isis et d'Osiris*, ch. XIII. Platon, au IIIe livre des *Lois*, dit en effet que le Bacchus des Grecs était le même dieu qu'Osiris. Diodore affirme qu'Orphée transporta son culte en Grèce, en changeant son nom. *Hist.* liv. I, cap. XXXIII. Il fallait donc que les Hellènes eussent quelque idée du dieu qui meurt et ressuscite, pour qu'une telle assimilation fût possible et que son culte pénétrât dans les temples.

Tel fut le roi pacifique et débonnaire, le sage préoccupé seulement du bien de ses sujets et du bonheur de son peuple, qui apporta aux hommes des doctrines inconnues, changea leurs mœurs, éclaira leur intelligence et rallia autour de sa divine personne tous les respects et toutes les affections par l'autorité de sa doctrine, le charme irrésistible de sa parole et la pureté de sa vie.

Mais le bien ne saurait prospérer longtemps sur la terre, même au dire des mythes. Les triomphes du dieu furent courts. Le principe du mal acharné à sa perte lui tendit des piéges et engagea une lutte qui se termina sans résistance par la mort douloureuse d'Osiris. Il était à peine arrivé à la fleur de la vie ; il avait vingt-huit ans (1) ; il avait comblé les hommes de bienfaits et il mourait dans les plus cruelles douleurs. Touchante légende, qui inspira sans doute plus tard à Platon

---

(1) Il serait difficile de préciser les circonstances de la mort d'Osiris et de rétablir la tradition primitive au sujet de son supplice. Plusieurs légendes semblent avoir prévalu successivement. Celle que raconte Plutarque ne peut être fort ancienne : quelques détails de mœurs ne permettent pas d'y voir un récit remontant aux temps primitifs. Quant à l'âge d'Osiris, il est fixé par la timite traditionnelle de la vie des Apis, 28 ans. Voir le Mémoire de M. Mariette sur la mère d'Apis. Dans l'île de Philée, où le culte d'Osiris avait un grand éclat, l'histoire de sa vie est illustrée par les bas-reliefs dans un petit sanctuaire à l'ouest du grand temple. Sa mort et sa résurrection forment les sujets principaux de cette composition. Vingt-huit lotus marquent les vingt-huit printemps de sa vie. VILKINSON IV, p. 189.

cette page sublime sur la mort du juste. L'histoire prophétique du juste par excellence devenait ainsi, sous la plume du plus grand des philosophes, le récit fidèle des derniers instants du Christ.

Mais pour Osiris, comme pour le véritable Sauveur, l'heure de la mort est l'heure de la victoire. Il ressuscite, et alors commence son triomphe (1). Sans contestation et sans lutte, il resaisit le sceptre, ceint la couronne et règne à jamais, mais dans un royaume qui n'est plus de ce monde (2).

C'était pour les prêtres égyptiens et les fidèles d'Osiris une profonde tristesse, lorsque les voyageurs et les philosophes, auxquels ils avaient raconté l'histoire de leur dieu, osaient rapprocher cette sainte et douce figure des divinités peu recommandables de la Grèce ou de Rome, d'un Pluton ou de quelque autre dieu de leur enfer. Plutarque nous a laissé à ce sujet une page tou-

---

(1) Pour faire comprendre que le dieu homme, qui par son essence divine n'a ni forme ni sexe, se ressuscite lui-même au sein du tombeau, les textes comparent ce retour à la vie à une seconde naissance : dans le sépulcre, Osiris est sa propre mère, mais cette mère est vierge. « O Dieu rajeunissant, créateur des purs, *vierge belle* dans l'abîme, dont le fils prospère à l'horizon. »
Traduct. Deviéra, *Catalogue* des manuscrits égypt., p. 148.
(2) « O mon fils, le roi des âmes qui ont existé jusqu'ici est ton père Osiris; le roi des corps est le prince de chaque nation. »
Hermès Trismégiste, liv. III, ch. III, p. 217.

chante, qui se termine par la description sublime du divin royaume, où règne le sauveur et le juge de l'Egypte.

« Il est un point de la doctrine, dit notre phi-
« losophe, dont les prêtres ont aujourd'hui une
« espèce d'horreur et qu'ils ne communiquent
« qu'avec une extrême discrétion : c'est celui qui
« enseigne qu'Osiris règne sur les morts et qu'il
« est le même que l'Adès ou le Pluton des Grecs.
« Cette disposition, dont le vulgaire ne connaît pas
« le véritable motif, jette bien des gens dans le
« trouble et leur fait croire qu'Osiris, ce dieu si
« saint et si pur, habite réellement dans le sein de
« la terre et au séjour des morts. Mais, au con-
« traire, il est aussi éloigné de la terre qu'il soit
« possible ; toujours pur et sans tache, il n'a au-
« cune espèce de communication avec les sub-
« stances qui sont sujettes à la corruption et à la
« mort. Les âmes humaines, tant qu'elles sont
« unies aux corps et soumises aux passions, ne
« peuvent avoir de participation avec Dieu que
« par les faibles images que la philosophie en re-
« trace à leur intelligence et qui ressemblent à des
« songes obscurs. Mais lorsque, dégagées de leurs
« liens terrestres, elles sont passées dans ce sé-
« jour pur, saint et invisible, qui n'est exposé à
« aucune révolution, alors ce Dieu devient leur
« chef et leur roi : *elles sont fixées en lui et con-*
« *templent cette beauté ineffable dont elles ne*

« *peuvent se rassasier et qui excite sans cesse en*
« *elles de nouveaux désirs* (1). » Ne croirait-on
pas entendre un Père de l'Eglise, nous parlant
du Christ ressuscité et de ce royaume des âmes,
où Dieu lui-même est la récompense et l'éternelle félicité des justes ?

Ce Dieu, qui dans les demeures célestes est la
joie des élus, a laissé sur la terre, dans le cœur
de ses serviteurs fidèles, un souvenir qui ne
s'efface jamais ; il reste à travers les siècles l'objet
d'un profond respect et d'un amour immortel.
Aucun dieu, au pays d'Egypte, ne trouvait dans
les âmes plus de dévouement et de piété, aucun

---

(1) PLUTAR. *Traité d'Isis et d'Osiris*, ch. 79. Traduct. Ricard vol. V, p. 396. Ces dernières paroles rappellent d'une manière touchante ces élans de saint Bernard :

Jesu, dulcedo cordium,
Fons vivus, lumen mentium,
Excedens omne gaudium
Et omne desiderium,
Qui te gustant esuriunt ;
Qui bibunt adhuc sitiunt ;
Desiderare nesciunt,
Nisi Jesum, quem diligunt.

La stèle du musée de Boulaq qui porte le numéro 72, dit en parlant d'Osiris : « L'or n'est rien comparé à tes rayons ; les terres divines, on les voit dans tes peintures ; les contrées de l'Arabie, on les a énumérées ; mais toi seul tu es caché. Tes transformations sont semblables à celles de l'océan céleste... Accorde que j'arrive au pays de l'éternité et à la région de ceux qui sont approuvés ; que je me réunisse aux beaux et sages esprits du Kerneter et que j'apparaisse avec eux pour contempler tes beautés au matin de chaque jour. »

A. MARIETTE. *Notice des princip. monum.*, p. 87.

n'avait autant de temples et d'autels. « La divi-
« sion de l'Egypte en nomes et en provinces, dit
« M. Mariette, a pour base sa division antérieure
« en districts religieux. Chaque nome reconnais-
« sait en effet un dieu qui n'était pas le protec-
« teur des nomes voisins, tandis que chaque ville
« accueillait à son tour une divinité à laquelle
« elle rendait plus particulièrement ses hom-
« mages. C'est ainsi qu'Osiris est, dès la plus
« haute antiquité, le dieu local d'Abydos. Osiris
« dut pourtant à son caractère propre de ne pas
« rester cantonné dans le district qui, à une
« époque inconnue, lui avait été assigné. »

« Tous les Egyptiens, dit Hérodote, n'adorent
« pas les mêmes dieux; ils ne rendent tous le
« même culte qu'à Osiris et à Isis. Ce passage est à
« remarquer pour sa netteté. Thèbes, Memphis,
« Eléphantine, reconnaîtront séparément Am-
« mon, Phtah, Chnouphis, pour les représen-
« tants de l'être invisible, et de nomes en nomes
« les dieux égyptiens se succéderont dans une
« perpétuelle révolution. Mais Osiris, protecteur
« des âmes, sera de la Méditerranée aux cataractes
« le dieu de tous les Egyptiens (1). »

En effet, tous les nomes, toutes les cités célébraient de concert les fêtes en son honneur et
chantaient les mêmes hymnes à la gloire du divin

---

(1) MARIETTE. *Notice des princip. monum.*, p. 103.

ressuscité. Celui qui succomba sous les efforts du génie du mal était pleuré chaque année dans un anniversaire solennel. Une liturgie symbolique rappelait tous les traits du drame émouvant de son agonie et de sa mort; on entourait son tombeau de lamentations, de chants funèbres, de cris de désespoir; tout le pays était dans le deuil et les larmes jusqu'à l'heure de sa résurrection. Alors éclataient dans toute la terre d'Egypte des chants de joie et l'hymne du triomphe; du nord au midi, tous les nomes étaient en fête.

Ce culte national et les cérémonies privées qu'on célébrait au jour de la sépulture d'un défunt et aux anniversaires de sa mort, les hymnes récités sur les tombeaux, les pompes funéraires, les offrandes faites dans les chapelles sépulcrales entretenaient sans cesse dans l'âme de la nation le souvenir du juge et du rédempteur.

« O bon et divin père des dieux et des hommes,
« dit un papyrus du Louvre, qui fais vivre cha-
« cun.... Dieu grand, vivant en sa demeure! Son
« nom est mystérieux pour tous les dieux, sa forme
« cachée pour toutes les déesses; vivant après ses
« funérailles, il donne à chacun le souffle de la
« vie (1). » Sorti glorieux du tombeau et vainqueur de la mort, Osiris était devenu, en effet, pour les défunts, le principe de la résurrection.

---

(1) *Catalogue* des manuscrits égyptiens, Inv. 3148, p. 148.

Vivant après ses funérailles, il donnait à chacun le souffle divin pour une nouvelle existence. Comment l'Egypte aurait-elle oublié son souvenir ; comment ce peuple, si inquiet de l'avenir d'outre-tombe, aurait-il négligé son culte et abandonné ses autels (1)? Elle ne l'oublia jamais : sa dévotion la plus tendre, son respect le plus profond furent toujours pour Osiris. « J'aime Osiris plus que tous les autres dieux, dit Toutmès III, et désire que mon nom demeure et mon souvenir se conserve dans le temple de mon père Osiris (2). »

Mais de toutes les phases de ce mythe, celle qui a surtout intéressé la théologie pratique de l'Egypte, celle qui est particulièrement mise en lumière par les inscriptions et les peintures, celle qui remplit la plus grande place et exerce la plus profonde influence dans la vie religieuse de cette grande nation,

---

(1) Nous lisons dans une stèle trouvée à Saqqarah : « Adoration à Osiris qui réside dans l'Amenti; à Oun-nofer, roi de l'éternité, dieu grand, manifesté sur l'abîme céleste... roi des dieux, seigneur des âmes. Grande est sa vénération. Il est le roi suprême par-dessus tous les dieux; il est le maître des couronnes dans le temple... Il est le grand du ciel, le roi de l'enfer, le créateur des dieux et des hommes. Quand on observe les devoirs qu'il impose, on règne au-dessus du péché, on connaît le mal... quand on observe les devoirs qu'il impose, on se connaît également. »

M. Mariette. *Notice des princip. monum.*, p. 306.

Dans la stèle de Roma dont nous avons déjà cité un passage, Osiris est appelé l'âme des morts dans la région funéraire... et le texte ajoute : les hommes et les dieux, les défunts immortels et les morts le respectent dans leur cœur.

(2) Paroles de Toutmès III, monuments de Boulaq, magasins.

c'est, après la mort du dieu, son rôle vis-à-vis de l'âme de chacun de ses fidèles. Tous les monuments funéraires le rappellent et l'expliquent dans les moindres détails. Osiris était non-seulement le sauveur, mais encore le *juge des défunts* (1).

Quand, dans les vignettes du rituel, sur les stèles des tombeaux, dans les bas-reliefs des sarcophages, dans les peintures des hypogées, nous retrouvons sa figure, il est le plus souvent représenté assis sur son tribunal, dans la salle de la justice suprême. Là, il attend, enveloppé du suaire qu'il avait lui-même emporté dans la tombe, l'âme de celui qui vient de mourir. A ses pieds se dressent les divines balances, où sera pesé le cœur du défunt. Tout est disposé pour le jugement. Au seuil de la salle, Maat, symbole vivant de la justice et de la vérité, comme l'indique son nom, accueille l'âme et la présente au juge. La première parole du défunt, quand il arrivait devant son dieu, était celle-ci : *Je suis l'Osiris* (un tel), et il déclinait son nom de la terre (2).

---

(1) Remarquons que c'est le titre que Jésus-Christ s'attribue sans cesse dans l'Evangile. Il le rappelle dans toutes les circonstances saillantes de sa vie, devant ses disciples et ses apôtres, après un enseignement plus important, devant ses juges quand sa mission est contestée. Dans les symboles de l'Église, c'est un des points de la doctrine qui est mis intentionnellement en lumière et sur lequel on insiste davantage : *venturus est judicare vivos et mortuos.*

(2) Voici dans quels termes le défunt se présentait à son juge, d'après le papyrus Neb-qed : « Paroles, lorsqu'on aborde la salle

Cette assimilation du fidèle avec son divin type, son rédempteur et son juge, me semble un des points les plus élevés et les plus touchants de la doctrine égyptienne. A lui seul il expliquerait la grande et douce influence du mystère osirien dans la vie religieuse de ce peuple, et l'inaltérable amour dont furent entourés le souvenir et le nom de ce dieu. Dans aucun culte de l'antiquité il n'existe rien d'analogue : c'est un fait unique dans l'histoire des anciennes religions ; il nous faut arriver jusqu'à la doctrine chrétienne pour retrouver quelque chose de semblable. De même que le chrétien est un membre vivant du Christ, qu'il participe à sa vie, à ses mérites et à ses droits, qu'il porte son nom, s'abrite derrière la personne de son sauveur, ainsi le fidèle d'Osiris, non-seulement se réclame

---

de la double justice pour voir la face des dieux, dites par l'Osiris scribe Neb-qed, il dit : Salut à toi, dieu grand, seigneur de justice! Je viens auprès de toi pour voir tes beautés. Je connais le nom du dieu grand et de ceux qui sont avec toi dans la salle de la double justice, qui vivent de la garde des impies et se nourrissent de leur sang, *le jour du compte des paroles*, devant l'Être bon. Je me place auprès de vous, seigneurs ; je vous apporte la vérité. »

Papyrus Neb-qed, publié par M. Deveria, pl. VII, col. 18 à 25.

Ce texte nous montre que les génies chargés de punir les méchants assistaient à la sentence, au jour solennel où l'on rendait compte même des paroles. Nous trouverons plus tard, dans la confession négative que le défunt fait devant son juge, cette curieuse mention : je n'ai pas beaucoup parlé. Comment ne pas rapprocher ces textes de ce qui sera dit par Jésus-Christ lui-même au sujet des paroles inutiles?

de lui, mais devient son enfant et son frère, il est un autre lui-même. Son premier devoir, comme son premier droit, au seuil de ce monde de l'éternité, c'est de faire précéder le nom qu'il avait porté autrefois sur les chemins de la vie du nom divin de son sauveur. Ce nom, qui lui appartenait, puisqu'il était en vérité le membre vivant de son libérateur et un autre Osiris, devenait pour lui une égide et une protection : il conférait des droits imprescriptibles dans les terres des morts à quiconque avait mérité, pendant les jours rapides de l'existence terrestre, de le porter et de s'en prévaloir dans le monde d'outre-tombe.

A cette heure terrible, l'âme s'avançait sur les chemins ténébreux où Osiris avait passé lui-même et dont il était sorti triomphant et immortel. Leurs destinées étaient donc communes ; mais le dieu n'avait traversé qu'en courant ces terres obscures et remplies de périls; sa souveraine puissance l'avait soutenu, là où l'humaine faiblesse ne pouvait que succomber (1). Le fidèle égyptien devait donc s'empresser de se mettre sous la garde et de se cacher sous le nom de son sauveur. Celui-ci, toujours plein de bonté et de miséricorde, apportait alors à chacun de ceux qui s'avançaient sur ses traces en ces sentiers difficiles, le secours de

---

(1) Dans le Symbole des apôtres, l'Eglise nous rappelle aussi la traversée de Jésus-Christ à travers les enfers : *Descendit ad inferos*.

son autorité souveraine et de son irrésistible pouvoir (1).

Rien n'est touchant comme les prières que ces âmes éplorées adressaient à leur protecteur dans ce moment décisif.

Nous lisons dans un papyrus du Louvre : « Amensaouef, le défunt, dit à Osiris : Reçois en paix cet Osiris, Amensaouef justifié.... ouvre-lui tes portes, que j'y entre au bon plaisir de mon cœur, que les gardiens de tes pylones ne me combattent pas, que je ne sois pas repoussé par tes gardes, que je voie Dieu dans ses formes, que je le serve dans le lieu où il est (2) ».

Pour se donner droit à ces faveurs, l'âme rappelait, comme au Livre des morts, sa vie innocente

---

(1) Platon semble faire allusion à ce long voyage des âmes dont l'avaient entretenu si souvent les prêtres d'Héliopolis. *Ferunt enim quemque nostrum, ab eo dæmone, qui viventem sortitus fuerit in locum quemdam duci, ubi oporteat omnes una collectos judicari ac deinde ad inferos proficisci illo duce, cui mandatum est; hinc descendentes ad illa loca traducere, sortitos vero illic quæ oportet, tempusque debitum commoratos, ab alio duce rursus huc reduci post multos temporis longosque circuitus.*
Phædo, LVII, p. 84. Edit. F. Didot.
Il rappelle encore cette dangereuse traversée, quand il nous dépeint les défunts racontant leurs épreuves et leur bonheur : *Narrare autem inter se, alteros dolentes ac flentes, recordantes quanta et qualia in subterraneo itinere perpessi essent et vidissent (esse autem illud mille annorum iter), alteros vero de cœlo venientes narrare delicias pulchritudinisque mirificæ spectacula.*
Politeia, x, p. 194. Edit. F. Didot.
(2) *Catalogue* des manuscrits égyptiens, n° 3292, p. 7.

et pure : « Je suis debout devant toi, seigneur de l'éternité : je n'ai point d'iniquité, point d'accusateurs ; je n'ai rien fait pour cela. Ce que j'ai fait : le disent les hommes, s'en réjouissent les dieux. Hommage à toi, Dieu, être bon, seigneur d'Abydos ! Donne-moi le passage dans les chemins de la nuit : que je rejoigne tes serviteurs (1). »

Au Livre des souffles, le défunt continue sa justification, en énumérant ses bonnes œuvres. Ce texte vénérable nous montrera toute la pureté de la morale primitive. Il semble que les enseignements même de Jésus-Christ dans l'Evangile ne soient qu'un retour à ces enseignements d'autrefois.

« O dieux habitants de l'hémisphère inférieur,
« écoutez la voix de l'Osiris (un tel) ; il est venu
« près de vous ; il n'est pas de faute en lui ; aucun
« péché, aucun témoignage ne se dresse contre
« lui. Il vit de la vérité, il se nourrit de la vérité.
« Le cœur des dieux s'est réjoui de toutes ses
« œuvres.

Il donna du pain à qui avait faim, de l'eau à qui avait soif,

Des vêtements à qui était nu. Il offrit des pacifiques aux dieux, des oblations aux mânes.

---

(1) *Todten*. Ch. 1.

Aucune accusation n'a été faite contre lui devant aucun dieu (1).

Mais à côté de ces nobles paroles qu'un chrétien ne rougirait pas de prononcer humblement devant son Dieu, à l'heure du jugement, que de conceptions puériles et bizarres, que de spéculations étranges! Osiris, traversant les terres de la mort, fut assimilé au soleil pendant son voyage au-dessous de l'horizon. L'imagination ardente de ce peuple, épris d'un amour singulier pour tout ce qui appartient au monde d'outre-tombe, peupla ces régions de mystérieux fantômes, de portes où veillent sans cesse des gardiens inflexibles, de mers immenses, où passe la barque divine (2) avec

---

(1) Voir la traduction de M. Brugsch, *Sai an sinsin*, Livre des souffles.

C'est aussi en rappelant la scène du jugement que Jésus prononce ces paroles : *Venite, benedicti Patris mei, possidete paratum vobis regnum a constitutione mundi. Esurivi enim et dedistis mihi manducare; sitivi et dedistis mihi bibere; hospes eram et collegistis me, nudus et cooperuistis me.*
Matt. xxv, 34-36.

Citons encore ce passage du papyrus Neb-qed. Pl. VI. « Sauvez-moi de Baba (le bourreau de l'enfer égyptien), qui vit des entrailles des grands, le jour du grand compte; accordez-moi que j'arrive vers vous. Je suis sans erreur, sans faute, sans péché. Je n'ai fait aucune chose pour cela. Je vis de la vérité ; je me nourris de la vérité de mon cœur; ce que j'ai fait, les hommes le proclament, les dieux s'en réjouissent. Ils ont eu sympathie et affection pour moi. J'ai donné du pain à qui avait faim, de l'eau à qui avait soif, j'ai fait des offrandes aux dieux et des oblations aux morts... Je suis pur; ma bouche est pure ainsi que mes mains.

(2) Les dieux d'Egypte, au lieu d'avoir des chars comme les

ses voyageurs en quête du pays de la vie, de campagnes où les mânes sèment et récoltent des moissons plus hautes que les grands palmiers (1). Mais partout Osiris est leur guide, leur sauvegarde et leur protecteur. Ceux qui marchent avec lui et connaissent son mystère échappent enfin aux ténèbres et à la mort (2); ils se lèvent rajeunis comme

---

les dieux de la Grèce, voyageaient en barque. Dans un pays coupé par un inextricable réseau de canaux et de longs marécages, on se servait peu de chariots, on allait en barque. Les Egyptiens ne pouvaient mieux faire que d'en donner à leurs dieux. Comme l'a dit Hermès : De même que le père et le seigneur a fait les dieux éternels semblables à lui-même, ainsi l'humanité a fait ses dieux à sa propre ressemblance.
Discours d'initiation, IX, 1.

(1) Pour se faire aider dans ces travaux, les défunts emportaient dans leurs sépulcres bon nombre de ces petites statuettes en terre émaillée, qui peuplent nos collections. Elles représentent d'une manière naïve les ouvriers des champs élyséens. Ces momies miniatures, qui suivaient l'Egyptien en l'autre monde, portent d'une main un sac plein de semences, et de l'autre une petite bêche. Elles arrivaient ainsi armées de toutes pièces pour les mystérieux travaux des terres d'outre-tombe.

(2) Platon semble faire durer mille ans ce long voyage. *Atque, o Glauco, salva est fabula neque emortua et nos salvos præstabit, si ei fidem habuerimus et oblivionis flumen bene transibimus, nulla macula animum inficiemus, sed mihi si fidem habemus, immortalem animum et malis omnibus atque ac bonis sustinendis parem arbitrantes, viam semper ad superiora ducentem sequemur, justitiamque cum prudentia omni ratione colemus, ut et nobismetipsis et diis amici simus, atque dum hic manemus et postea cum præmia ejus reportabimus, quemadmodum victores, dona colligentes et hic et in mille annorum itinere, quod persecuti sumus felicitate fruamur.*
Dernier livre de *Politeia*, x, p. 195. Edit. F. Didot.

le soleil aux horizons de l'orient, lorsque revient le jour.

A l'heure de sa résurrection, Osiris, comme l'astre du matin, retrouve ses divines splendeurs, éteintes dans les ombres du tombeau, et sa face illumine de ses rayons les âmes qui ont marché sur ses traces. Mais sur la sombre route qu'il vient de parcourir, il a laissé, au milieu des ténèbres et du feu, les coupables en proie aux tourments les plus cruels; seuls les justes sont sortis avec lui de cette redoutable épreuve; seuls ils partagent pendant l'éternité la joie des esprits célestes qui contemplent le rayonnement de sa face.

Pline recommandait à un de ses amis, dans une lettre célèbre, de respecter toujours la gloire des anciennes institutions et la vieillesse qui rend l'homme vénérable et les villes sacrées; il ajoutait: Honore ce qui est antique; honore les grands faits du passé, honore ses traditions et même ses fables; *sit apud te honor fabulis quoque* (1). Oui, il est dans l'antiquité de ces légendes et de ces fables qui commandent le respect; mais aucune n'y a plus de droit que celle dont nous venons d'esquisser les traits principaux.

Si nous avons rendu un compte fidèle de la doctrine égyptienne sur le caractère d'Osiris, sa vie, sa mort et son rôle vis-à-vis des défunts, il est dif-

---

(1) Pline, *Epist.* viii, 24.

ficile de ne point reconnaître dans cette grande et belle légende comme une vague et lointaine ébauche de la véritable histoire du Sauveur. Ce Dieu qui est l'être bon par excellence, qui se fait homme, enseigne à ses frères à honorer Dieu ; qui traverse les campagnes de son royaume, attirant les peuples autour de lui par le charme de sa doctrine et le prestige de son enseignement ; qui néglige le glaive et ne veut point d'armées pour étendre les limites de son empire ; qui succombe sans se plaindre dans les plus cruelles douleurs, lorsqu'il est à peine arrivé au milieu de la vie ; qui meurt sans résistance dans une injuste et odieuse intrigue ourdie par le génie du mal ; qui ressuscite bientôt et console les femmes en pleurs autour de son sépulcre ; qui descend aux enfers, devient le juge et le sauveur des âmes ; qui entoure les défunts de sa protection et de sa puissance ; qui leur permet de porter son nom, de s'en faire un titre et une arme contre leurs ennemis ; qui leur assure, par son intervention puissante et miséricordieuse, d'échapper aux tourments sans fin et de prendre part aux joies des élus : ce dieu, adoré des Egyptiens dès les premiers jours de leur antique civilisation, n'est-il pas la plus douce et la plus touchante image de celui qui nous a appris comment il faut adorer en esprit et en vérité ; qui parcourt les campagnes d'Israël, entouré des foules avides de l'entendre ; qui dira à Pierre de remettre son glaive dans le fourreau, car, s'il l'eût voulu, des légions d'anges auraient marché sous ses ordres; qui mourra sur le Calvaire à l'heure où triomphent les puissances des ténèbres; qui descendra aux enfers, ressuscitera le troisième jour et apparaîtra à Madeleine; qui viendra juger les vivants et les morts, *qui venturus est judicare vivos et mortuos,* comme nous le répétons dans notre *Credo*; celui dont tout chrétien se réclame en la vie et en la mort. Tertullien pouvait sans crainte l'appeler un autre Osiris : il réalisait, en effet, cette longue et touchante prophétie dont les anciens peuples avaient fait une histoire. Trop pressés de voir les jours qu'Abraham avait désirés, mais qu'il ne devait pas connaître en cette existence, par une illusion touchante à laquelle ils pouvaient croire en ne commettant qu'une erreur de chronologie, ils cherchaient dans le passé l'objet de ces espérances et de ces promesses, qui se cachait encore dans les lointaines perspectives de l'avenir (1). Ne pouvant vivre et mourir sans le Sauveur, les premiers enfants des hommes, dans leur foi ardente, avaient devancé la marche tardive des siècles, prévenu les conseils de Dieu et réalisé l'œuvre de la rédemption. Mais leurs prières, leurs hommages, leur culte s'adressaient à celui-là même que

---

(1) Cette idée a frappé depuis longtemps. Wilkinson disait déjà que ce mystère *look like the early revelation of a future manifestation of the deity converted into a mythological fable.*

nous adorons; avec nous, ils espéraient en le même sauveur et tremblaient devant le même juge; ils s'endormaient dans ces convictions saintes et fortes qui nous consolent nous-mêmes à l'heure de la mort (1).

Devant les ruines de ces sépulcres qui couvrent aujourd'hui la vallée du Nil; devant ces tombeaux où tout un peuple, dont l'histoire remplit quarante siècles, attend en silence l'heure du Christ et repose en paix dans le long sommeil de la mort; devant la confiance de ces générations innombrables, qui ont laissé sur tous les rochers le témoignage de leur foi; devant ce rédempteur voilé qui siége au tribunal des justices divines, qui juge et sauve chaque défunt, qui se dresse sur le sépulcre de ses fidèles : ne pouvons-nous pas dire avec l'Apôtre : *Christus hodie, heri et in sæcula*; le Christ était hier, il est aujourd'hui, il sera dans les siècles sans fin; il fut à travers les âges l'espérance et la joie des nations, *et erit expectatio gentium*.

On a prétendu quelquefois, avec une inconsidération qui ne s'explique guère en un si grave sujet, que cette légende et ce mythe s'étaient formés, comme le monothéisme d'Israël, des mystérieuses images que la nature fait sans cesse passer sous

---

(1) Ces rapports parurent si intimes aux païens eux-mêmes qu'Adrien, écrivant à un de ses préfets, Servianus, disait : *Illi qui Seraphim* (un des noms et une des formes d'Osiris) *colunt Christiani sunt et devoti sunt Serapi qui se episcopos Christi dicunt.*

nos yeux. On a dit qu'Osiris n'aurait été à l'origine que le soleil qui se couche, le soir, à l'occident, et, le matin, se réveille à l'autre extrémité du ciel : la course brillante de cet astre sur nos horizons et son passage imaginaire dans le monde de la nuit auraient seuls fourni le thème primitif de la légende osirienne, l'histoire de la vie et de la mort du rédempteur égyptien.

Sans doute les théologiens d'Egypte, tout les premiers, ont rapproché la vie d'Osiris de la marche solaire; ils ont sans cesse comparé leur dieu à cet astre qui semble mourir et ressusciter chaque jour. Rien n'était plus naturel : aucun spectacle de la nature ne pouvait mieux rendre la pensée qui fait le fond de leur doctrine. Mais ici l'image suppose l'idée, car l'idée ne peut naître de l'image, tandis que celle-ci sort naturellement de celle-là. Il eût été fort étrange, en effet, que le soleil, dans sa marche au-dessus de nos têtes ou sa course à travers la nuit, eût révélé à la vieille Egypte les doctrines du jugement des âmes, de la pesée des cœurs, de l'examen scrupuleux de la vie du défunt, de la revue de ses vertus et de ses vices, des revendications de la justice divine, des châtiments éternels et des éternelles récompenses, des purifications passagères dans le bassin du feu. Si les prêtres d'Osiris n'avaient eu pour leur parler de ces mystères que les indications que nous suggère la course du soleil, je ne puis croire que de telles données eussent suffi à leur inspirer un respect si profond et une foi si inébranlable pour des dogmes bien lourds, qui ne parviennent après tout à se maintenir dans l'âme humaine que parce qu'ils sont le fondement de la morale, la base de la vie sociale et religieuse, la sanction suprême de la conscience.

Et d'où serait encore venue la figure si sympathique et si douce de ce dieu qui enseigne aux hommes à honorer le ciel, qui étend son royaume sans recourir aux armes, qui meurt avant d'atteindre le milieu de la vie, qui sauve et juge les âmes : cette image si pure et si touchante du Christ? Je le répète, cette hypothèse ne saurait suffire : cette explication n'explique rien. Ces dogmes existaient, ils étaient dans tous les esprits, avant que le dieu qui meurt et ressuscite, qui rend à chacun selon ses œuvres, eût été assimilé au soleil. Ce rapprochement fut fait par les poëtes, les scribes et les docteurs; il naquit de ce besoin de symboles et d'images dont tous les peuples jeunes sont travaillés dans leurs spéculations religieuses. Au lieu d'assurer à l'Egypte des idées plus justes et plus vraies, il ne pouvait que compromettre la pureté de la doctrine, amoindrir son influence, conduire la nation à un culte idolâtrique. Comment donc eût-il donné naissance à de si hautes inspirations, à des dogmes qui répondent d'une manière si exacte aux exigences de la raison et aux besoins de notre nature ? Ces solutions à tous les problèmes de notre destinée viennent d'ailleurs. Elles viennent de celui qui a voulu que le spectacle des injustices de cette vie passagère troublât sans cesse notre âme; de celui qui a mis en notre cœur l'ardent et légitime désir de retrouver tôt ou tard la révision des jugements que nous subissons ici-bas pendant cette courte existence. Pour nous rappeler à jamais nos destinées immortelles, Dieu a permis que ni le bien ni le mal ne reçussent en ce monde leur rémunération entière, afin que l'âme humaine, le regard toujours fixé du côté de l'avenir, demandât sans relâche le triomphe de la justice et l'avénement de son règne à celui qui, des retraites inaccessibles de l'éternité, dirige la marche des siècles et prépare dans une création nouvelle la satisfaction que réclament les droits imprescriptibles de la conscience. Or, encore une fois, la course du soleil n'a rien à faire avec toutes ces choses. Il faut remonter plus haut et dépasser les horizons de ce monde pour retrouver l'origine de ces espérances et le principe de ces dogmes : il faut arriver jusqu'aux volontés souveraines de Dieu, à ses divines promesses dont la Genèse nous a gardé l'écho fidèle et dont tous les peuples conservèrent un vague souvenir à travers leurs pérégrinations et leurs erreurs. Confiante en les paroles divines, l'humanité espéra toujours que son Créateur lui viendrait en aide, qu'il descendrait dans ses rangs pour la relever de sa déchéance et lui rendre sa grandeur d'autrefois.

Je ne sais rien de plus remarquable que le résumé de ces espérances et de ces vœux, dans cette prière d'un ancien sage, où interviennent, l'un après l'autre, tous les éléments dont se compose l'univers, pour demander à Dieu de prendre son œuvre en pitié, de la secourir, de la laver de ses souillures, de lui restituer son antique et divine splendeur. Le ciel, la terre, les eaux prennent tour à tour la parole. Fatigués de servir dans l'iniquité et le mal, qui ont pénétré la création et envahissent toutes choses, ils réclament l'aide du Très-Haut et le supplient de hâter leur délivrance, en faisant rentrer le monde dans la pureté, l'harmonie et la paix. « O maître! ouvrier de ce monde nouveau,
« dit le feu, toi dont le nom mystérieux parmi les
« dieux a été jusqu'ici vénérable pour tous les
« hommes, jusques à quand, ô démon (1), as-tu
« décidé de laisser la vie humaine sans Dieu?
« Révèle-toi au monde qui t'appelle, corrige la
« vie sauvage par l'initiation de la paix. Accorde
« à la vie des lois, à la nuit des oracles, remplis
« tout d'heureuses espérances; que les hommes
« redoutent les jugements des dieux, et nul ne
« péchera plus. Que les crimes reçoivent leur
« punition, et on s'abstiendra de l'injustice. On

---

(1) Dans le sens de : ô Esprit!

« craindra de violer les serments, et la folie aura
« un terme. Enseigne-leur la reconnaissance des
« bienfaits, afin que je fournisse ma flamme aux
« libations et aux sacrifices, et que de l'autel
« montent vers toi des fumées odorantes. Car
« maintenant je suis souillé, ô maître, et la témé-
« rité impie des hommes me contraint à brûler
« les chairs. Ils ne veulent pas me laisser dans ma
« nature, ils altèrent et corrompent ma pureté.
« L'air dit à son tour : Je suis corrompu par les
« exhalaisons des cadavres, ô maître, je deviens
« pestilentiel et insalubre, et je contemple d'en
« haut des choses que je ne devrais pas voir. L'eau
« reçut ensuite la parole, et parla ainsi : O père,
« créateur merveilleux de toutes choses, démon
« incréé, auteur de la nature qui engendre tout par
« toi, ordonne aux eaux des fleuves d'être toujours
« pures; car aujourd'hui les fleuves et les mers
« lavent les meurtriers et reçoivent les victimes.
« La terre parut enfin et parla ainsi : O roi, chef
« des chœurs célestes et seigneur des orbites,
« maître et père des éléments qui font tout grandir
« et tout décroître, et dans lesquels tout doit ren-
« trer, la foule impie et insensée des hommes me
« couvre, ô vénérable ; car je suis, par tes ordres,
« le siége de tous les êtres, je les porte tous et
« reçois en moi tout ce qui est tué. Tel est main-
« tenant mon opprobre. Ton monde terrestre qui
« contient tout est privé de Dieu. Comme ils n'ont

« aucun sujet de crainte, ils transgressent toutes
« les lois et font passer sur mes épaules toutes
« sortes d'œuvres mauvaises. En moi rentre, pour
« ma honte, ô Seigneur, tout ce que produit la
« pourriture des corps. Moi qui reçois tout, je
« voudrais aussi recevoir Dieu. Accorde cette
« grâce à la terre et, si tu ne viens pas toi-même,
« car je ne puis te contenir, qu'il me vienne du
« moins une sainte effluve de toi. Que la terre
« devienne le plus glorieux des éléments, et puis-
« qu'elle seule donne tout à tous, qu'elle puisse
« s'honorer d'avoir reçu tes dons.

« Ainsi parlèrent les éléments, et Dieu, remplis-
« sant l'univers de sa voix sainte : Allez, dit-il,
« enfants sacrés, dignes de la grandeur paternelle,
« n'essayez pas de rien innover, ne refusez pas à
« ma création votre ministère. Je vous enverrai
« une effluve de moi-même, un être pur qui ins-
« pectera tous les actes, qui sera le juge incorrup-
« tible et redoutable des vivants; la justice souve-
« raine s'étendra jusque sous la terre, et chaque
« homme recevra ainsi la récompense méritée. Et
« alors les éléments mirent un terme à leurs
« plaintes, et chacun d'eux reprit ses fonctions et
« son empire (1). »

Hermès trismégiste, liv. III, fragments du Livre sacré.
Traduct. Ménard, p. 196.

CHAPITRE V.

L'INTERVENTION DU GOEL.

> La tradition est rarement tout à fait mensongère, comme elle n'est jamais tout à fait véridique.
>
> J.-J. AMPÈRE.

Nous venons d'exposer la doctrine égyptienne sur Dieu et le Rédempteur. Il nous faut maintenant, en faveur du texte de Job, insister sur un point que ces renseignements nous feront mieux comprendre.

Nous avons dit que c'est une perpétuelle coutume et comme un procédé d'école, dans la théologie égyptienne, de donner au même dieu des noms différents, selon le caractère et le rôle qu'on veut envisager d'une façon plus particulière. La personnalité divine, quoiqu'elle puisse paraître au premier abord morcelée en des types distincts, n'en persévérait pas moins, sous chacune de ces formes séparées : nous l'avons établi par les textes les plus décisifs. Ces noms différents s'appliquaient à des phases et à des aspects divers d'une même vie ou à des concepts que l'analyse distingue, mais que la synthèse retient unis dans la personnalité unique et la notion totale du même sujet.

Ce fait ne pouvant être l'objet d'aucune sérieuse contestation, j'arrive à un point plus particulièrement intéressant pour nous (1).

Le nom d'Osiris est réservé au dieu enseveli, jugeant les âmes, guidant les justes, les protégeant dans les sombres demeures d'outre-tombe, et punissant les coupables dans les gouffres d'Amma (2). Mais lorsqu'il se lève dans sa résurrection, comme le soleil, son nom est Horus. Horus, dans la forme mythologique de la doctrine, est appelé son fils, quoique les textes insistent à chaque instant sur l'identité absolue de la personnalité divine qui se manifeste sous ces deux aspects. Or, les inscriptions égyptiennes donnent au dieu

---

(1) Dans le texte égyptien cité page 96, nous avons vu le Dieu ressuscité comparé à une vierge mère qui donne naissance à un être nouveau. Ces métaphores, ces manières de dire, n'ont d'autre but que de montrer, sous des formes plus sensibles et plus saisissantes, un fait mystérieux qui échappe par sa nature à notre expérience et à nos conceptions. Nous avons là un exemple curieux de la manière dont se forment les mythes. Le retour fréquent d'une semblable formule amène les esprits à des précisions qui défigurent le dogme primitif. Il faut trouver un nom à cet enfant; il faut lui donner un rôle. L'imagination se met à l'œuvre. De là, tout une légende.

(2) L'enfer égyptien. Voir le texte égyptien, cité à la page 92, disant expressément qu'Osiris est le nom du juge des défunts. Cependant il faut ajouter encore que, dans chacune de ses fonctions spéciales, vis-à-vis des âmes, Osiris reçoit des noms particuliers. Il s'appelle Khent-Ament, Seigneur de Ro-sta, etc., etc.

qui ressuscite et triomphe le titre de *vengeur de son père* Osiris. C'est lui qui dissipe ses ennemis et assure son éternelle victoire.

Dans tout le Todtenbuch, et au chapitre 146 en particulier, cette formule revient sans cesse :

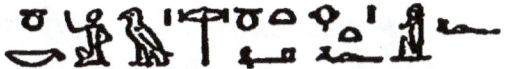

Je suis Horus, le vengeur de son père (1).

Je suis venu, j'ai vengé mon père, Osiris, l'être bon, le justifié (2).

« Je suis Horus, vengeur de son père : je suis
« venu, j'ai exterminé l'iniquité dressée sur mon
« père Osiris, j'ai massacré ses ennemis (3).

« Je suis venu, j'ai porté la vie triomphante à
« mon père Osiris (4). »

A un moment, les ennemis du dieu avaient eu le dessus et l'avaient fait mourir ; mais son invincible vengeur s'est dressé sur sa tombe, a terrassé ses adversaires et assuré la victoire du vaincu. Ce vengeur, c'est le dieu lui-même se réveillant du sépulcre, sous une forme nouvelle, et prenant

---

(1) Todtenb. 146, 8.
(2) 146, 11.
(3) 146, 15.
(4) 146, 25.

possession de cette seconde vie qui ne connaît plus la mort.

Ce qui était arrivé à Osiris se renouvelle tour à tour pour chaque défunt dont il était le type et le sauveur.

Le Todtenbuch dit de chaque âme :

Elle fait les mêmes choses que son père Osiris (1). Comme le dieu, en effet, tout homme succombe ; mais, comme lui, il ne fait que traverser les terres de la mort, pour arriver au pays de la vie. Nous l'avons dit : en descendant dans le sépulcre, le fidèle osirien prend le nom de son maître, partage ses épreuves et ses vicissitudes dans la traversée des demeures souterraines; mais le divin vengeur se dresse sur son cercueil, dissipe l'iniquité qui a prévalu contre lui dans la mort. Le défunt sort comme Osiris de ces sombres régions, pour commencer la seconde vie qui ne connaît plus ni fautes ni douleurs (2).

En lisant le chapitre XV, 7, l'Egyptien rencontrait ces paroles qui expliquent tout le mystère de la vie terrestre et la catastrophe qui la termine:

---

(1) Todt. IX, 3.

(2) « Ceux qui sont dans le cercueil se réjouissent tous en voyant le fils d'Osiris renverser les ennemis de son père, quand il frappe les méchants. Viens, sois ressuscité, Osiris-Sapi, car sont renversés tes ennemis. » (Ces paroles sont prononcées quatre fois.) Manuscrit de la collection Anastasi. *Catalogue des mss. du Louvre*, p. 172.

« Mes membres se renouvellent à l'éclat de tes
« beautés, comme tous tes fidèles ; car je suis un
« de ceux qui furent tes favoris sur la terre. J'ar-
« rive à la terre des siècles, j'aborde la terre de
« l'éternité : *voilà ce que tu as voulu pour moi...,*
« *ô mon maître! que je sois ainsi que chaque*
« *dieu!* » (1) Au verset 25, l'âme qui vient de
quitter la vie, et qui échappe à la mort, s'écrie :
« Le malfaiteur est abattu, lorsqu'il se dispose à me
« frapper de coups sur la nuque. » C'est donc
grâce à cette intervention divine que le défunt,
comme son modèle et son sauveur, triomphe à
cette heure suprême.

Plus tard, les mythologues égyptiens donnèrent
même des aides à Osiris pour ce combat. Le livre
de l'hémisphère inférieur représente, à la Xe heure
de la longue traversée des pays d'outre-tombe, au
moment où va finir l'épreuve, quatre dieux de
forme humaine, tenant chacun un arc et des flèches. La légende inscrite sur leur image explique
ainsi leur rôle : « Ceux qui sont dans cette com-
« position, avec leurs traits et leurs arcs, en
« avant du dieu grand, lui ouvrent l'horizon
« oriental du ciel. Ce dieu grand leur dit : Choi-
« sissez vos traits; bandez vos arcs; blessez pour
« moi mes ennemis, qui sont dans les ténèbres, à

---

(1) Le mot *dieu* doit être sans doute pris ici dans un sens large, celui d'ami de Dieu ou d'élu, comme dans les livres de Moïse, quand il est dit *Dii estis,* Vous êtes des dieux.

« la porte de l'horizon (1). » Ce combat se renouvelle pour chaque âme, et toujours intervient le dieu vengeur avec l'élite de ses esprits fidèles.

N'est-ce pas là l'explication la plus inattendue et le commentaire le plus naturel de ces paroles, que Job voudrait aussi graver sur un monument impérissable au-dessus de sa tombe : Je sais que mon vengeur est vivant, et qu'il se dressera le dernier sur la poussière.

Pour saisir toute l'analogie des croyances égyptiennes et des traditions sémitiques sur ce point important, examinons attentivement le sens et la portée de chaque mot dans ce texte précieux :

ואני ידעתי גאלי חי

Je sais que mon vengeur est vivant.

Et d'abord, précisons la signification du mot גאל. Dans l'ordre social, fort primitif, où vivaient les tribus errantes des pasteurs, comme parmi les Arabes qui promènent encore leurs tentes dans les déserts du Sinaï, aucune autorité sociale ne garantissait le juste châtiment des meurtres dont les membres de la tribu pouvaient être victimes. En l'absence de pouvoirs publics, c'était à la famille de se faire justice. Une loi tradition-

---

(1) *Catalogue des manuscrits égyptiens,* le livre de l'hémisphère inférieur, p. 15.

nelle, dangereuse mais utile, et en tout cas ponctuellement observée, dirigeait ainsi l'ordre de ces revendications. C'était au fils de venger son père, par la mort du coupable ; et, à défaut du fils, ce devoir saisissait le plus proche parent. Or, dès le jour où un homme était investi de cette mission sacrée, il devenait le goël du défunt. Le pays le savait, et les traditions, toujours respectées comme l'opinion de ses concitoyens, l'encourageaient et le soutenaient dans l'exécution de sa tâche.

Il est facile de concevoir tout ce qu'a de redoutable une pareille institution. Des tribus entières sont encore décimées par cette fatale loi qui prolonge, pendant des siècles et à travers cent familles, des vengeances toujours inassouvies. Les têtes innocentes tombent et veulent être vengées à leur tour. Il est des heures terribles où l'on se demande quand est-ce que finiront ces hécatombes. Il y va quelquefois de l'existence de toute une tribu ! Aussi les voyageurs nous disent-ils, et nous l'avons appris nous-mêmes de la bouche des habitants du pays, qu'une panique profonde se répand sous toutes les tentes, à la nouvelle qu'on a rencontré dans le désert un homme tombé sous les coups des assassins. Ces redoutables revendications, dont les récits grandissent encore les dramatiques incidents, sont peut-être le seul frein assez fort pour contenir ces natures sauvages et inflammables. Or, comme rien ne change en ce vieil Orient, tout porte à croire que, dès les temps les plus reculés, tel était déjà le goël, dans l'ordre social des plus anciennes races sémitiques. Mais, au-dessus de ce vengeur de la terre, il en était un autre, dont le rôle analogue était d'un ordre plus élevé. Ce vengeur, c'était Dieu lui-même, intervenant à l'heure de la mort pour fixer, dans un jugement suprême, le châtiment des coupables et la récompense des justes. Comme le goël du sang, il prenait en main les intérêts du défunt jusqu'à ce que justice fût faite.

C'est bien là le caractère de ce mystérieux protecteur dont Job réclame l'assistance : *Je sais que mon goël est vivant*. Il peut compter sur lui, comme on compte dans sa tribu sur le goël du sang, qui venge, sans jamais faillir, la cause de l'opprimé : le divin vengeur se dressera sur son sépulcre, à cette heure suprême, et fera triompher son bon droit (1).

---

(1) Osiris entourait d'une telle sollicitude ses chers défunts qu'il poussait la complaisance jusqu'à envoyer ses serviteurs visiter le sépulcre de ses fidèles. Le papyrus 3283 l'indique nettement. « Dit par Osiris aux dieux de sa suite : Allez donc et voyez cette demeure du défunt ; qu'elle soit construite ainsi ; faites-le avancer au moment de sa naissance céleste avec vous ; respectez-le, saluez-le, car il est honorable. »
Catalogue des manuscr. égypt., p. 145.
Nous signalerons encore plus tard cette expression pleine de foi qui appelle le jour de la mort le jour de la naissance céleste. C'est le *dies natalis* de nos martyrologes.

Si jamais l'antique coutume du goël du sang prévalut chez les ancêtres des Égytiens, lorsqu'ils n'étaient encore, comme les pères des Hébreux, qu'une tribu pastorale, il serait tout naturel d'attribuer au souvenir de cet ancien usage l'origine du rôle d'un vengeur dans la résurection d'Osiris.

Nous avons signalé plus haut comment, par une métaphore, par la simple formule d'un langage toujours imagé et poétique, on avait pu passer rapidement de l'idée de la résurrection d'Osiris à celle de la naissance du dieu Horus, dans ce berceau qui fut la tombe de son père. Il y avait eu mort violente ; il y avait un fils : tout était donc préparé pour introduire dans le récit l'intervention du goël. Il n'y avait qu'un pas à faire, pour transformer Horus en vengeur. Ce pas dut être franchi rapidement, à cette heure où les doctrines et les traditions cherchent une expression plus en harmonie avec les idées dominantes et les mœurs de l'époque. Cette évolution était d'autant plus aisée que rien encore n'était sans doute fixé dans l'enseignement des écoles officielles. Nous aurions donc ici un exemple nouveau du rôle que peut avoir une métaphore dans l'histoire d'un mythe. En rapprochant la doctrine traditionnelle des faits au milieu desquels on vivait chaque jour, elle préparait lentement une légende et assurait bientôt sa prédominance dans une autre phase de la théologie. Cette forme plus vivante et plus dramatique donnée à l'ancien récit, cette version plus en rapport avec les idées contemporaines, prenaient chaque jour consistance, s'accréditaient rapidement dans les textes et devenaient enfin le thème orthodoxe de tous les commentaires dont les théologiens, qui ignoraient son origine, entouraient plus tard ce point de leur enseignement (1).

Il est, dans l'histoire des doctrines religieuses, de ces moments décisifs ou un mot qui semble sans portée, pénétrant subrepticement dans l'exposition dogmatique, en défigure le caractère par une influence mystérieuse et irrésistible. C'est comme cette greffe qu'une main inconnue laisse dans l'écorce d'un arbre et qui en transforme bien tôt tous les fruits (2).

---

(1) Horus serait donc, dans le sens sémitique du mot, le Goël d'Osiris. C'est peut-être même pour avoir l'intervention d'un vengeur que la personnalité du dieu qui meurt et ressuscite fut ainsi dédoublée en ces deux formes divines: Osiris et Horus. Osiris étant le modèle de chaque défunt, il devait lui aussi rencontrer son Goël, comme chacun de ses fidèles qui, en mourant, est sûr de trouver la toute-puissante intervention de son sauveur et de son juge, Osiris. Ce titre de *vengeur* de son père, qui accompagne toujours le nom d'Horus, répondrait donc exactement au mot *Goël* des langues sémitiques.

(2) Que de fois la doctrine chrétienne et la foi catholique auraient ainsi sombré sans retour au milieu des innovations que les hérétiques et les sectaires de tous les temps tentaient de faire prévaloir, si une autorité infaillible n'eût veillé sur elle et assuré son intégrité. Je ne sais rien de plus décisif pour établir la nécessité de ce magistère doctrinal que les variations incessantes des religions antiques. De loin et au premier abord, elles semblent avoir le moins changé, lorsque, au contraire, leur histoire n'a été

Pendant que les Egyptiens donnaient cette forme nouvelle au mythe osirien, de leur côté les Sémites développaient dans une autre direction leur doctrine du Goël. Par une métaphore tout naturelle, ce titre passait du vengeur du sang et du vengeur d'outre-tombe à tout protecteur d'une famille ou d'une tribu. Mais cette acception nouvelle restait, au point de vue de l'ancienne tradition, sans conséquence grave. Les Hébreux pouvaient, par exemple, employer le verbe *gaal*, en parlant de Dieu, lorsqu'il les ramenait d'Egypte, sans compromettre la notion du véritable Goël des âmes, qui doit se dresser sur la tombe pour venger le juste et terrasser le coupable. Cette application plus large, en se prêtant merveilleusement à l'interprétation du rôle nouveau que Jéhovah s'attribuait vis-à-vis de son peuple, demeurait dans les données de l'enseignement primitif. Il est même curieux d'observer qu'une allusion au jugement se trouve d'ordinaire dans les textes où l'auteur a préféré le verbe *gaal* pour désigner l'intervention divine. Il est dit, par exemple, au chap. VI de l'Exode, 6, lorsque Dieu se lève pour arracher Israël, son enfant d'adoption, des mains de ses

---

qu'un perpétuel changement. Partout, en effet, se manifeste ce mouvement insensible qui entraîne tout sur sa route, transformant et modifiant sans cesse les idées et le culte d'après des lois dont il ne sera peut-être pas impossible un jour de trouver la formule.

tyrans : Je suis l'Eternel, je vous retirerai du joug égyptien ; je vous délivrerai de leur servitude : je vous vengerai גאלתי en étendant mon bras בשפטים גדלים dans de grands jugements. Cette expression revient plus tard, quand Dieu annonce qu'il ramènera son peuple de la captivité de Babylone (1).

Dans ces circonstances décisives, Dieu se montrait pour la nation entière ce qu'est pour chacun le rédempteur, en cette suprême détresse de la mort qu'aucune autre infortune ne saurait égaler.

Si nous avons donc bien compris la doctrine égyptienne, l'homme peut compter, après son dernier soupir, sur l'intervention et le secours d'Osiris, qui sauve les défunts, les protége contre leurs ennemis, récompense leurs vertus et venge dans un jugement sans appel les injustices dont ils furent victimes. Ainsi autrefois Osiris avait été sauvé et vengé par cet autre lui-même que la forme mythologique de la doctrine appela son fils.

C'est bien là toute l'espérance de Job. Lui aussi croit que sur sa tombe se dressera un vengeur puissant, qui réduira ses ennemis au silence et fera triompher son droit.

Les tribus sémitiques et les vieilles races des bords du Nil auraient donc partagé la même foi et mouraient dans les mêmes croyances. Mais les Sémites

---

(1) Isaïe, XLIII, 1; XLIV, 22; XLVIII, 20, etc...

demeurèrent plus longtemps étrangers aux combinaisons mythologiques, qui envahissaient peu à peu les temples et les esprits au pays de Misraïm. Quoiqu'on ait abusé de ce fait pour justifier des théories chimériques, il n'en faut pas moins constater que certaines tribus de Sem échappèrent toujours au courant qui entraînait partout ailleurs les esprits et les doctrines vers les formes du mythe.

L'autorité des anciennes traditions et l'influence prépondérante que conservaient chez ces peuples les enseignements primitifs, le respect des formules tombées de la bouche des aïeux, contribuaient pour leur part à écarter ce péril. Les sages, qui prennent tour à tour la parole dans cette longue discussion dont se compose la plus grande partie du livre de Job, font sans cesse appel à l'autorité et à l'enseignement des anciens.

> Interroge les générations passées,
> Écoute la sagesse de leurs pères ;
> Car nous sommes d'hier et ne savons rien.
> Nos jours passent comme l'ombre sur la terre :
> Mais eux vont te parler et t'instruire,
> Ils puiseront ces leçons dans leur cœur (1).

> Je vais t'instruire, écoute-moi :
> Je raconterai ce que j'ai vu,
> Ce que les sages m'ont appris,
> Et m'ont transmis comme un héritage de leurs pères;
> Ces hommes qui seuls occupaient la terre,
> Et nul étranger n'était admis parmi eux (2).

---

(1) Job, VIII, 8-10.
(2) Job, XV, 17-19.

Le respect des traditions fut certainement une barrière aux envahissements mythologiques ; mais elle ne fut pas la seule. Si quelques Sémites conservèrent mieux que les fils de Cham, en leur simplicité vénérable, les enseignements de leurs pères, je ne puis m'empêcher d'y reconnaître une action providentielle, qui seule explique ce phénomène unique dans l'histoire d'une famille humaine. Devant une poésie aussi animée et aussi brillante que celle du livre de Job, des Psaumes, des Prophètes, du Cantique des cantiques, on a mauvaise grâce à parler de cerveaux racornis et de pauvres imaginations : ce sont des expédients puérils et de mauvais aloi qui ne trompent personne et condamnent leur auteur au ridicule ou au mépris. Quoi qu'on en ait dit, peu de races furent mieux douées pour les créations poétiques et les œuvres littéraires. Les longs poëmes retrouvés sur les briques assyriennes viennent encore de donner un récent démenti à ces systèmes, qu'on passerait volontiers sous silence, s'ils n'etaient pas faux : enfin les statues innombrables des dieux de Ninive et de Babylone ont montré que, même avec une langue trilittère, les fils de Sem pouvaient composer des mythes et broder des légendes divines, comme nos pères de l'Inde ou les Chamites des bords du Nil. N'attribuons donc plus à la race, au cerveau, au système nerveux ou au langage muet du désert, le monothéisme d'Israël et la persévérance des antiques doctrines. Il y a ici quelque chose de plus : sachons le reconnaître et l'avouer, alors même que nos idées préconçues et nos systèmes favoris pourraient en être gênés. Que le livre de Job soit ancien, ou qu'il soit relativement moderne — et alors mon argumentation n'en aurait que plus de force, — il reste évident que l'absence de toute forme mythologique, au milieu d'une poésie si animée, si vivante, demeure un grave problème. Comment expliquer, en effet, ce contraste ? Tandis que partout ailleurs se tissaient, sur les fils des anciens récits, les nouvelles légendes divines et se classaient méthodiquement des généalogies compliquées; tandis que des symboles, une métaphore, une manière de dire, une simple image, en pénétrant dans la doctrine, transformaient insensiblement les croyances, amenaient de simples spéculations, des idées pures, des intuitions philosophiques, à des réalités vivantes, à une personnalité, à un fait matériel ; tandis qu'Osiris voyait se grouper autour de lui et s'animer des formes diverses, des figures bizarres, un Horus vengeur qu'on appelle son fils, Isis et Nephtys qui sont ses sœurs, quarante assesseurs redoutables qui entourent son tribunal et lui portent secours pour accomplir sa mission de juge et de vengeur ; enfin, tandis que mille précisions compromettantes sur la vie et la mort du dieu transforment le vieux dogme, en défigurant sa simplicité et sa grandeur : comment une branche sémitique pouvait-elle maintenir sous leur forme première les enseignements de ses aïeux ? comment savait-elle les transmettre intacts à ses enfants ? Pour quiconque a examiné avec quelque attention la marche de l'esprit humain à travers ces phases primitives de l'histoire, ce fait demeure sans explication. Et cependant il s'impose ici avec une évidence irrécusable. Nous avons pris sur le fait l'Égypte développant dans une plantureuse et exubérante végétation le germe mystérieux de sa doctrine osirienne dont le texte de Job nous a conservé sans doute tout le thème dans ces quelques mots : Je sais que mon rédempteur est vivant et que le dernier il se dressera sur la poussière pour juger ma cause. Tout est là, dans une formule sobre et vraie de tous points : elle semble contenir la semence et expliquer toute l'évolution du mythe égyptien.

Cependant, malgré tout le travail qui se fit, dans les temples d'Égypte, autour de cette légende, nous avons pu encore retrouver bien des traits communs qui rapprochent Osiris du Goël sémitique. L'idée remonterait donc à la même source ; mais elle suivit des chemins différents. D'un côté, le ruisseau se conserva transparent et pur ; de l'autre, il rencontra sur son cours des terres qui troublèrent ses eaux limpides d'abord ; il recueillit les débris confus de tout ce qui naissait et mourait sur ses pas, et il roula pêle-mêle ces épaves sans nombre.

Mais le filtre peut séparer lentement ces éléments étrangers ; et alors les eaux longtemps troublées et malsaines retrouvent leur ancienne pureté et leur saveur d'autrefois. En dépouillant de sa forme mythologique la doctrine osirienne, nous avons rencontré, en effet, dans le livre de Job et les enseignements de la vieille Egypte, la même idée, le même dogme : un Dieu vengeur et son intervention à l'heure de la mort. Il nous reste maintenant à examiner un autre aspect de cette auguste figure.

Osiris, avant de juger les morts et de secourir ses fidèles, à cette heure décisive où ils se présentent au seuil de l'éternité, était lui-même, nous l'avons dit, descendu dans la tombe et avait traversé ces chemins obscurs où s'engage le défunt. Le Goël des enfants de Sem aurait-il, lui aussi, connu cette épreuve ? Les descendants d'Abraham savaient-ils que ce Sauveur promis tant de fois mourrait et ressusciterait un jour ? C'est là un point intéressant qu'il nous faut étudier. L'insistance qui, dans le texte de Job, pèse sur ce mot : *Je sais que mon Rédempteur est vivant*, ne peut être, il me semble, une simple affirmation de l'existence du Dieu vengeur, comme dans d'autres pages de la Bible, où nous rencontrons quelquefois ce cri : *Dieu vit*, pour dire seulement *Dieu existe et me voit* ; peut-être y a-t-il ici quelque chose de plus. Pour ma part, je ne puis m'empêcher d'y voir une allusion lointaine à la mort et à la résurrection du Rédempteur. Ce qui semble autoriser cette hypothèse, c'est que la plupart des peuples de l'antiquité, comme nous le disions en commençant, ont connu d'une manière plus ou moins précise le mystère d'un Dieu souffrant et mourant pour l'homme. Sans vouloir entreprendre l'histoire complète de ces traditions, ce qui nous entraînerait trop loin et demanderait une longue et délicate étude, il faut cependant signaler ici quelques faits plus importants dont nous retrouvons le souvenir chez les peuples qui eurent des rapports immédiats avec la famille hébraïque.

Nous savons d'abord par les prophètes que, dans le temple même de Jérusalem, le culte idolâtrique d'un dieu mort et ressuscité remplaça un moment celui de Jéhovah. « Dieu me conduisit, dit Ezéchiel, à la porte de la maison du Très-Haut, qui est vers l'aquilon ; et voici qu'il y avait des femmes pleurant Tammus (1). » Le culte d'Adonis, qui depuis si longtemps avait prévalu parmi les races syriennes, avait donc pénétré jusque dans le sanctuaire d'Israël. On y célébrait dans les larmes, comme à Byblos (2) et dans la vallée du

---

(1) Ezéch, VIII, 14.
(2) Dans son traité *De Dea Syria*, Lucien nous décrit les fêtes de Byblos. Ici encore ce sont les femmes qui, rangées autour du sépulcre du dieu défunt, se lamentent et se frappent la poitrine. Dans tout le pays, on fait un grand deuil, dit-il, et on célèbre dans les larmes les funérailles d'Adonis. Mais, le lendemain, ils

Nil, les funérailles du dieu, mais bientôt les cris de douleur se changeaient, au moment de sa résurrection, en des cris de joie et des chants d'allégresse.

Ce culte était-il venu d'Egypte et avait-il pénétré lentement les populations sémitiques des côtes de Syrie, ou bien était-il, au contraire, un héritage antique légué par les anciens colons qui, à l'origine, occupèrent la contrée? Il serait téméraire de le décider; mais, ce qui est bien certain, c'est que ces fêtes avaient des rapports trop évidents avec les lugubres cérémonies de l'Egypte, pleurant la mort d'Osiris et les fêtes brillantes qui célébraient sa résurrection, pour n'avoir pas été inspirées par la même pensée. Plus tard, quand Israël fut conduit en captivité sur les rives de l'Euphrate, il y rencontra encore, comme au pays de Misraïm et au milieu des peuples syriens, le culte du dieu mort et ressuscité. Il vit, dans les temples de la Mésopotamie, des prêtres avec leurs tuniques déchirées, qui se lamentaient au sujet de leur dieu, comme on se lamente au jour des funérailles : *Sacerdotes sedentes, habentes tunicas scissas et capita et barbam rasam, quorum capita nuda sunt. Rugiunt autem clamantes contra deos suos,*

---

annoncent qu'il est vivant, ils élèvent sa figure en l'air. Ils se coupent les cheveux, comme font les Égyptiens à la mort d'Apis.

sicut in cœna mortui (1). Il semble même que le prophète Zacharie, annonçant à Israël la mort du Christ, ait voulu faire allusion à ces pratiques des peuples voisins. Il ressaisissait sans doute, à travers ces mythes, le sens véritable des antiques prophéties, détournées et corrompues par les superstitions et les débauches du paganisme, et leur rendait, avec leur signification primitive, leur ancien et noble caractère.

Initiés, comme ils l'étaient, aux doctrines et aux cérémonies des nations limitrophes, ses contemporains ne pouvaient manquer de reconnaître, dans son prophétique langage, l'explication lumineuse de la foi du passé dont les rites des temples païens conservaient encore la mémoire, et la révélation mystérieuse de l'avenir dans l'accomplissement prochain des antiques promesses. Leur esprit devait se reporter, en effet, au souvenir du dieu mort et ressuscité, quand le prophète leur disait : « Effundam super domum David, et super habitatores Jerusalem spiritum gratiæ et precum : et aspicient ad me, quem confixerunt : et plangent eum planctu quasi super unigenitum et dolent super eum, ut doleri solet in morte primogeniti. In die illa, erit magnus planctus in Jerusalem, sicut planctus Adadremmon in campo Mageddon.

---

(1) Habacuc, vi, 30, 31. Macrobe parle aussi du culte d'Adonis chez les Assyriens et des lamentations de Proserpine.

Et planget terra : familiæ et familiæ seorsum : familiæ domus David seorsum et mulieres seorsum : familiæ domus Nathan seorsum, et mulieres eorum seorsum..... Omnes familiæ reliquæ, familiæ et familiæ seorsum et mulieres eorum seorsum (1). »

Ce grand deuil de toutes les familles d'Israël, auquel les femmes en particulier devaient prendre une part plus grande, ne nous rappelle-t-il pas, du côté du passé, et les lamentations des Egyptiennes et les pleurs des femmes de Phénicie auprès du tombeau de leur dieu? Du côté de l'avenir, ne nous annonce-t-il pas de loin, sur le chemin du Calvaire, les femmes de Jérusalem qui poussaient des cris et se lamentaient sur Jésus, *quæ plangebant et lamentabantur eum..... Filiæ Jerusalem, nolite flere super me, sed super vos ipsas flete et super filios vestros* (2)? C'est à elles que s'adresse le Sauveur : Filles de Jérusalem, ne pleurez pas sur moi, pleurez sur vous et sur vos enfants! Ce sont encore des femmes que nous rencontrons autour du tombeau de Jésus : « *Subsecutæ autem mulieres, quæ cum eo venerant de Galilea, viderunt monumentum et quemadmodum positum*

---

(1) Zacharie, XII. Dans le deuil d'Orisis, Théocrite nous représente les femmes d'Alexandrie s'en allant en poussant des gémissements, les cheveux déliés, les pieds nus, les vêtements en lambeaux et le sein découvert.

(2) Luc, XXIII, 27, 28.

erat corpus ejus. Et revertentes paraverunt aromata et unguenta : et sabbato quidem siluerunt secundum mandatum. Una autem sabbati, valdè diluculo, venerunt ad monumentum portantes, quæ paraverant, aromata ; et invenerunt lapidem revolutum a monumento..... Erat autem Maria Magdalene et Joanna et Maria Jacobi, et ceteræ quæ cum eis erant (1). » Les deux apôtres qui allaient sur le chemin d'Emmaüs disent à l'étranger, dont ils n'avaient point encore reconnu les traits : *Mulieres quædam ex nostris terruerunt nos, quæ ante lucem fuerunt ad monumentum.*

C'est ainsi que les moindres détails des antiques prophéties, qu'elles fussent venues des voyants d'Israël, ou qu'elles remontassent aux premiers jours de l'histoire humaine, qu'elles se fussent transmises dans les traditions, les mythes et les cultes des nations anciennes, ou qu'elles se fussent conservées dans la mémoire des plus vieilles familles de l'humanité, recevaient, dans la mort du Messie, du véritable Rédempteur des âmes, leur parfaite et entière réalisation.

Les races ariennes, quoique plus jeunes et plus distraites par leurs longues pérégrinations, conservèrent cependant quelques souvenirs de ces doctrines primitives, et bien des fois ils ont été recueillis à travers les textes de nos classiques et les

---

(1) Luc, XXIII, XXIV.

longs poëmes de l'Inde (1). Nous ne pouvons nous attarder à la recherche de ces traces, plus ou

---

(1) Dans les temples de la Grèce aucune cérémonie ne rappelait le mystère d'Abydos, de Byblos ou de Babylone. Apulée disait : *Ægyptiorum numinum fana plena sunt plangoribus, græca plerumque choreis.* Cependant cette tradition semble avoir laissé quelques traces dans les légendes locales, qui avaient cours encore aux basses époques. Les Crétois croyaient que Jupiter était mort, et ils montraient sa tombe. CICÉRON, *De Natura deorum.* liv. III. Ce qui fait entrer Callimaque dans une vive colère qui rappelle le langage de saint Paul dans son épitre à Tite, 1, 12.

Κρῆτες ἀεὶ ψεῦσται, καὶ γὰρ τάφον ὦ ἄνα σεῖο
Κρῆτες ἐτεκτήναντο, σὺ δ'οὐ θάνες ἔσσι γὰρ αἰεί.

Xénophane ne peut aussi comprendre cette mort des dieux. Si vous croyez qu'ils sont dieux, pourquoi les pleurez-vous? et si vous croyez qu'ils méritent vos lamentations, pourquoi dire qu'ils sont dieux ? PLUT. *Traité d'Isis et d'Osiris,* 71.

Les philosophes avaient raison, mais les légendes n'avaient pas tort et Cicéron pouvait dire à bon droit : *Magnam molestiam suscepit primus Zeno, deinde Chrysippus, commentitiarum fabularum reddere rationem.* De nat. Deor., liv. III.

Mais si le souvenir du dieu mort et ressuscité était banni chez les Grecs du culte officiel, il avait trouvé une grande place dans les mystères, et cette religion secrète qui n'a besoin ni de temples ni de sacerdoce pour grandir et s'imposer. On célébrait en effet à Athènes, en l'honneur d'Adonis, une fête mystérieuse qui rappelle tous les traits saillants du culte osirien : la sépulture du dieu, les lamentations des femmes autour de son tombeau, les cris de joie au moment de sa résurrection, rien n'y manque. Dans sa vie d'Alcibiade, Plutarque y fait une rapide allusion : *Incurrentibus in dies illas Adoniis, species passim mortuis qui efferuntur similes, exponebant feminæ et exequias planctibus repræsentabant cantilenisque lugubribus.* T. I, p. 200, édit. Pari. Ant. Stephani, 1624. Dans la vie de Micias, il nous donne encore quelques détails : *Agebant tunc Adonia feminæ, atque exposita passim per urbem simulacra, eorumque exequiæ et planctus muliebres edebantur.* T. I, p. 532.

moins vagues, laissées dans ce sol mobile et inconsistant; il nous suffit d'avoir montré autour d'Israël, en Egypte, en Phénicie, à Babylone, l'importance de cette tradition (1). Le peuple hébreu lui-même n'y demeura point étranger, et ses prophètes semblent s'être servi plusieurs fois du souvenir de ces légendes vénérables, du moins par leur origine et leur objet, pour annoncer les traits saillants de la véritable histoire du Sauveur.

Il n'y aurait donc rien d'étonnant à ce que l'auteur du livre de Job eût connu, lui aussi, le mystère de la mort et de la résurrection de ce vengeur, qui doit se dresser sur la tombe du défunt, le juger et rendre justice à ses œuvres.

Ce qui nous ferait admettre volontiers que ce cri du patriarche sémite : *Mon rédempteur est vivant!* contient une allusion à ces doctrines, c'est la suite même du texte, qui nous ramène aux idées et aux formules des vieux papyrus trouvés aux bords du Nil. Nous allons rencontrer la même

---

(1) Le culte moabite de Béelphégor était très-probablement aussi un culte analogue à celui d'Osiris, d'Adonis et de Tammus. Le livre des Nombres nous dit expressément que les filles de Moab invitèrent les Israélites à leurs sacrifices; et ils mangèrent et adorèrent leurs dieux, et Israël fut initié aux mystères. Béelphégor, XXV, 2. Les femmes ici, comme en Égypte, à Byblos et à Athènes, sont encore particulièrement chargées de son culte. La paraphrase d'Apollinaire porte que les Hébreux se souillèrent en mangeant les hécatombes immolées aux morts dans les sacrifices de ce dieu.

marche de la pensée, les mêmes développements, les mêmes expressions dans la profession de foi du patriarche et les documents venus d'Egypte : il serait bien étrange de ne pas y retrouver le même enseignement.

Après avoir affirmé sa foi et son espérance en ce vengeur qu'il sait vivant, Job, avec les théologiens de la vieille Egypte, ajoute aussitôt : lorsque mon corps aura succombé, *de mes chairs je verrai Dieu* : je le verrai moi-même, mes yeux le contempleront, non ceux d'un autre.

C'est là, en effet, ce que répète sans cesse l'Egyptien qui vient d'invoquer l'assistance d'Osiris et qui a échappé à la mort par son intervention.

Je viens près de toi, Seigneur des dieux et des hommes, j'arrive pour contempler tes beautés (1).

Je vois le dieu grand dans l'intérieur de son tabernacle, en ce jour de juger les âmes (2).

Je suis venu voir les dieux, quand vous dévoilez votre face (3).

---

(1) Todt. 135.
(2) Todt. 26, 6. 3.
(3) Todt. 149. 23.

Je suis venu, et je vois votre essence, (ô dieux!) (1).

Je n'en finirais pas, si je voulais citer tous les passage du Livre des morts et des stèles funéraires, où est mentionnée cette rencontre de l'âme avec Dieu. Nous retrouvons partout le défunt, affirmant qu'à l'heure où il aura quitté ce monde, il verra son Seigneur. Je crois cependant fixer encore l'attention du lecteur sur un dernier texte, où le Livre des morts insiste, comme le livre sémitique et à peu près dans les mêmes termes, sur ce point que le défunt *lui-même verra Dieu de ses chairs.*

Cet esprit glorieux, de ses chairs, lui, lui-même, il voit (Dieu) (2).

Le pronom personnel est répété trois fois, avec cette remarquable instance que Job a mise de son côté dans sa déclaration. Le texte égyptien porte : de *ses* chairs, *lui-même, lui* voit Dieu.

Le texte hébraïque répète :

ומבשרי אחזה אלוה אשר אני אחזה־לי
ועיני ראו ולא־זר

De mes chairs, je verrai Dieu, lequel, moi, je verrai pour moi-même; mes yeux le verront, et non un autre.

---

(1) Tod., 149, 24.
(2) Tod., 130, 28.

Tout commentaire devrait être inutile devant cet accord des textes, et cependant une rapide observation toute philologique est ici nécessaire. La même particule, dans les deux documents, précède ces mots : *de ma chair, je verrai....*, *Mi*—besari, en hébreu; en égyptien 𓄹𓏥 *eM·* haaouef, *de sa chair*. J'ai déjà expliqué ailleurs le rôle de cette particule(1). Nous avons ici un exemple frappant du sens parallèle et probablement de la commune origine de cette locution; mais de plus ce passage du Todtenbuch fixe la signification du texte de Job. Pour échapper à la doctrine de la résurrection des corps, on a traduit souvent le texte hébraïque, en donnant à מ· un sens séparatiste : *loin de ma chair, séparé de ma chair,* je verrai Dieu. C'est évidemment une erreur : il suffirait du document égyptien pour la redresser, à moins qu'on ne voulût faire encore subir à ce texte la même torture; mais ici, il est facile de couper court à toute tentative de ce genre. Le passage cité n'est point isolé comme la phrase sémitique : il est aisé d'établir d'une manière indiscutable sa signification et de fixer la nuance de la particule douteuse par la comparaison de formules semblables. Un seul exemple suffira à écarter dorénavant toute contestation à ce sujet. Il est dit du défunt au chapitre 133, 8 du Livre des morts :

---

(1) *Études de grammaire comparée* des langues de Sem et de Cham, le thème M.

Il voit de ses yeux, il entend de ses oreilles la vérité,
la vérité (1).

Il voit *eM de* ses yeux : il entend de ses oreilles ; *eM* a été passé dans le second membre, à cause de la construction parallèle. On ne peut pas traduire ici : il voit *loin de* ses yeux ; il entend *loin de* ses oreilles. Le bon sens proteste, et toute la doctrine de la résurrection des corps, que nous exposerons bientôt, réclame l'interprétation naturelle et logique que nous venons de donner. Il faut donc traduire le texte de Job comme le texte égyptien : *il voit de ses chairs*.

Le fidèle d'Osiris rencontrera après sa mort et verra de ses yeux ce dieu qui avant lui était descendu dans la tombe, ce vengeur qui le jugera et lui ouvrira les demeures de l'éternel bonheur. Job vient de nous exprimer, dans les mêmes termes, les mêmes espérances. Lui aussi retrouvera la vie, après l'avoir perdue ; son corps se réveillera au fond du sépulcre, et de ses yeux il verra son rédempteur ressuscité et vivant. Ce parallélisme des textes, la connaissance qu'avaient les Sémites, aussi bien

---

(1) « La vérité est la vertu parfaite, le souverain bien qui n'est ni troublé par la matière, ni circonscrit par le corps, le bien nu, évident, inaltérable, auguste, immuable. »
Hermès trismégiste, liv. IV, ch. xi, p. 253.

que les fils de Cham, du mystère de la mort et de la résurrection du Dieu fait homme, enfin ce cri de Job : mon *Goël vit*, ne sont-ils pas des données suffisantes pour supposer que nous avons peut-être dans ces mystérieuses paroles : *Je sais que mon rédempteur est vivant*, une allusion à la mort et à la résurrection du sauveur ? On est bien porté à le croire, lorsqu'on observe que ce même élan d'espérance et de joie revient sans cesse au cœur et sur les lèvres de l'Égyptien, quand il interroge, avec ce regard familier des visions d'outre-tombe, le mystère de la mort. Si l'émotion le gagne, si la terreur le fait tressaillir à la pensée des angoisses de l'agonie et des incertitudes de ce monde où tout nous inquiète, l'avenir comme le passé, sa foi le rassure : *Osiris est vivant* ! Lui aussi était mort, mais il est ressuscité : je mourrai, mais je ressusciterai comme lui.

« O Osiris qui resplendit de vie; ô Osiris, seigneur de la vie..... l'âme d'Imhotep arrive..... son âme se réjouit..., son âme est victorieuse.... Tu vis, ton âme vit (1). »

« Seigneur de la vie, tel est ton nom parmi les vivants (2) ! »

« Vivant ! vivant est celui qui réside dans les ténèbres ; toutes ses grandeurs vivent : vivant est le

---

(1) Papyrus du Louvre 3452. Trad. Déveria, 140.
(2)   *Ibid.*   3148   149.

souverain de l'occident, Osiris, qui réside parmi les dieux (1)! »

Ce cri revient sans cesse dans toutes les pages du Livre des morts. C'est d'abord une profession de foi en la résurrection du divin défunt; c'est de plus un cri d'espérance devant les épouvantements de la mort; car la résurrection d'Osiris, comme la résurrection du Goël, est le gage assuré de la résurrection de leurs fidèles. Le Rédempteur est le premier né de la tombe, et ses serviteurs renaîtront un jour comme lui au fond de ce berceau. N'est-il pas naturel de penser que c'est dans le même sentiment que Job s'écrie, en face des deceptions de la vie, de la trahison des siens et des approches de la mort : *Je sais que mon Rédempteur est vivant?*

Oserai-je ajouter, pour confirmer cette interprétation, que c'est là toute la doctrine de saint Paul, le fondement de l'espérance chrétienne et la logique de notre foi? *Nolumus autem vos ignorare, fratres, de dormientibus, ut non contristemini sicut et cæteri qui spem non habent ; si enim credimus quod Jesus mortuus est et resurrexit, ita et Deus eos qui dormierunt per Jesum adducet cum eo* (2).

Et dans la première lettre aux habitants de Corinthe : *Si autem resurrectio mortuorum non est, neque Christus resurrexit : si autem Christus non*

---

(1) Papyrus du Louvre 3071. Trad. Déveria, 38.
(2) I Thessal. IV, 12,13.

resurrexit, inanis est prædicatio nostra, inanis est fides vestra... nam si mortui non resurgent, neque Christus resurrexit.... Nunc autem Christus resurrexit a mortuis, primitiæ dormientium, quoniam per hominem mors et per hominem resurrectio mortuorum (1). »

C'est toujours le même cri de profonde joie et d'invincible espérance que poussait le patriarche sémite : Je sais que mon rédempteur est vivant ! C'est le cri de l'Égyptien : Vivant ! vivant est celui qui réside dans les ténèbres ; toutes ses grandeurs vivent : vivant est le souverain de l'occident (2), Osiris qui réside parmi les dieux ! *Nunc Christus resurrexit a mortuis, primitiæ dormientium....* Nous chrétiens, nous serions les plus malheureux des hommes, dit encore saint Paul, si nous n'avions au dela des horizons de la terre d'immortelles espérances ; mais nous savons que notre chef, celui dont nous sommes les membres, est ressuscité des morts, qu'il est les prémices de ceux qui dorment et qu'un jour nous ressusciterons après lui.

Tombeaux du pays de Hus, sépulcres de la vallée du Nil, cimetières de nos campagnes, gardez donc avec soin les dépouilles de tous ces peuples qui attendent dans le silence l'heure de la résurrection ; gardez patiemment toutes ces générations in-

---

(1) I Corinth. xv, 13... 20.
(2) C'était sur la rive gauche du Nil, du côté de l'ouest, que se trouvaient tous les tombeaux.

connues qui tour à tour, avant de s'endormir dans la tombe, regardèrent le ciel, en poussant vers Dieu ce cri sublime sorti des entrailles de l'humanité : J'espère et je crois : mon rédempteur est vivant!

Un sage de Rome disait, il y a déjà plus de dix-huit siècles : Quel est l'homme qui ne serait ému par les témoignages de la haute antiquité, nous arrivant dans des monuments illustres (1)? Et à notre tour nous pouvons bien répéter : Qui ne serait ému, devant ces témoignages qui remontent aux premiers jours de l'histoire humaine et reprochent aux générations sceptiques et raisonneuses des derniers âges leur foi qui s'éteint et leurs espérances qui n'ont plus d'autre terme que le néant dans la mort?

Nous avons montré jusqu'à l'évidence, si je ne me trompe, les rapports intimes de la profession de foi du patriarche qui habitait le pays de Hus avec les enseignements égyptiens sur le Goël, son intervention à l'heure de la mort et la rencontre de l'âme avec son Dieu. Nous avons fixé le véritable sens des paroles de Job : De mes chairs je verrai Dieu, je le verrai moi-même et non un autre; nous avons enfin constaté dans ces paroles : Je sais que mon rédempteur est vivant, une allusion probable à la mort et à la résurrection du Sauveur.

---

(1) Cicéron, de Div. I, 40. Quis autem quem non moveat clarissimis monumentis testata consignataque antiquitas?

Qu'on ne me fasse pas dire cependant, ce qui est bien loin de ma pensée, que les idées exposées par le patriarche sémite furent empruntées à la théologie égyptienne. Cette hypothèse est à tous égards inadmissible. Quel que soit l'âge du livre de Job, nous pouvons affirmer sans crainte que, à l'époque où il fut écrit, déjà la mythologie osirienne avait défiguré le dogme primitif et donné une physionomie particulière à la doctrine de l'Egypte. Or ce qui aurait frappé les esprits ardents et les vives imaginations des enfants de Sem, le jour où ils auraient fait un tel emprunt aux peuples des bords du Nil, c'eût été l'aspect de ces figures divines, leurs généalogies, leur histoire, leurs statues et leurs images, leur intervention dans la scène du jugement, dans la mort et la résurrection du dieu. Pour le critique le plus exercé, et à cette époque il n'y en avait pas certainement au pays de Hus, car la critique est le fruit tardif de la science, il eût été difficile de dégager de cette enveloppe d'emprunt le dogme traditionnel de l'Egypte. Nous retrouverions par conséquent, dans le texte sémitique, quelques souvenirs de cette mythologie animée et vivante, qui eût sans doute saisi plus vivement l'âme jeune et naïve de ces sages que la doctrine dont elle enveloppait les enseignements mytérieux. Or, rien de semblable dans le livre de Job. Si quelque chose est caractéristique et frappant dans ce texte, c'est l'absence de tout mythe et de toute figure divine de second ordre, exerçant autour du Goël un rôle quelconque, soit pour le secourir dans la mort, soit pour l'aider dans le jugement et le salut des âmes.

J'estime donc que ces doctrines, mieux conservées sous leur forme primitive dans le monde sémitique, remontent au jour de la séparation des deux familles de Sem et de Cham, qui les emportèrent dans leurs pérégrinations lointaines, comme leur plus précieux héritage. Mais tandis que, dans la vallée du Nil, les élucubrations des docteurs et des scribes les enveloppaient bientôt dans une mythologie exubérante dont les longues inscriptions et les compositions poétiques développaient chaque jour les intarissables légendes, les tribus pastorales de Sem les conservaient dans la simplicité des premiers âges.

L'accord sur l'idée fondamentale de cette doctrine en des familles séparées depuis si longtemps par les déserts, la permanence des mêmes enseignements dans des peuples si différents par leur caractère, leur génie et leur civilisation, est la preuve la plus décisive de la haute antiquité de ces dogmes et une indication précieuse sur leur origine et la source dont ils émanent.

Ainsi ce que l'étude des formes grammaticales nous avait déjà appris de la parenté des deux races et de leur longue cohabitation, avant le départ de leurs tribus pour des pays lointains, se trouve confirmé par l'histoire des dogmes communs aux deux familles (1).

Leur religion, comme leur grammaire, ne pouvait manquer de conserver quelques traits saillants qui rapprochent ces peuples. Mais, tandis que les Sémites continuaient à vivre de la vie des pasteurs, et que leur langue, libre des entraves de l'écriture, allait se transformant tous les jours jusqu'au moment où elle se fixa dans la forme trilittère; les Chamites de Misraïm s'établissaient dans la vallée du Nil; et, au milieu de cette vie sédentaire, sous un gouvernement uniforme qui unissait en un seul corps toutes les parties de la nation, avec la connaissance de l'écriture, par l'usage des longues inscriptions lues et relues de tous : leur langue s'arrêtait de bonne heure dans ses évolutions et se fixait dans une forme définitive, avant d'être arrivée à la phase si originale qu'atteignaient dans les pays voisins les dialectes sémitiques.

Or, par un mouvement inverse, alors que la langue du pays de Misraïm restait immobile, les doctrines allaient se transformant, emportées par le goût de la spéculation, l'influence de l'écriture, les loisirs du sacerdoce, les besoins de l'enseignement officiel et les théories des écoles. Dans les terres sémitiques, au contraire, les langues mar-

---

(1) *Études de grammaire comparée* des langues de Sem et de Cham.

chaient et les doctrines restaient immobiles. Les simples traditions d'autrefois, racontées sous la tente, suffisaient à des esprits moins raffinés. Si quelques variantes se produisaient sur quelques points, comme les inscriptions ou l'enseignement officiel n'en fixaient point le souvenir, il y avait plus de chance de les voir tomber dans l'oubli. Seules les grandes lignes du dogme se maintenaient sans fléchir au milieu de cette race. Dieu entretenait sans cesse d'une huile plus pure la lampe sainte des véritables croyances, alors que partout ailleurs elle s'éteignait en fumant encore. De là sans doute les formes si sobres et si fermes de la profession de foi que nous lisons au livre de Job ; tandis que nous avons retrouvé en Égypte les mêmes croyances enveloppées dans une mythologie si complexe.

Il est vrai qu'au milieu de ces familles errantes, ces traditions pouvaient se perdre et disparaître tout à coup, comme ces ruisseaux du désert qui trompent l'espérance des caravanes de Théma(1). Le moindre échec dans une lutte de tribu à tribu, une pérégrination plus longue à travers les peuples voisins, l'établissement de la famille dans une terre civilisée dont on accepte bientôt les lois, les mœurs, les doctrines et le langage, pouvaient suffire à effacer lentement ces antiques traditions.

---

(1) Job, VI, 15, 20.

Chez un peuple qui était probablement encore peu familier de l'écriture, qui en tout cas n'avait point ces longues stèles et ces inscriptions monumentales du pays d'Assyrie ou d'Egypte, il eût peut-être suffi d'un coup de vent pour emporter ce léger papyrus qui nous a transmis les espérances de Job et l'histoire émouvante de cette grande infortune, dont le récit nous fait encore verser des larmes. Mais la Providence nous l'a conservé pour nous apprendre sans doute quelle fut la foi des anciens et quelle doit être la nôtre, malgré toutes les déceptions et toutes les ruines.

CHAPITRE VI.

LE JUGEMENT ET SES CONSÉQUENCES.

> O âmes, beaux enfants de mon souffle et de ma sollicitude, vous que j'ai fait naître de mes mains pour vous consacrer à mon monde, écoutez mes paroles comme des lois, ne vous écartez pas de la place qui vous est fixée par ma volonté. Le séjour qui vous attend est le ciel, avec son cortége d'étoiles et ses trônes remplis de vertus. Si vous tentez quelque innovation contre mes ordres, je jure par mon souffle sacré, par cette mixture dont j'ai formé les âmes et par mes mains créatrices, que je ne tarderai pas à vous forger des chaînes et à vous punir.
> HERMÈS TRISMEGISTE, liv. III.

Le texte de Job ne mentionne pas d'une manière directe le jugement que doit subir chaque défunt, en arrivant dans le monde d'outre-tombe ; mais l'ensemble de sa profession de foi montre jusqu'à l'évidence que le patriarche croyait en ces assises solennelles, où le juste sera récompensé et le méchant puni par la justice divine. En effet, après avoir invoqué l'intervention du vengeur et proclamé son invincible espérance de voir le Très-Haut, Job ajoute :

> Mes reins se consument dans cette attente.
> Alors vous direz : pourquoi le poursuivions-nous ?
> Le bon droit, à cette heure, sera de mon côté ;
> Ce jour-là craignez le glaive ;
> Les vengeances du glaive sont brûlantes :
> Pour que vous sachiez qu'il y a un jugement.

Les documents égyptiens vont nous offrir un intéressant commentaire de ces rapides indications et faire passer sous nos yeux les doctrines des âges primitifs sur ces vérités redoutables que Job rappelle en passant. Quand nous nous serons rendu compte des croyances de ses contemporains, nous saisirons mieux alors le sens et la portée de cette menace que le patriarche jette à la face de ses contradicteurs.

J'ai déjà dit plus haut, en parlant du mythe osirien, que le divin défunt, après sa résurrection, devenait le juge des âmes et les attendait au seuil de l'éternité. Chaque mortel, en effet, après avoir quitté la vie, arrivait dans ce que les textes appellent la *grande salle de la justice* ou *le trône d'Osiris* (1).

---

(1) Hermès Trismégiste nous dit à ce sujet : « Quand l'âme s'est séparée du corps, elle passe, pour être jugée selon ses mérites, sous la puissance suprême du démon (au sens du mot grec) ; s'il la trouve pieuse et juste, il lui permet de demeurer dans le séjour (céleste) qui lui appartient ; mais s'il la voit souillée de taches et de vices, il la précipite de haut en bas et la livre aux tempêtes et

Cette salle est représentée dans les vignettes du Livre des morts, sur les stèles funéraires et les bas-reliefs des sarcophages. La voûte est soutenue par d'élégantes colonnes ; les frises sont ornées de motifs allégoriques groupés avec art. Ils font tous allusion au jugement et à ses graves conséquences. Au centre du tableau, deux yeux ouverts rappellent l'omniscience divine. Aucun acte de la vie, aucune pensée de l'esprit, aucun battement du cœur, n'a échappé à ce regard attentif. Les Egyptiens croyaient comme Job que rien n'est caché aux yeux de Dieu.

> Dieu ne voit-il pas toute ma conduite ?
> Ne compte-t-il pas tous mes mouvements ?
> Si j'ai marché dans la voie du mensonge,
> Si mon pied a couru après la fraude,
> Que Dieu me pèse en de justes balances,
> Et il reconnaîtra mon intégrité (1).

A côté des yeux, s'enlacent sur la frise des flammes et des vipères, symboles des châtiments réservés aux coupables ; enfin des balances indiquent l'acte même du jugement et sa rigoureuse

---

aux tourbillons contraires de l'air, du feu et de l'eau. Sans cesse agitée entre le ciel et la terre par les flots du monde, elle sera entraînée de côté et d'autre dans d'éternelles peines ; son immortalité donne une éternelle durée au jugement porté contre elle. » Traduct. de M. Ménard.

(1) Job, xxxi, 4-6.

équité (1). Tous ces motifs sont combinés de manière à former un dessin continu qui se distribue symétriquement sur le bord du plafond.

A l'intérieur de la salle, en face de la porte et à la place d'honneur, sur un trône élevé, Osiris est enveloppé dans un grand suaire, qui ne laisse à découvert que la figure et les mains. L'une porte le *nekhekh*, fouet à une ou deux lanières, insigne de souveraineté et menace de redoutables châtiments. L'autre tient le *hyq*, sorte de houlette, qui conserve, au milieu d'une civilisation nouvelle, un lointain souvenir de l'âge pastoral. Elle rappelle, par le mouvement de sa spirale, le bâton de nos évêques : antique et vénérable symbole dont il serait intéressant de remonter la longue histoire. Ces insignes indiquent déjà le rôle et le caractère du juge : c'est le pasteur (2) et le père, le seigneur et le maître, le rédempteur et le vengeur terrible. C'est celui que les textes appellent :

---

(1) Est oculus omnia cernens justitiæ, tamen stans in propinqua comminus videt Deus... Deus quidem ut et antiquitus traditum est principium, medium, finemque... Hunc sequitur justitia vindex eorum qui a divina desciscunt lege.
Plutar., *Adversus Colotem*.
Ce texte semble faire allusion aux doctrines égyptiennes; nous verrons, en effet, à côté du tribunal, la justice présidant au jugement et fixant les peines réservées aux coupables ou le bonheur préparé pour les élus.

(2) C'est le nom que Job donne à Dieu. *O pasteur des hommes*, VII, 20.

[hieroglyphs]

Grand, redoutable, maître des maîtres; qui détruit tout refuge aux iniquités (1).

C'est celui dont le regard pénètre le fond des âmes, qui sonde les replis du cœur :

[hieroglyphs]

Investigateur des cœurs, scrutateur des entrailles : tel est ton nom (2).

C'est celui qui *rend le mal à qui l'a fait et la justice à qui l'apporte avec lui* (3). Ou, comme disait Job : « Il rend à l'homme selon ses mérites et il le traite selon ses voies (4). » Aussi, malgré toute la confiance qu'il inspire aux défunts dont il est le père et le protecteur dévoué, les âmes sont pénétrées de vives angoisses en face de son tribunal. « Les morts qui viennent pour le voir sont saisis de la crainte qu'il inspire et de la terreur de toutes ses puissances auprès des vivants (5). » C'est sous ce même aspect que se présente à la pensée de Job ce juge redoutable, lorsque le patriarche

---

(1) Todtenbuch, xv, 20.
(2) Todt. cxxv, 61.
(3) Todt. xvii.
(4) Job. xxxiv, 11.
(5) Manuscrits du musée du Louvre, N° 3283, traduction Deveria.

sémite dit de l'impie : « La mort le conduit au roi des terreurs (1).

Le défunt est introduit devant Osiris par la justice et la vérité (2). Ces deux aspects du même attribut divin, comme l'avaient saisi par une pénétrante intuition les sages de la vieille Egypte, sont représentés par la figure d'une femme qui attend le prévenu sur le seuil de la salle, le prend par la main et le conduit au pied du tribunal (3). Alors commence l'instruction (4). Elle porte sur

---

(1) Job, xviii, 14.

(2) Medicinam animæ quæ justitia cognominatur, omnium esse artium maximam præter sexcentos alios etiam Pindarus testatur, principem et dominum omnium deum appelans Aristotechnum, id est artificum præstantissimum : quippe justitiæ administratorem, quæ jus habet determinandi *quando et quatenus quilibet malorum sit puniendus.*

PLUTAR. *De his qui sero a num. punien.*

(3) Jovi Justitia adsidet, sed ipse jus et fas est ac omnium legum antiquissima, atque propterea *veteres* isthæc finxerunt docueruntque, ut ostenderent sine Justitia ne Jovem quidem recte potuisse imperare. *Illa autem virgo est*, ut ait Hesiodus, incorrupta verecundiæ pudicitiæ et *veritatis contubernalis.* PLUTAR. *Ad princip. indoctum.*

(4) Devant ce tribunal, l'homme est seul, sans autre protecteur que ses bonnes œuvres et ses mérites. *Deinde in judicium venire debent exuti istis rebus quas dixi omnibus : mortui enim ad tribunal venire debent. Sed judices de iis cognoscunt nudi ipsi et vita defuncti ut ipso animo animum cujusque simul ac is vita decessit contemplentur, cum is desertus omnibus a cognatis, omnem istum ornatum in terra reliquerit : sic enim juste pronuntiari poterit... Hi ergo postquam vivendi in terram finem fecerint, judicia obibunt in prato, in trivio, ubi itinerum est divortium, uno ad insulas Beatorum, altero ad Tartarum pergente.* PLUTAR. *De consol. ad Apoll.*

toutes les lois morales et religieuses que l'âme a dû observer pendant la vie. Nous n'avons pas le code complet des préceptes imposés au fidèle égyptien : mais il nous est facile, d'après les textes où il raconte ses bonnes œuvres et énumère les fautes qu'il a évitées de restituer, dans leurs traits principaux, les lois dont il ne devait pas se départir, pour trouver grâce à cette heure suprême devant la justice de Dieu.

Voici comment s'exprime le défunt, en se présentant devant ses juges (1) : « Hommage à vous, « Seigneur de vérité et de justice! Hommage à toi, « Dieu grand, Seigneur de vérité et de justice! Je « suis venu vers toi, ô mon maître; je me présente « à toi pour contempler tes perfections! Il est connu « que je sais ton nom et les noms de ces quarante-« deux divinités qui sont avec toi dans la salle de « vérité et de justice, vivant des débris des pé-« cheurs, s'abreuvant de leur sang, au jour où se « pèsent les paroles par-devant Osiris, le véri-« dique. Esprit double, Seigneur de vérité et de « justice est ton nom. Je vous connais, Seigneur « de vérité et de justice; je vous apporte la vérité, « j'ai détruit tout mensonge. »

« Je n'ai commis aucune fraude contre les « hommes! Je n'ai pas tourmenté la veuve! Je « n'ai pas menti dans le tribunal! Je ne connais

---

(1) **Livre des morts, CXXV**

« pas le mensonge! Je n'ai fait aucune chose dé-
« fendue! Je n'ai pas fait exécuter aux travailleurs
« plus de corvées qu'ils n'en devaient faire!.... Je
« n'ai pas été négligent! Je n'ai pas été oisif! Je
« n'ai pas faibli! Je n'ai pas défailli! Je n'ai pas
« fait ce qui était abominable aux dieux! Je n'ai
« pas desservi l'esclave auprès de son maître! Je
« n'ai point fait souffrir la faim! Je n'ai point fait
« pleurer! Je n'ai point tué! Je n'ai pas ordonné
« de meurtre par fraude! Je n'ai commis de fraude
« envers personne! Je n'ai point détourné les pains
« des temples! Je n'ai point distrait les offrandes
« des dieux! Je n'ai pas enlevé les provisions et
« les bandelettes des morts!... Je n'ai point fait
« de gain frauduleux! Je n'ai pas altéré les mesures
« du grain! Je n'ai pas fraudé d'un doigt sur une
« paume! Je n'ai pas usurpé dans les champs! Je
« n'ai pas fait de gain frauduleux au moyen des
« poids de la balance! Je n'ai pas faussé l'équilibre
« des plateaux! Je n'ai pas enlevé le lait de la
« bouche des enfants! Je n'ai pas chassé les bes-
« tiaux sacrés sur les herbages! Je n'ai pas pris au
« filet les oiseaux consacrés! Je n'ai pas pêché les
« poissons sacrés dans leurs étangs... Je n'ai pas
« coupé un bras d'eau sur son passage! Je n'ai pas
« éteint le feu sacré en son heure! Je n'ai pas violé
« le cycle divin dans ses offrandes choisies!... Je
« n'ai pas arrêté les dieux dans leurs processions!
« Je suis pur! Je suis pur! Je suis pur! Je n'ai pas

« eu commerce avec femme mariée.... Je n'ai
« point fermé l'oreille au langage de la vérité.

Un peu plus loin le défunt ajoute : « Délivrez-
« moi de Typhon qui se nourrit d'entrailles, ô mes
« juges! en ce jour du jugement suprême; donnez
« au défunt de venir à vous, lui qui n'a point péché,
« qui n'a ni menti ni fait le mal, qui n'a commis
« nul crime, qui n'a point rendu de faux témoi-
« gnage, il n'a rien fait contre lui-même, qui vit de
« la vérité et se nourrit de la justice. Il a semé par-
« tout la joie; ce qu'il a fait les hommes en parlent,
« s'en rejouissent les dieux. Il s'est concilié Dieu
« par son amour; il a donné des pains à qui avait
« faim, de l'eau à qui avait soif, des vêtements à
« qui était nu; il a donné une barque à qui était
« arrêté dans son voyage; il a offert des sacrifices
« aux dieux, des offrandes pour les défunts..... ne
« parlez pas contre lui, par-devant le Seigneur des
« morts, car sa bouche est pure et ses deux mains
« sans tache. »

Sur une sarcophage du musée de Boulaq, dans
l'énumération à peu près identique des fautes qu'il
a évitées, le défunt intercale celles-ci : « Je n'ai
« menti à la face d'aucun homme.... Je n'ai pas eu
« commerce avec femme mariée. Je n'ai point
« fermé l'oreille au langage de la vérité (1). »

---

(1) N. 978. Voir *Notice des principaux monuments*, par
A. Mariette.

« J'ai vénéré mon père ; j'ai respecté ma mère ;
« j'ai aimé mes frères, je n'ai pas fait de mal contre
« eux sur la terre. J'ai protégé le pauvre contre le
« puissant. J'ai donné l'hospitalité à tout le monde.
« J'ai été bienfaisant. J'ai aimé les dieux. J'ai chéri
« mes amis. Ma main a été ouverte à celui qui
« n'avait rien ; jamais mon cœur n'a dit : donne.
« J'ai aimé la vérité et détesté le mensonge. »

C'est à peu près dans les mêmes termes que Job repasse, sous les yeux de Dieu, les œuvres de sa vie. Avec sa bienveillance accoutumée, Eliphas de Thëman venait de faire l'examen de conscience du malheureux patriarche. Il l'avait accusé de tous les crimes que peut commettre un franc scélérat. « Tu exigeais des gages injustes de tes frères et tu
« laissais nus ceux dont tu emportais les vête-
« ments. Tu refusais une goutte d'eau à l'homme
« qui tombait de lassitude et tu ôtais son pain à
« l'affamé.... Tu renvoyais les veuves sans res-
« source et les bras de l'orphelin étaient brisés (1). »

Le patriarche fait son apologie en ces termes :
« J'avais fait un pacte avec mes yeux pour ne pas
« considérer une vierge (2)...; Si j'ai fait alliance

---

(1) Job, XXII, 6-9.
(2) Le lecteur aura remarqué que, dans sa confession négative, l'Égyptien déclare n'avoir eu commerce avec femme mariée. Ce trait nous rappelle le récit du chapitre XII de la Genèse. Le Pharaon a fait enlever Sara, qui passe pour la sœur d'Abraham ; « mais l'Éternel frappa de grandes plaies le prince et

« avec l'injuste et que mes pieds se soient empressés
« pour la fraude, que Dieu *me pèse dans la balance
« de la justice* et qu'il reconnaisse mon innocence...
« Si quelque tache a souillé mes mains..., si la
« beauté d'une femme a séduit mon cœur..., si j'ai
« écarté la requête du pauvre : si j'ai lassé l'attente
« de la veuve ; si seul j'ai mangé mon pain sans en
« faire part à l'orphelin ; si j'ai vu le pauvre qui pé-
« rissait de froid et l'indigent sans vêtements ; si
« j'ai levé ma main sur le pupille, quand je me sen-
« tais fort dans l'assemblée des juges.... si les gens
« de ma maison ne disaient pas où trouver quel-
« qu'un qu'il n'ait rassasié de sa table ; jamais
« étranger ne couchait dehors ; j'ouvrais ma porte
« au voyageur. Voilà mon attestation, que le Tout-
« puissant me réponde (1). »

« Je délivrais le pauvre qui criait et l'orphelin
« dénué de secours. Celui qui allait périr me bé-
« nissait et je comblais de joie le cœur de la veuve.
« Je m'enveloppais dans la justice comme dans un
« vêtement. L'équité était comme mon manteau et
« ma couronne. J'étais l'œil de l'aveugle et le pied
« du boiteux : j'étais le père de l'indigent. J'étudiais
« à fond la cause même de l'inconnu et je brisais

---

sa maison. Alors il fit appeler Abraham et lui dit : Qu'est-ce
que tu m'as fait ? Que ne m'as-tu averti qu'elle était ta femme ? »
Le même fait se renouvelle pour Abimélec, chapitre xx.

(1) Job, xxx.

« les dents de l'injuste : je lui arrachais sa proie de
« la bouche (1). »

C'était d'après ces principes que Job voulait être jugé. Il demandait que toutes ses actions fussent déposées dans la balance de la justice, comme aurait dit un habitant du Nil :

> Si nequitiam sum sectatus,
> Et ad fraudem pes meus festinavit,
> *Ponderet me justa statera,*
> Cognoscatque Deus integritatem meam (2).

Les balances divines, en effet, sont dressées dans la salle de la Justice suprême, devant le tribunal d'Osiris. Quand toutes les œuvres bonnes et mauvaises ont été comptées, le cœur du défunt est mis dans un des plateaux, et une petite statue de la justice et de la vérité pèse sur l'autre.

Les assesseurs du divin juge entourent le tribunal ou exécutent la pesée. La sagesse et la vérité éternelles, sous la figure du dieu Toth, tiennent dans les mains les tablettes où la sentence sera inscrite. Anubis surveille les oscillations des fléaux, et quand ils se maintiennent en équilibre, il prononce la formule sacramentelle dont nous lisons le texte écrit sur sa tête : « Le cœur fait équilibre par sa hauteur : la divine balance est satisfaite par l'Osiris *un tel*. »

---

(1) Job, xxix, 12-17.
(2) Job, xxxi, 5,6.

Le jugement est alors gravé sur les divins registres ; le nom de l'élu est inscrit dans le livre de vie, et l'âme va partager dans la cour du dieu suprême le sort des esprits célestes (1). Alors commence pour elle une vie qui n'aura plus de fin. « Elle ne périra jamais dans la divine région inférieure, à toujours, à jamais, » disent les textes (2).

---

(1) Cette scène est souvent commentée par Platon. *Audi igitur, ut aiunt, pulcherrimum sermonem quem tu, ut ego arbitror, fabulam putabis esse, ego vero sermonem,* ἐγὼ δὲ λόγον... *ut quicumque homines juste pieque vitam egissent, cum e vita migrassent, ad Beatorum insulas profecti, in omni felicitate viverent a malis longe sejuncti; qui vero injuste impieque vixissent in punitionis justique supplicii carcerem, quem vulgo appellant Tartarum, irent... hi igitur, postquam mortui fuerint judicabunt in prato, ibique in trivio, ex quo geminæ tendunt viæ, altera ad Tartarum, altera vero ad insulas Beatorum.*
Gorgias, LXXIX, p. 384. Édit. F. Didot.
Jochanam Ben Saccai dit en mourant : *Ob oculos bivium habeo; hac ad paradisum, illac ad gehennam.*

(2) Le *Chou*, l'esprit glorieux, d'après l'étymologie même du mot, est *lumineux* et *brillant*. Tandis que les méchants sont plongés dans ces ténèbres extérieures dont parle l'Évangile, lui est baigné de lumière et rayonne d'un incomparable éclat. Plutarque nous a laissé un intéressant commentaire de cette doctrine, qui pénétra bientôt dans les écoles d'Alexandrie et de la Grèce. *Ipsam vero animam nonnulli philosophorum lumen suapte natura esse statuunt, cum aliis utentes argumentis, tum quod nullam rem anima magis adversatur quam ignorantiam et omnia lucis expertia vitet, tenebrisque turbatur, metuit ac suspecta habet : ita autem ei dulce est lumen, ita desiderabile ut nihil aliud ipsi jucundum sine eo aut in tenebris velit admittere : sed omnem ei voluptatem, jocum ac delectationem lux admixta veluti commune condimentum, suavem reddat atque gratum... Jam recepta est hæc sententia esse quemdam locum, ubi pii post mortem degant. His apud*

Il est dans le lieu des vivants : non, il ne meurt jamais (1).

Étant comme un dieu vainqueur, ne l'atteint aucune chose mauvaise.

Étant esprit glorieux confirmé dans l'Amenti, il ne meurt pas de la seconde mort.

Il mange et boit avec Osiris chaque jour.

Il boit à la source du fleuve (2).

Il ne sera pas dévoré par le ver dont parlera plus tard l'Évangile, ce ver qui ne meurt ja-

---

inferos per noctem, solis fulget jubar almi, per prata puniciis rosis consita. Illis campus floridus patet, virensque frondibus arborum; fluviique quidam lenes et lacrymarum vacui perfluunt, mutuaque se consuetudine oblectant, commemorandis et explicandis rebus præteritis ac præsentibus.

PLUTARQUE, *Libellus an recte dictum sit latenter esse vivendum.*

(1) Todten. 136, 12, 13.
(2) Todten. 136, 13, 14.

mais (1). « Ne le mange la bouche d'aucun ver (2). »

Tel est le sort de l'âme justifiée. Elle ne meurt pas de *la seconde mort*, expression remarquable, sur laquelle nous reviendrons bientôt; elle habite la terre des vivants, *terra viventium* (3), comme dit l'Ecriture; aucune douleur, aucune épreuve ne saurait l'atteindre; elle est fixée dans une éternelle béatitude; elle prend part au festin préparé pour les élus; elle boit l'eau de la vie à la source même du fleuve. *Qui biberit ex aquâ, quam ego dabo ei, non sitiet in æternum; sed aqua quam ego dabo ei, fiet ei fons aquæ salientis in vitam æternam* (4).

Il est dit dans le Livre des souffles : « Est persévérante ta personnalité; est immortel ton corps; ont refleuri tes cendres... tes chairs sont les chairs du Dieu grand. » Enfin « il voit de ses yeux, il entend de ses oreilles la vérité, la vérité! il voit Dieu chaque jour; il contemple ses beautés; ses rayons sont sur sa face et le renouvellent dans une éternelle naissance » (5).

---

(1) *Ubi vermis eorum non moritur.* Marc, IX, 43.

(2) Todten. 164, 16.

(3) Nous avons déjà rencontré plusieurs fois cette expression dans les textes égyptiens que nous avons cités.

(4) Jean, IV, 13, 14. La fin du ch. 154 du *Todtenbuch* rappelle à plusieurs reprises ce ver qui ne dévorera pas le juste. Cette image a été empruntée sans doute à la dissolution du cadavre.

(5) C'est un bonheur semblable que la tradition rabbinique promet aux élus.

Scire autem par est, quod sicut animæ impiorum, post mortem

Il semble qu'aucune expression ne soit assez noble, assez élevée pour faire comprendre ce nouvel état de l'âme des justes. Leur bonheur et leur joie n'ont rien de semblable en ce monde : leur cœur est confirmé dans le bien, comme celui de Dieu : « Ton cœur est le cœur de Ra ; leurs chairs ressuscitées sont comme les chairs d'Osiris lui-même. »

Toutes ces images ne suffisent pas encore et les textes ajoutent :

Il brille comme les étoiles dans le sommet du ciel (1).

et c'est sur cette dernière parole que se termine le Livre des morts : *Fulgebunt quasi splendor firmamenti... quasi stellæ in perpetuas æternitates* (2).

Ce bonheur des justes semble encore accru par

---

corporalem vestibus materialibus amiciuntur, quo tormenti, cruciatus atque cordolii pro scelerum suorum ratione perferendi, capaces sint ; ita etiam animæ justorum statim post mortem corporalem, vestimentis salutis induuntur ac corpore claro ac perlucido, in quo deliciantur adscendentes et descendentes quo paulatim adsuescunt splendori illi, felicitatique æternæ, quam in mundo demum animarum consequentur : neque enim ab extremo ad extremum transferuntur. R. Abdias Sphurnus, *in Or. Hashem,* p. 91.

(1) Todten. 164, 15.
(2) Daniel, xii, 3.

la pensée des tourments auxquels ils ont échappé, grâce à leur vie pure et sainte. « Je n'entre pas « dans le lieu du massacre de l'hémisphère infé- « rieur; ne m'est point fait comme à ceux qui sont « en abomination aux dieux (1). Il n'est point « emporté vers le lieu de la torture; n'est point « détruite son âme (2). Rajeunis-toi auprès des « deux justices, assieds-toi près d'elles, sur le « beau chemin du temps, sur la route de l'éter- « nité (3). »

Tandis que les bons ont trouvé le bonheur dans les célestes demeures, les méchants subissent de cruelles tortures dans les abîmes d'un enfer éternel.

Les textes qui décrivent ce lieu de souffrances sont souvent écrits en lignes rétrogrades, pour frapper, par la disposition même des caractères, l'esprit du lecteur... Une horreur si profonde pénétrait les fidèles d'Osiris, à la pensée de cette éternité de douleurs, qu'ils ne pouvaient se ré-

---

(1) Todten. 85.

(2) Todten. 149, 31. La peine des damnés est assimilée à une sorte d'anéantissement, *peribunt in æternum*, mais qui n'est point absolu, puisque la personnalité persévère pour être le foyer de la douleur et le centre où retentissent toutes les tortures.

(3) « Qu'ils ne coupent pas mes oreilles; qu'ils ne tranchent pas ma tête; qu'ils n'arrachent pas ma langue; qu'ils ne blessent pas mon..... qu'ils ne fassent aucune chose nuisible à mon corps qu'ils ne l'endommagent, ni le détruisent dans la perpétuité des siècles! » s'écrie le défunt dans le papyrus du Louvre n° 3283. *Catalogue des manusc. égypt.*, p. 146.

soudre à parler de ces châtiments en leur écriture ordinaire, et leur esprit ingénieux inventa cette marche à rebours, d'un effet si étrange et si saisissant.

Les Egyptiens, qui avaient tant spéculé sur les mystères d'outre-tombe, nous ont laissé de longues descriptions de ce mystérieux pays que leur imagination visita, bien avant les poëtes classiques et le profond penseur du moyen âge.

Le plus curieux document qu'ils nous aient légué à ce sujet, après le Livre des morts, c'est le long manuscrit qui s'intitule : *Livre de ce qui se passe en l'hémisphère inférieur* (1). L'auteur y décrit, comme s'il les avait visitées lui-même, toutes les localités de ces régions enveloppées dans les ténèbres absolues. En le lisant, nous avançons, en compagnie d'Osiris et de ses défunts, dans cette longue traversée qui rappelle à bien des endroits les péripéties du Dante. Le chemin est divisé en douze heures, avec des stations correspondantes. Tout ce monde est peuplé de mystérieux fantômes et de formes mythologiques, qui tantôt arrêtent les voyageurs et tantôt favorisent leur marche. Mais partout ceux qui sont initiés aux divins mystères et fidèles au Dieu échappent à tous les périls.

---

(1) M. Deveria en a donné une substantielle analyse dans sa *Notice des manuscrits du musée du Louvre.*

Il est dit à la vɪɪɪᵉ heure : « Celui qui sait cela, la panthère ne le dévore pas (1); le nom de l'heure de nuit dans laquelle passe ce dieu grand dans cette région, c'est : *Celui qui repousse le reptile, qui blesse le serpent* Ha-her (2). » C'est sur ces chemins que les voyageurs rencontrent la région où habitent les malheureuses victimes des éternelles vengeances et les génies chargés de leur supplice.

Le *Todtenbuch* nous dit de ces infortunés : « Les rebelles deviennent immobiles pendant des millions d'années (3). » Ils sont frappés d'une immobilité qui les rapproche du néant, mais sans leur faire perdre conscience de leur douleur. Or ces douleurs devaient être bien cruelles, si nous en croyons l'ouvrage que nous venons de citer. Au troisième registre de la onzième heure, on voit sept

---

(1) C'est aussi une panthère que le Dante rencontre à l'entrée de la forêt, où commence le royaume mystérieux de la mort. Les textes égyptiens mentionnent aussi le lion, dont la liturgie catholique a gardé le souvenir dans l'offertoire de la messe des morts : *Domine Jesu Christe, libera animas omnium defunctorum de pœnis inferni et de profundo lacu; libera eas de ore leonis, ne absorbeat eas Tartarus.*

(2) Chaque heure de cette nuit a un nom, d'après le mystère qui s'y accomplit. La huitième heure est caractérisée par la défaite du grand serpent tombé dans l'abîme, au jour de la grande lutte du commencement.

(3) Todten. 93, 1. C'est la même idée que nous retrouvons dans Arnobe, *de impiis animabus*, liv. II. *Jaciuntur enim ad nihilum redactæ, interitionis perpetuæ frustratione vanescunt.*

vipères qui lancent du feu par leur bouche; et le texte explique ainsi cette représentation(1).

« Elles ont du feu dans leur gueule et leurs
« flammes consument, lorsque monte ce dieu
« grand au-dessus d'elles dans la région inférieure.
« Celui qui ignore (méconnaît) les dieux, elles se
« nourrissent de son sang; ce sang s'échappe de la
« blessure qu'elles lui font chaque jour. Les mânes
« passent par les demeures douloureuses de leurs
« sévices. Mais celui qui les connaît, en voyant
« leurs sévices, ne passe pas par leur flamme (2). »

La plus saisissante description de l'enfer égyptien nous est donnée un peu plus loin, au registre III de la onzième heure. Sept déesses sont debout armées d'un glaive; elles lancent par la bouche des

---

(1) Alias quoque se vidisse animas perhibebat (Thespesius) quæ viperarum instar binæ, ternæ aut etiam plures complicatæ, invicem se manderent, ob memoriam injuriarum et mœstitiam de rebus in vita aut toleratis. Esse etiam lacus juxta se positos, unum ferventis auri, alium frigidissimi plumbi, tertium asperi ferri, his adstare quosdam genios...

PLUT. *De his qui sero à num. punien.*

(2) Le Livre de ce qui se passe dans l'hémisphère inférieur, *Catalogue des manuscrits du Louvre.* Trad. Deveria. Origène, dans son exhortation au martyre, nous dit également : *Si autem Jesum itineris ad paradisum comitem habueritis, contemnetis serpentem illum, victum et contritum subter pedibus Jesu et per illum quoque sub pedibus nostris; ut pote qui potestatem nobis dedit ambulandi super serpentibus et scorpionibus et super omni potestate inimici ut nihil eorum nobis noceat.* Nous avons vu tout à l'heure qu'Osiris terrassait le serpent Ha-her dans la traversée de la huitième heure et sauvait ses élus des attaques de ce redoutable ennemi.

flammes qui tombent dans des gouffres, où sont en désordre des têtes coupées, les symboles hiéroglyphiques des ombres, des âmes, des méchants, confondus pêle-mêle au milieu du feu.

Chaque gouffre est désigné en lettres rétrogrades par le mot *had*, qui rappelle l'*hadès* des Grecs.

Chaque déesse a un nom qui indique ses pouvoirs et ses fonctions. La première s'appelle *maîtresse de ses fournaises*; les autres : *maîtresse de ses gouffres, maîtresse du poignard, maîtresse de ses billots, maîtresse de son glaive.*

Les légendes qui accompagnent ces figures en précisent encore la signification. « Mon père inflige
« après sa défaite ses mutilations (1) à vos corps,
« en frappant vos âmes, en repoussant vos ombres,
« en tranchant vos têtes. Vous ne vivez plus ; vous
« êtes renversés dans vos abîmes ; vous n'en sor-
« tirez plus ; vous n'en échapperez jamais. Les
« brûlures des serpents sont pour vous ; les cuis-
« sons de la maîtresse de ces fournaises sont pour
« vous ; les flammes de la maîtresse de ces gouffres
« sont pour vous ; les feux qui sont dans la bouche
« de la maîtresse de ces billots sont pour vous ;
« la maîtresse de ces glaives sévit contre vous ;
« vous ne verrez plus ceux qui vivent sur terre, à
« jamais (2) ! »

---

(1) Les damnés subissent les tortures qu'Osiris endura lui-même à l'heure de sa mort.

(2) Opinor quia impietas malum est infinitum quod semel accen-

En lisant ces paroles, en considérant ces vignettes, ne se croirait-on pas en plein moyen âge devant les saisissantes peintures de nos cathédrales qui commentent le τὸ πῦρ τὸ αἰώνιον τὸ ἡτοιμασμένον τῷ διαβόλῳ καὶ τοῖς ἀγγέλοις αὐτοῦ (1), ce feu inextinguible dont parle saint Marc, *ignem inextinguibilem, ubi vermis eorum non moritur, et ignis non extinguitur*(2)? Ce sont bien encore ces tourments dont parle Job : « Un feu qui dévore jusqu'aux enfers et qui détruit jusqu'aux moindres germes (3). Alors vous direz : Pourquoi le poursuivions-nous? Le bon droit à cette heure sera de mon côté ; ce jour-là craignez le glaive ; les vengeances du glaive sont brûlantes ; pour que vous sachiez qu'il y a un jugement (4). »

C'est bien cette heure redoutable de la colère et de la douleur dont l'Eglise répète sans cesse dans

---

sum numquam extingui potest ; in quam competit illud poeticum :
　Immortale malum, nulla delebile morte ;
　Veritas enim a Deo non sejungitur.
　　　Philo, *Vita Mosis*, lib. III. Par. 1740, p. 679.
La tradition rabbinique enseignait l'éternité des peines.
Le rabbin Menachem, *Parascha Achar mout*, dit expressément : *Penitus impii qui puniuntur in sæcula sæculorum secundum voluntatem Dei benedicti, qui collocat illos in cruciatu et pœna sine fine*. Et le Coran, Surate XLVII, 14 : *Verum perfidi sunt in æternum in igne et immerguntur simul in aquam et visceritus maldisruuntur*.

(1) Matth. xix, 41.
(2) Marc. ix, 42, 47.
(3) Job, xxx, 31, 9-12.
(4) Job, xix.

sa liturgie : *Dies iræ, dies illa, calamitatis et miseriæ, dies magna et amara valde* (1).

Mais ce ne sont pas encore là tous les tourments et tous les bourreaux de l'enfer égyptien. Plus loin le livre de l'hémisphère inférieur nous parle de quatre déesses nouvelles qui aident leurs compagnes dans cette tâche éternelle du châtiment des impies. L'une s'appelle *cuisante;* l'autre *brûlante;* les deux dernières, maîtresses de *ces poussières et de ces anéantissements.* La légende s'exprime ainsi sur leur compte : « Elles vivent des cris des impies, des gémissements des âmes et des ombres qui leur tendent les bras du fond de leurs gouffres (2). »

---

(1) Platon, qui avait appris en Egypte le dogme de l'éternité des peines et qui en professe hardiment la foi, malgré toutes les objections de la raison, essaye dans un endroit du *Gorgias* de justifier cette doctrine. Il est curieux de voir ce grand esprit aux prises avec ce redoutable problème. *Qui apud deos et homines ita dant pœnas, ut utilitatem inde aliquam referant, hi sunt quicumque peccata sanabilia commiserunt : iis tamen dolor cruciatusque prodest et apud homines et apud inferos : non enim aliter quis potest ab injustitia liberari.* Il parle ici du purgatoire. *Qui autem extrema injustitia detinentur et propter hujusmodi delicta sunt insanabiles, ex his exempla sumuntur et hi ipsi nullam amplius utilitatem reportant, utpote qui sanari non possint, sed alii utilitatem capiunt, eos intuentes propter flagitia maximis, acerbissimisque et terribilissimis pœnis omni tempore cruciatos, dum omnino exemplum monumentumque et spectaculum apud inferos in carcere præbent injustis omnibus qui ad ea loca descendunt.*

Gorgias, LXXXI, p. 385. Edit. F. Didot.

(2) Il est curieux de remarquer que les Egyptiens, comme les Grecs, ont confié à des génies féminins la triste besogne de torturer à jamais les méchants. Dans les textes que nous venons de citer, il n'est fait mention que de déesses. Les Grecs avaient leurs

Epouvantés par ces tourments qui attendent les coupables, les fidèles d'Osiris ne se lassent point de supplier leur sauveur de les mettre à l'abri de leur atteinte; ils le conjurent de les protéger et de les défendre contre ces redoutables esprits chargés des vengeances divines. « Sauvez l'Osiris (un tel) de ces gardiens qui animent les bourreaux, qui préparent les supplices et l'immolation; on ne peut échapper à leur vigilance; ils accompagnent Osiris. Qu'ils ne s'emparent pas de moi, que je ne tombe pas dans leurs gouffres (1). — Ah! seigneur de la grande demeure, roi suprême des dieux, sauvez l'Osiris (un tel) de ce dieu... qui se repaît des maudits et de l'esprit du gouffre de feu, qui dévore les corps, les cœurs?... celui qui se repaît des entrailles (3). »

« O Dieu dont la substance existe par elle-même

Erinyes ou Euménides, les Romains les Furies, les Gorgones, les Mégère, les Alecto, les Tisiphone. Cette coïncidence n'est évidemment pas le fait d'un pur hasard, et la question mériterait la peine d'être examinée au point de vue de la philosophie et de l'histoire. Le problème est d'autant plus piquant que, dans aucun pays et à aucune époque, le supplice des condamnés n'a été remis aux mains des femmes. J'aime à croire qu'il ne serait pas impossible de retrouver, dans des données psychologiques et dans des considérations qui ne sauraient blesser tout une moitié de la famille humaine, la véritable explication de ce fait. Il faut avouer cependant qu'il y a là une présomption grave dont il faudrait au plus tôt purger le dossier déjà bien lourd de la femme dans les civilisations païennes.

(1) Todten. 26.
(2) Todten. 28.
(3) Todten. 29.

(autrement dit (1) éternellement), sauvez l'Osiris de ces gardiens sagaces, à qui le seigneur des esprits a confié la surveillance de ses ennemis dans le lieu de la destruction, à la garde desquels personne ne peut échapper; que je ne tombe pas sous leur glaive (2); que je n'entre pas dans leur boucherie; que je ne m'arrête pas dans leurs demeures; que je ne tombe sous leurs billots; que je ne sois pas enfermé dans leurs filets (3). »

C'était là ce que les Egyptiens appelaient la seconde mort, mort redoutable qui ne privait pas de la vie, mais la conservait tout entière pour la douleur et l'éternelle expiation (4). Cette expression saisissante fut conservée par les enseignements traditionnels jusqu'aux jours du christianisme, et saint Jean la releva dans son texte de l'Apocalypse, où nous retrouvons presque toutes les anciennes formules des croyances religieuses de l'humanité (5). *Beatus qui habet partem in resurrectione prima*, la résurrection pour le bonheur éternel, *in his* SECUNA MORS *non habet*

---

(1) Cette glose est dans le texte lui-même.
(2) Ce jour-là craignez le glaive; les vengeances du glaive sont brûlantes. Job, XIX.
(3) Todten. 34.
(4) Sunt enim duæ mortis species : altera mortuum esse, quæ quidem bona aut indifferens; altera ipsum emori, mala omnino et quo diuturnior eo gravior.
   PHILO, *De præmiis et pœnis*, p. 921. Par. 1740.
(5) Nous en avons signalé quelques-unes dans notre dernier chapitre.

potestatem (1). *Judicatum est de singulis, secundum opera ipsorum; et infernus et mors missi sunt in stagnum ignis; hæc est* MORS SECUNDA. *Et qui non inventus est in libro vitæ scriptus, missus est in stagnum ignis* (2). C'est là le résumé de toute la doctrine égyptienne : *Judicatum est de singulis, secundum opera ipsorum.* Le Livre des morts nous a raconté toutes les circonstances de cette scène. *Beatus qui habet partem in resurrectione prima;* heureux ceux qui ressuscitent pour le bonheur; *in his secunda mors non habet protestatem;* les textes égyptiens nous ont dit : ils vivent à jamais; ils ne meurent pas de la seconde mort. Et Job à son tour, rappelant ces grandes traditions, annonçait à ses amis ces assises redoutables où les destinées humaines sont fixées pour jamais.

Est-ce que vous n'avez pas interrogé les voyageurs ?
Avez-vous oublié ce qu'ils vous ont appris :
Que l'impie est réservé *pour le jour de la ruine,*
Pour le jour où la vengeance doit éclater.

---

(1) Apocalypse, xx, 6.

(2) Apocalypse, 13-51. « Y a-t-il un plus grand châtiment que l'impiété? y a-t-il une flamme plus dévorante? Quelle morsure peut déchirer le corps autant que l'impiété déchire l'âme? Ne vois-tu pas ce que souffre l'âme impie criant et hurlant : Je brûle, je cuis? Que dire? que faire, malheureuse, au milieu des maux qui me dévorent? Infortunée! je ne vois rien. Voilà les cris de l'âme châtiée; mais elle n'entre pas dans les corps des bêtes, comme on le croit généralement, et comme tu le crois peut-être toi-même, mon fils; c'est-là une grave erreur. Le châtiment de l'âme est tout autre.

Hermès trismégiste, liv. I, p. 66.

Jusqu'alors qui ose lui reprocher ses voies,
Et qui lui rendra selon ses œuvres?
Il est porté à son sépulcre,
Et son image veille sur son mausolée (1).

Peut-être même faut-il voir dans ces paroles une allusion au jugement général dont nous retrouvons encore une idée fort nette dans la théologie égyptienne. Les Egyptiens, en effet, croyaient comme nous qu'à l'heure où doit finir le monde (2), les quatre races humaines se présenteront devant le juge éternel, pour entendre, à la face de l'univers, la promulgation de cette sentence qui fixa leur sort, au jour où ils passaient dans la salle de la justice divine. Ici encore nous rencontrons, dans l'appareil et le cérémonial de ces solennelles assises, les plus curieuses analogies entre les traditions de l'école égyptienne et la doctrine catholique. Ainsi, par exemple, les justes admis au bonheur du ciel sont placés à droite du juge ;

---

(1) Il fait sans doute allusion aux statues dressées sur les pyramides sépulcrales ou dans les chapelles funéraires et aux représentations des stèles.

(2) Platon nous a aussi conservé cette tradition sur la fin du monde. *Itaque mundus nova secum ipse conversione concurrens, et contrario principii simul ac finis impetu agitatus, vehementiori sui ipsius concussione, aliam denuo generi animantium omni pestem creavit. Inde, justo aliquo temporis intervallo, ab omni jam tumultu, perturbatione, et quassatione recreatus, pace ac tranquillitate succedente, solitum ad cursum illico sese revocavit, suique pariter ac rerum quas ambitu suo continebat omnium administrationem et imperium capessit.*

Voir Euseb. *Præp. Evang.* lib. XI, c. 34.

les méchants condamnés au feu éternel sont à gauche (1). *Tunc dicet rex his qui a dextris ejus erunt: Venite, benedicti patris mei, possidete paratum vobis regnum a constitutione mundi.... Tunc dicet et his qui a sinistris erunt : Discedite a me, maledicti, in ignem æternum, qui paratus est diabolo et angelis ejus* (2).

Sur le tombeau de Séti I, comme l'a fort bien saisi M. Lefébure auquel nous empruntons cette description (3), la scène se divise en trois registres superposés; mais il n'y a là, comme dans les dessins chinois, qu'un artifice pour suppléer à la perspective. On a échelonné sur le même plan le milieu, la droite et la gauche, qui ne pouvaient trouver place en la profondeur de la composition. Tout le monde sait que, dans les dessins égyptiens, les personnages sont toujours vus de profil; comment représenter à leurs côtés le développement de la scène ? Il fallait avoir recours à la superposition des registres et laisser au spectateur, averti par le texte, le soin de suppléer à l'insuffisance de la partie graphique de l'œuvre.

---

(1) Voir à ce sujet une étude de notre illustre égyptologue, M. Chabas, auquel je suis heureux de rendre ici un témoignage public de ma profonde reconnaissance et de mon admiration. *Mélanges égypt.* 3ᵉ série, t. II, 168.

(2) Matth. xxv, 34, 41.

(3) *Les quatre races au jugement dernier.*
Transactions of the society of biblical archœology, vol. IV, part. I. 1875.

Cette convention une fois admise, chacun remettait en leur lieu et place les groupes divers, distribués sur un même plan par le dessinateur. C'était à la droite de Ra, forme visible d'Ammon, le dieu caché, que l'Egyptien voyait s'étendre les champs réservés aux élus dont les génies mesuraient les limites d'après le nombre de ceux que le jugement avait déclarés justes; c'était à la gauche du dieu que l'Égyptien voyait arriver le troupeau des mortels dont la sentence divine allait séparer les impies condamnés à la seconde mort (1).

Le juge disait alors aux élus : « J'ai été satisfait de ce que vous avez fait pour moi (2). » On leur préparait aussitôt les éternelles demeures dont ils prenaient possession. En ce moment, le livre de vie était scellé, le nombre des justes complet. Un texte écrit sur la tête de ceux qui ont été admis

---

(1) Platon, qui connaissait si bien les doctrines théologiques de la vieille Égypte, rappelle non-seulement cette tradition, mais semble encore faire allusion à la distribution de cette scène que nous venons de décrire. « *Inter hos sedere judices, qui postquam judicaverint, justos ad dexteram superne per cœlum profici jubeant... injustos autem ad sinistram et inferne.* »
      Politeia, x, p. 190. Edit. F. Didot.
Cette tradition fut plus tard répétée par les poëtes latins :
 Hic locus est, partes ubi se via scindit in ambas.
 Dextera quæ ditis magni sub mœnia tendit;
 Hac iter Elyseum nobis : sed sæva malorum.
 Exercet pœnas et ad impia Tartara mittit.
   Virg. Œneidos, lib. VI, 540.
(2) Traduct. de M. Lefébure, *loco laudato*.

dans ces régions de la félicité dit expressément : « La justification est pour ceux qui s'y trouvent : il n'y a pas de justification pour ceux qui n'y sont pas (1). »

« Ceux qui ont dit la vérité sur la terre et ont glorifié les formes de Dieu, Ra leur dit : Joie à vos âmes, souffle de vie à vos narines : végétaux pour vous en la campagne d'Aru ! Vous, vous êtes d'entre les justes (2). »

Mais les méchants sont confiés aux bourreaux, qui les entraînent *dans le lieu de la perdition,* d'où ils ne pourront voir *la retraite mystérieuse,* où habitent Dieu et ses saints. Il est dit à ceux qui exécutent les vengeances divines, « à ceux qui ordonnent la destruction : que vos destructions soient pour les ennemis... je suis venu, moi, le grand Horus, l'Osiris ressuscité et triomphant, pour examiner mes membres et lancer des fléaux contre mes ennemis (3). » Les élus sont, en effet, comme les membres du rédempteur ressuscité; *Vos autem estis corpus Christi et membra de membro* (4). Chacun doit prendre place *in ædificationem corporis Christi; donec occurramus... in*

---

(1) Traduct. de M. Lefébure, *loc. laud.*
(2) Nous reviendrons plus tard, en parlant de l'arbre de vie transporté dans le séjour des élus, sur cette allusion aux fruits que l'on cueille dans la demeure des bienheureux.
(3) *Ibidem.*
(4) Corinth. xii, 27.

mensuram ætatis plenitudinis Christi (1). Ainsi se consomme dans l'éternelle douleur des méchants et dans le bonheur sans mélange des justes, l'œuvre de la justice divine ; ainsi prend fin, pour la théologie égyptienne, comme pour la foi du chrétien, le grand drame de l'histoire humaine : tout est venu de Dieu ; tout revient à lui (2) ; mais l'homme qui a usé de sa liberté pour le bien ou le mal ; qui impunément en ce monde a pu méconnaître la voix de sa conscience, accabler l'innocent et le faible, violer tous les devoirs et usurper tous les droits, trouve enfin la sanction suprême de ses œuvres, dans cette vie nouvelle qui ne finira plus. Alors est irrévocablement fixé le sort des justes et des impies ; et sur la porte de l'enfer égyptien comme sur le seuil de l'*Enfer* du Dante, on pouvait graver ces redoutables paroles :

Lasciate ogni speranza, voi che entrate (3).

La vieille Égypte croyait cependant qu'il existe entre ces deux termes, l'enfer et le paradis, une

---

(1) Galat. IV, 12, 13.
(2) Deus quidem, ut et antiquitus traditum est *principium, medium finemque*... Hunc sequitur justitia vindex eorum qui a divina desciscunt lege.
   PLUT. *Adversus Colotem.*
(3) Virgile avait déjà dit :
 Porta adversa ingens, solidoque adamante columnæ,
 Vis ut nulla virum, non ipsi exscindere ferro,
 Cœlicolæ valeant.
  Æneidos, lib. VI, 552.

solution intermédiaire qui répond au purgatoire de la foi catholique.

L'âme, en effet, dans laquelle le juge divin ne trouvait que des fautes légères, n'était point enveloppée dans cette condamnation éternelle réservée aux méchants ; mais si elle n'était point frappée par la seconde mort, elle ne pouvait cependant être encore admise parmi les élus : elle subissait alors dans un gouffre enflammé une expiation temporelle qui la justifiait de ses souillures et la préparait à prendre place parmi les âmes saintes appelées au bonheur.

Cette doctrine, exposée dans une foule de documents, est spécialement enseignée au chapitre 126 du Livre des morts. M. de Rougé en a le premier signalé l'importance.

Dans ce texte nous trouvons le défunt, qui n'est coupable que de fautes légères, disant *aux esprits du bassin de feu :* « Vous qui accomplissez la justice du Seigneur au-dessus de tout, jugez de mon châtiment ou de mon triomphe : vous qui recevez les offrandes divines et les dons pour les âmes (1) ;

Vous qui vivez de la justice, qui vous nourrissez de la vérité (2).

---

(1) et qui par conséquent se laissaient fléchir par les prières pour les morts.

(2) Nous avons encore ici un exemple remarquable de l'emploi

Vous qui abhorrez les iniquités, *effacez toutes mes souillures*, détruisez toutes mes iniquités. Vous qui ne conservez aucune tache, accordez-moi d'éviter *ammah* (l'enfer) et d'entrer dans le *Ra-Staou* (le purgatoire), de traverser les portes mystérieuses de l'Amenti (1). »

Et les quatre esprits répondent au suppliant :
« Entre et sors dans *Ra-Staou*, traverse, viens : nous effaçons toutes les souillures, nour détruisons toutes les iniquités (2). »

---

de la particule *eM* dans le sens du *Mi* sémitique. Nous avons signalé plus haut de semblables formules, en discutant ce texte célèbre : *de mes chairs je verrai Dieu.*

(1) Voir *Études sur le Rituel*, par M. E. de Rougé. *Revue archéologique* 1860.

(2) Parmi tant d'autres vérités, Platon avait encore rapporté celle-ci d'Égypte : « Tertius vero fluvius horum medius luorum interfluit et non longe progressus in locum incidit vastum multo igne flagrantem, efficitque paludem nostro mari majorem, aqua lutoque ferventem... quando in eum locum defuncti pervenerint, quo dæmon unumquemque perducit, primum illic dijudicantur et qui honeste sancteque et qui aliter vixerunt. Et quicumque in vita quodammodo tenuisse medium comperiuntur, ad Acherontem profecti... in paludem Acherusiam perveniunt, ibique habitant purganturque pœnas dantes injuriarum, quam quisque perpetraverit, et absolvuntur et pro merito quisque, benefactorum præmia reportant Qui vero ob scelerum magnitudinem, insanabiles esse videntur, qui videlicet sacrilegia multa et magna vel cædes iniquas et contra leges multas vel alia horum similia perpetraverint, hos conveniens sors mergit in Tartarum, unde nunquam egrediuntur. Qui autem sanabilia quidem peccata (*péchés véniels*), sed ingentia commiserunt, veluti si qui contra patrem vel matrem irati per vim aliquid fecerint, sed pœnitentia ducti reliquam vitam degerint (*les péchés mortels dont on a fait pénitence*), hi in

Tel est dans son ensemble l'enseignement de la théologie égyptienne sur le sort de l'homme après la mort. Je puis le résumer ainsi, il me semble : une éternelle félicité pour les justes, en compagnie

---

Tartarum necesse est cadant, ibi vero per annum commorati a fluctu ejiciuntur. »
Phædo. LXI, LXII, p. 89. Edit. F. Didot.

Nous retrouvons cette doctrine dans les traditions rabbiniques. « Supplicium hoc de quo meminimus, sive ad corpus ipsum, sive ad animam simul cum corpore, sive ad eam solam pertigerit; pro uniuscujusque statu ac conditione diversum est. Fieri enim nequit ut is, in quo partim bona, partim mala existunt, maximis istis quos memoravimus cruciatibus *æternum* torqueantur; peracto enim certo tempore, supplicium illud cessabit, nempe cum nequam ista consuetudo peccandi abstersa penitus et perpetua oblivione oblita fuerit; ac juxta doctorum nostrorum sententiam, tempus illud duodecim mensium erit. »

B. Joseph. Albo *in Hiquerim* sermo IV, cap. XXIV. Et le rabbin Shem Tobh, traité V, Shal Techouba, *mediocres annum puniri, priusquam ad locum superiorem ascendant, cum justis cohabituri.* Nous lisons enfin dans le *Talmud :* « Tres cœtus erunt in die judicii, unus penitus justorum et unus penitus impiorum et unus mediocrium. Penitus justi conscribentur et obsignabuntur continuo ad vitam æternam. Penitus impii conscribentur et obsignabuntur continuo ad gehennam; sicuti dicitur (*Daniel* XXII, 2). Multis e dormientibus in terræ pulvere, expergiscentur : hi ad vitam æternam et illi ad opprobria et æternum contemptum. Mediocres descendunt in gehennam et plorant et ascendunt sicut dicitur (*Zach.* XIII, 9) : Et trajiciam tertiam partem per ignem et repurgabo illos perinde ac argentum repurgatur, et probabo illos, perinde ac aurum probatur. Ipse invocabit nomen meum, et ego exaudiam eum.
Rosch Haschannah, cap. I, 16, 2.

« Impii manent quoad eorum maculæ abstersæ fuerint. » R. Menachem, in Parascham, *Acharei mout.*

Voir encore dans le *Pasteur d'Hermas* un passage où il est fait évidemment allusion au purgatoire, liv. III, similit. VI.

des esprits célestes, et la vision perpétuelle de Dieu (1); des châtiments qui ne finiront jamais pour les impies, en particulier la peine du glaive brûlant dont parle Job, mais surtout la peine du feu à laquelle le livre sémitique fait si souvent allusion; enfin, pour les âmes encore souillées de fautes légères, une expiation temporaire dans un gouffre enflammé, d'où elles sortent bientôt purifiées pour aller rejoindre les élus.

N'est-il pas surprenant de trouver de semblables doctrines dans les plus anciennes civilisations et de les retrouver encore aujourd'hui, après tant de siècles, après tant de changements, de progrès et de ruines, parmi les peuples qui, à cette heure, occupent la scène du monde et s'agitent sur ce théâtre, où les générations se succèdent, ignorant d'où elles viennent et où elles vont? Où donc les unes et les autres ont-elles appris ces choses? Car enfin aucun regard n'a pénétré derrière les brillants décors qui nous isolent du monde mystérieux dont nous parlent ces espérances; aucun mortel n'a entrevu cet éternel royaume où notre foi nous annonce les seules réalités permanentes; aucun de ceux qui nous ont précédés n'est revenu nous donner des nouvelles de ce lointain pays, où nous suivons les morts de

---

(1) Nous avons traité cette question au chapitre de la résurrection des corps, en commentant le texte de Job: *de ma chair je verrai Dieu.*

nos vœux, de nos regrets et de nos larmes ; aucune de ces voix connues et aimées n'a retenti à travers le voile qui dérobe à nos yeux le secret de nos destinées; aucune ne nous a avertis de ce qui nous attend : le sombre mystère qui planait sur la tombe des premiers mortels enveloppe toujours de ses obscurités impénétrables le plus redoutable de tous les problèmes, le seul auquel nous ne puissions échapper, et qui réclame pourtant une solution prompte, car pour chacun le temps presse : personne n'est sûr du lendemain. Demain d'ailleurs, ce sera comme aujourd'hui et comme hier ; la question n'aura pas fait un pas. Les uns sont partis en riant, bravant la foi de leurs pères, nerespectant même pas les larmes brûlantes qui tombaient sur leur front marqué par la mort; les autres s'en sont allés, les yeux signés d'une huile sainte, les mains croisées sur la poitrine, et dorment à l'ombre de la croix; quelques-uns se sont retirés distraits et oublieux, sans inquiétude du départ, sans se demander où ils aborderaient. Tous à cette heure savent à quoi s'en tenir, mais tous se taisent. Quant à nous, nous attendons, et encore n'attendrons-nous pas longtemps. En tous cas, si quelque chose est digne de fixer l'attention de quiconque se recueille devant ces problèmes, c'est au milieu de ces incertitudes et de ces doutes, au milieu du silence que garde la mort, au milieu de ces sourires des sages anciens et modernes : car l'Egypte avait ses sceptiques qui plaisantaient finement et raillaient avec esprit la foi des multitudes, comme nous avons les nôtres (1); si quelque chose, dis-je, est digne de fixer notre attention et de mériter notre respect, c'est ce témoignage de nos pères dont la mort elle-même n'a pu étouffer les solennels avertissements; c'est la foi du présent et du passé, dont la voix mélancolique mais pleine d'espérance nous arrive sur tous les vents du ciel, adoucissant nos regrets, calmant nos douleurs, nous promettant, après les longues séparations et les cruelles absences, toutes les joies du retour, le bonheur de se retrouver dans l'éternelle sécurité et un amour sans fin.

Oui, certainement, auguste et saisissante est la leçon qui sort des tombeaux de nos pères, des protestations contre la mort dont semblent retentir leurs sépulcres, des cris d'espérance qui montent de leurs cendres, de cet élan de foi des générations innombrables qui nous précédèrent et nous attendent dans le tombeau. On dirait qu'il s'élève

---

(1) Nous lisons dans la chanson du roi Entew : « Personne ne revient de là-bas, qui rapporte leurs paroles raconte leur sort et encourage nos cœurs. Vous allez au pays d'où l'on ne revient pas... Assouvis tes désirs pendant la vie; répands des parfums sur ta tête; pare-toi de lin broché, de riches métaux... cède à tes désirs.. le jour viendra où l'on n'entendra plus ta parole... les cris des pleureuses ne délivrent point du sépulcre Livre-toi en paix aux festins; sache qu'il n'y a personne qui emporte ses trésors; sache-le bien: il n'y a personne qui aille là-bas et en revienne. »
Godwin, *Records of the past.*, t. IV.

de tous les horizons et qu'il monte sans cesse des entrailles de l'humanité comme un profond et touchant appel vers celui qui nous jeta sur cette planète isolée et lointaine. Répété de bouche en bouche, il part des premiers jours de l'histoire et retentira jusque sur le dernier tombeau du dernier des enfants des hommes, malgré le silence du ciel, l'impénétrable mystère de la mort, malgré le sourire des sages. Si cet appel ne vient pas de Dieu et ne remonte pas jusqu'à lui, il n'y a plus qu'à désespérer de l'humanité et de son auteur. Le monde n'a plus aucun sens, l'histoire est un mensonge, la vie la plus étrange des ironies, la mort le plus sombre et le plus cruel des piéges : l'homme n'a plus qu'à briser son front contre les rochers, qu'à tarir dans son sein la source même de l'espérance et qu'à disparaître dans le néant.

Tel eût été certainement, il y a plus de trente siècles, le fatal désespoir de Job, s'il n'eût retrouvé dans sa foi cette sublime protestation : *Je sais que mon rédempteur est vivant.* Or, rien n'a changé depuis ce jour. Les horizons de la vie sont aussi sombres, ses mystères aussi impénétrables, ses déceptions aussi amères, ses mécomptes aussi navrants ; et telle eût été hier encore la résolution de cet homme dont un grand poëte a voulu faire le symbole et l'image de l'humanité, lorsque, à l'heure de vider la coupe du poison, des voix angéliques pénétrèrent dans l'obscure officine où s'était égarée sa raison et éteinte sa foi. Au milieu de la nuit, à cette heure où il allait mourir, de jeunes filles chantaient avec les cloches : *Alleluia, Christus resurrexit.* Le Christ, espérance de ceux qui souffrent, le Christ espérance de ceux qui meurent. Alors la coupe échappe de la main de Faust, une lumière inconnue pénètre son âme, les doux souvenirs d'autrefois se réveillent, un rayon traverse le ciel, la vie s'explique et la mort s'illumine : l'humanité retrouve son chemin, l'homme son Dieu.

CHAPITRE VII

LA RÉSURRECTION DES CORPS ET LA VISION INTUITIVE.

> Hæc sunt quæ in nobis solis præsumptiones vocantur, in philosophis et poetis summa scientiæ et insignia ingenia. Illi prudentes nos inepti, illi honorandi nos irridendi.
> TERTULL., *Apol.* XLV.

La perpétuelle méditation de la mort et de ses espérances a répandu sur la civilisation égyptienne quelque chose de sévère et de grand que nous ne retrouvons nulle part ailleurs.

Les ruines gigantesques qui couvrent la vallée du Nil sont d'anciens temples et plus souvent encore des tombeaux, c'est-à-dire les demeures éternelles et les véritables habitations du peuple d'Égypte. « Il fut fait pour l'éternité : le temps a peur de lui, » disent avec enthousiasme les inscriptions qu'on lit encore sur ces vieux monuments (1). L'Éternité, seule préoccupation de cette

---

(1) Ne croirait-on pas que Bossuet par une intuition merveilleuse de ce génie pénétrant qui a jugé d'une manière si juste les peuples anciens, eût eu quelque idée de ces paroles quand il écrit : « Si nos voyageurs avaient pénétré jusqu'au lieu où Thèbes était bâtie, ils auraient sans doute trouvé quelque chose d'incom-

race méditative et recueillie, pour qui le temps était de médiocre importance parce qu'il passe, semble avoir laissé en ce pays silencieux et désert quelque chose de son immutabilité et de son accablante grandeur; tout ce qui est encore debout sur les rives de ce fleuve mélancolique, tout ce qui est couché dans la poussière ou perdu dans le sable nous parle bien plus des destinées futures de l'humanité que des inquiétudes et des agitations de cette vie d'un jour.

Les statues mêmes qu'Israël déclarait muettes et qui pour nous sont encore souvent mystérieuses et impénétrables, ont cependant leur langage dont il est difficile de méconnaître le sens. La physionomie des habitants de l'Egypte, autrefois animée et vivante, au temps des premières dynasties, se voile bientôt au cours des siècles dans une mélancolie profonde pleine de majesté et de grandeur. Il semble que l'habitude des graves pensées d'outre-tombe pénètre peu à peu ces masques de granit, de porphyre ou de bronze, et y laisse une empreinte de résignation pieuse et de tristesse sereine que le ciseau du moyen âge n'a pu donner à ses chevaliers de marbre étendus dans les chapelles de nos cathédrales et les cryptes de nos basiliques.

---

parable dans ses ruines ; car les ouvrages des Égyptiens étaient faits pour tenir contre le temps. »
Discours sur l'hist. univers. III.

Les figures des Pharaons et des princes dont les statues sont arrivées jusqu'à nous portent la tête légèrement relevée et semblent chercher du regard, au-dessus des horizons bornés de la terre, ce monde de leurs rêves dont la préoccupation les domina sans cesse à travers la vie.

Tandis que la statue d'un Grec ou d'un Romain regarde droit devant elle, toute absorbée par les affaires d'ici-bas — images fidèles de ces hommes qui n'avaient que le temps d'agir et de vivre, sans songer à se recueillir, sans penser à la mort — la statue égyptienne, distraite de l'agitation et du bruit qui se font autour d'elle, porte ses yeux plus haut. Son rayon visuel glisse sur ce tumulte, qui meurt à la frise de son piédestal. Contenue et absorbée, elle se dresse dans une attitude sévère et semble habiter déjà cette région supérieure dont au pays du Nil chacun était familier depuis l'enfance. Ses espérances, comme son regard, se reposent en des sphères inconnues, et semblent atteindre, dans de lointaines perpectives, une vie plus large et des joies plus durables que les mortels ne peuvent rencontrer ici-bas.

Nos œuvres portent ainsi la profonde empreinte de nos pensées et de nos préoccupations; toutes gardent un reflet de la lumière de notre âme et révèlent la direction de nos tendances et de nos goûts.

Si notre temps sceptique et raisonneur ne sait

plus retrouver dans l'art religieux ces inspirations graves et saintes qui animent partout les compositions du moyen âge, nos descendants le remarqueront un jour. Le critique, comme nous le faisons aujourd'hui pour un peuple oublié, en interrogeant dans la poussière et les ruines les œuvres de nos artistes, jugera aussi sûrement de nos préoccupations, de nos doutes et de nos incertitudes que nous le pouvons faire nous-mêmes en sondant notre cœur. Si notre art n'est plus pénétré par l'inspiration religieuse, c'est qu'elle ne nous pénètre pas nous-mêmes. Nous sommes sans croyances; nous vivons dans un monde qui n'a plus la foi, comment pourrions-nous la donner à un bloc de marbre. Il faut porter en sa poitrine une flamme brûlante pour réchauffer une froide statue en la serrant dans ses bras. Nous ne sommes plus capables de ce miracle. Il en fut autrement dans les siècles qui avaient des convictions profondes et ardentes; il en était autrement au vieux pays d'Egypte. Les monuments de la vallée du Nil, comme le peuple de statues qui les habitait et les foules qui se pressaient autour de leurs pylones, ne pouvaient échapper à la pénétrante influence de ces croyances qui, en rayonnant au foyer mystérieux de notre être, transfigurent la face humaine, illuminent le regard, dominent la vie et semblent même pétrir comme en un moule nouveau cette boue dont nous sommes faits. Tous les débris de cette vieille civilisation gardent l'empreinte du génie mystique et religieux du peuple d'Egypte ; et au milieu de ses ruines désolées, si elle nous apparaît grande par ses armées, ses institutions et sa longue histoire, elle se montre plus grande encore par ses dogmes et sa foi.

La solitude et le silence qui règnent en ses campagnes, autrefois brillantes et peuplées, donnent à ses portiques grandioses, à ses colosses immobiles, à ses sombres galeries, à ses mystérieux sanctuaires, à ses profonds sépulcres, un aspect plus imposant. Le touriste le plus distrait est saisi, en face de ses ruines, d'une émotion religieuse qu'il ne retrouvera plus ni sous les murs de l'acropole d'Athènes, ni au Colisée, dans l'ombre humide des vomitoires, sur l'arène où tombaient les martyrs. Il y a, en effet, sur cette vieille terre d'Egypte, quelque chose de plus grand que la révélation de la force matérielle que l'on rencontre à Rome, quelque chose de plus élevé que l'art exquis de la Grèce : un sentiment religieux plus grave et plus ému, je ne sais quoi d'étrange et de surhumain, qui apparaît dans ces solitudes silencieuses, à travers ces lointains souvenirs, comme un mélancolique mirage de l'éternité. C'est peut-être le seul point de notre demeure, où le passé n'a point fui sans retour et sans espérance; où l'avenir ne pourra rien contre ces indestructibles monuments.

Les tremblements de terre ne sauraient ébranler une de ses pyramides; les mains de nos générations fatiguées et impuissantes se lassent avant d'avoir entamé ces masses gigantesques. On dirait que le temps s'est arrêté dans ce monde qui n'appartient plus qu'à Dieu et que l'infatigable voyageur aime à se reposer de sa course éternelle au pied de ces tombeaux.

Ainsi ce peuple dont l'histoire fut si longue dans le passé se survit encore, grâce à ces vérités fécondes, grâce à sa foi inébranlable qui seules peuvent expliquer la durée de son empire et sa supériorité au milieu des vieilles races qui grandissaient et succombaient autour de ses frontières. L'attachement traditionnel de l'Egypte pour ces grandes doctrines nous explique la place exceptionnelle qu'elle occupe dans l'histoire de l'humanité et qu'elle conserve, après la mort, au milieu des générations nouvelles. Il maintint le peuple dans de fermes convictions et le sentiment du devoir par la prespective d'une sanction aussi inévitable que terrible. Il n'en fallait pas davantage pour protéger la nation, au dedans, contre la dissolution des mœurs qui tarit bientôt les sources de la vie, et faire prévaloir au dehors son autorité sans rivale.

Par un privilége unique, tout sembla concourir pour assurer à cette nation des destinées à part: ses dogmes, sa morale, son tempérament et jusqu'au climat de son riche territoire. Bossuet disait avec un sens profond : la température uniforme du pays y faisait les esprits solides et constants. Grâce à ces influences diverses, cette antique civilisation put vivre et se maintenir pendant de longues séries de siècles. Tandis qu'autour d'elle des nations plus jeunes et plus ardentes disparaissaient tour à tour, ne laissant que des souvenirs éphémères et de légères traces de leur passage, elle au contraire semblait ne devoir jamais mourir, comme pour conserver aux derniers siècles quelques lueurs des primitives croyances de la famille humaine et déposer aux pieds du véritable juge et sauveur des âmes le témoignage de sa foi séculaire et de ses longues espérances. Et quand elle fut descendue dans son immense et mystérieux sépulcre, quand elle y eut caché ses derniers enfants, elle qui avait tant espéré en la résurrection, impatiente d'attendre, sortait avant l'heure de la poussière des hypogées et revivait au milieu de nous, préludant ainsi à un autre réveil.

L'Egypte nous apprit alors que, de toutes les convictions qu'elle avait emportées dans la tombe, la plus chère entre toutes et la plus inébranlable peut-être était celle de ressusciter un jour, de voir son peuple sortant des tombeaux, vivant en cette dépouille mortelle qui s'était purifiée et rajeunie dans la mort, s'en aller immortel et triomphant dans les demeures divines. La résurrection des corps fut son dogme de prédilection, et toute la vie de ses enfants fut ordonnée en vue de cette espérance qui dominait toutes les autres.

Pour ces peuples anciens, l'espérance de voir le corps retrouver un jour le mouvement et la vie dut être, si je ne me trompe, la forme première et la plus saisissante expression de leur foi en une vie future. Une seconde existence pour l'homme, tel que nous le connaissons, ne semblait possible qu'à ce prix; ou du moins, le réveil d'un sommeil si lourd et si accablant en devait être la manifestation éclatante. Dans ces phases primitives de la théologie, la résurrection des corps et l'immortalité de l'âme n'étant point à coup sûr des notions aussi distinctes qu'elles le sont pour nous, ces idées devaient s'unir et se confondre dans la foi des fidèles; pour le moins elles se présentaient comme deux formes corollaires d'une même conception. De là l'importance souveraine du dogme de la résurrection dans la doctrine égyptienne. Il était, pour ainsi dire, le symbole matériel, le signe visible, et la condition essentielle d'une nouvelle existence après la mort. Il fallait donc s'attendre à le voir prendre une place importante dans la vie religieuse de l'Egypte et exercer une influence décisive sur l'histoire de ce peuple dont la pensée ne s'inquiétait que de l'avenir d'outre-tombe. C'est, en effet, ce que montrent l'étude des monuments et l'examen de la religion égyptienne.

La construction de ces tombeaux gigantesques qui devaient conserver précieusement jusqu'à l'éternité la dépouille mortelle du défunt, le soin d'embaumer les corps pour les préserver de toute atteinte qui eût pu compromettre leurs parties essentielles dont l'âme aurait besoin au jour du réveil; les légendes des sarcophages, les représentations mystiques des papyrus, des bandes de toile qui entourent les momies; les longues inscriptions des stèles : tout concourt à établir que dès la plus haute antiquité la foi en la résurrection fut l'article du *Credo* égyptien qui exerça l'action la plus décisive sur l'âme de la nation et ses destinées religieuses.

Ce peuple tendre et pieux, si amoureux de la mort, plein des rêves de l'éternité, comme dit Michelet, nous a légué bien des témoignages en souvenir de sa foi, mais je ne sais pas s'il en est un de plus touchant et qui exprime d'une manière plus délicate cette espérance en la résurrection que le petit coffre du musée de Boulaq que je voudrais décrire en quelques mots. Ce précieux bibelot, qui orna sans doute une des riches étagères, où se rencontraient au hasard des porcelaines de Chine, des bijoux en filigrane, des lames damasquinées, n'est pas autre chose qu'un sarcophage miniature, mélancolique souvenir d'un absent bien-aimé parti pour le monde des âmes. Ce petit cercueil contient la statuette d'une momie enveloppée dans ses bandelettes et couchée sur le lit funèbre. A ses côtés l'âme du défunt, sous la forme d'un oiseau à tête humaine, veille sur sa dépouille mortelle et attend avec une visible impatience le jour de la résurrection. Les deux bras du petit oiseau se terminent par deux mains jointes dans l'attitude de la supplication et de la prière (1). Devant cette image naïve, on ferait volontiers des vœux pour hâter le jour où se réuniront enfin, dans un bonheur qui ne finira plus, ces deux compagnons du long voyage de la vie (2).

Mais nous avons, pour fixer ce point spécial de la doctrine égyptienne, des documents plus précis encore, des textes décisifs que nous devons étudier avec soin, en les rapprochant des paroles de Job.

---

(1) Dans la vitrine A de la salle funéraire au musée égyptien du Louvre, se trouvent deux petits sarcophages qui rappellent celui de Boulaq. L'exécution est peut-être moins soignée, mais la pensée est la même : c'est toujours l'âme qui veille sur sa dépouille terrestre et attend à ses côtés, sans se décourager ni se plaindre, l'heure bénie de leur seconde et éternelle union.

(2) Origène et Théophilacte, qui connaissaient ces monuments, ces croyances des vieilles races orientales, nous disent, en commentant le récit de la résurrection de Lazare, que les Juifs et les païens pensaient que l'âme du mort demeurait auprès du cadavre dans le cercueil ; et que ce fut pour détruire cette fausse opinion que Jésus-Christ cria à haute voix : *Lazare, veni foras.*

Une image se présente tout naturellement à l'esprit, quand nous voulons parler du mystère de la résurrection : c'est l'image de la semence. Comme le corps, on jette le grain dans la terre pour y mourir et renaître ensuite dans une vie nouvelle. Cette comparaison revient souvent dans l'Evangile et la liturgie chrétienne; mais, bien avant déjà, les Egyptiens s'en étaient servis pour exposer leur dogme préféré. Pour eux, le corps est une véritable semence qui doit germer et fleurir au retour du printemps lointain de la résurrection : alors doivent se réveiller toutes les forces endormies, qui attendent dans le sépulcre, pendant les longues journées d'un hiver dont aucun astronome ne peut présager la durée. Le Livre des morts dit à chaque page que les chairs doivent germer dans les terres divines où reposent les fidèles d'Osiris, à peu près comme saint Paul disait aux Corinthiens : *Tu, quod seminas non vivificatur, nisi prius moriatur. Et quod seminas non corpus quod futurum est seminas, sed nudum granum ut puta tritici aut alicujus cæterorum..... Seminatur in corruptione, surget in gloriâ; seminatur in infirmitate, surget in virtute; seminatur corpus animale, surget corpus spirituale* (1).

---

(1) I Corinth, xv, 36... 44.

Il ait germer ses chairs en la divine région du Nuter-Ker (1).

Comme les plantes sous l'influence pénétrante du soleil, le corps se transformera sous la lumière vivifiante de Dieu.

Sont renouvelées, mes chairs à la splendeur de tes beautés (2).

En notre monde physique, rien ne peut être comparé à ce rayonnement divin qui appelle à une nouvelle vie ces germes immortels encore cachés à tous les regards, oubliés des hommes, mais sur lesquels Dieu veille sans cesse.

Tes rayons sur leur face : l'éclat de l'or n'est rien (3);

Non comparables tes rayonnements (4).

---

(1) Todten. 101, 8.
(2) Todten, 15, 6.
(3) Mot à mot : n'est point connu l'or, l'or est oublié, inconnu, n'existe même pas.
(4) Todten. 15, 9.

Sous l'action de Dieu, le corps refleurissait donc, comme la plante qui avait disparu dans la poussière. Dans la crise de la mort, sa vie ne s'était point à jamais éteinte : elle s'était réfugiée dans un germe mystérieux pour recommencer une nouvelle existence et fournir une autre carrière. Cette image, pour si juste et si vraie qu'elle fût, ne pouvait cependant suffire à des esprits qui voulaient affirmer de toutes les façons une doctrine qui leur tenait à cœur. Après avoir rapproché ce retour à la vie de ce qui se passe dans le règne végétal, ils le comparent à une seconde naissance et répètent sans cesse :

Je renais avec lui (Osiris), je me renouvelle près de lui (1).

Nous avons dit que le divin Rédempteur au fond de son tombeau renaissait d'une vierge mère; le fidèle renaît avec lui et comme lui. Il est assis, dit le Livre des morts, sur le *Meschen* d'Osiris, le trône ou le lit de sa naissance (2). Les déesses qui entourent le divin défunt sont encore autour de ses fidèles pour aider à ce

---

(1) Todten. 15. 33.
(2) Todten. 15, 33. Je suis assis sur le Meschen d'Osiris, je renais avec lui, je me renouvelle, *je redeviens enfant* près de lui.

second enfantement et porter secours à ce nouveau-né. Rien n'est touchant comme les figures mythologiques qui environnent ce mystère : c'est Isis qui donne sa mamelle à l'enfant qui vient de renaître et lui fait sucer ce lait divin qui est le gage de l'immortalité; *sicut modo geniti infantes, rationabile, sine dolo lac concupiscite ut crescatis in salutem* (1); c'est Nephtys qui le tient dans ses bras et le réchauffe sur son sein. Tous les dieux, amis ou serviteurs d'Osiris, s'empressent autour de celui qui porte son nom et qui partage ses destinées, qui est devenu son frère, son enfant, un autre lui-même.

La résurrection était encore quelque chose de plus qu'une seconde naissance, c'était une seconde création. Au premier jour, le démiurge avait inspiré un souffle vivant sur cette boue qu'il avait pétrie dans ses mains divines, et, en soufflant sur cette face inanimée et froide, il lui avait donné une âme (2). Au moment de la résurrection, le créateur intervient de nouveau pour rendre la vie à cette masse immobile et glacée. Tout un cha-

---

(1) I Petr. II, 2.

(2) Le démiurge égyptien est souvent représenté sur les monuments assis devant le tour d'un potier, fabriquant avec de l'argile le chef-d'œuvre de ses mains. *Formavit igitur Dominus Deus hominem de limo terræ et spiravit in faciem ejus spiraculum vitæ* (Gen. II, 7). Et Job dit expressément : « Tes mains m'ont créé et *formé au tour*, et tu veux me détruire! Souviens-toi que tu m'as façonné comme de l'argile : et tu veux me ramener à la poussière! » (x, 8.)

pitre du Livre des morts est consacré à ce mystère. Il est intitulé : chapitre de *donner le souffle* (1). Cette prière y est sans cesse sur les lèvres du défunt :

Donne le souffle délicieux de la brise à l'Osiris (2).

Dans les peintures des tombeaux, les dieux sont représentés inspirant ce souffle vital sur la face du défunt, tandis que le démiurge façonne ces chairs refroidies et inertes, comme l'argile dont il pétrissait le premier homme (3). Cette inscription commente cette scène :

Il anime mes membres à nouveau.

Nous retrouvons ainsi, dans la tradition égyptienne comme dans la tradition sémitique, de communs souvenirs au sujet de la création de l'homme. « C'est l'esprit de Dieu qui m'a fait, dit Job, c'est le souffle du Tout-Puissant qui m'a

---

(1) Todt. 54.
(2) Todt. 15, 33.
(3) Deus enim animatorum operum *figulus* egregie novit quæ ipse fecit.
PHILO, *Legis allegoris*, II.

donné la vie (1). » Jéhovah Elohim fit l'homme d'argile.

ויפח באפיו נפמת חיים

Et spiravit in naribus ejus spiraculum vitæ (2).

Les textes du temple d'Edfon disent également, en rappelant cet acte du créateur :

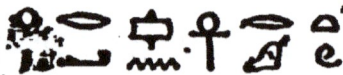

Il fait le souffle de vie à ses narines.

La résurrection est donc une nouvelle création qui rend à l'homme ses prérogatives perdues par le péché et la mort. Comme les docteurs de la vieille Égypte, saint Paul semble avoir rapproché aussi ces deux mystères, quand il dit : *Factus est primus homo Adam in animam viventem, novissimus Adam in spiritum vivificantem* (3).

Mais des esprits aussi positifs que l'étaient les Egyptiens ne pouvaient encore se contenter de ces métaphores et de ces images. A tout prix, ils ne voulaient pas rester dans la tombe; ils entendaient retrouver tous leurs membres, les compter l'un après l'autre, et enfin se revoir *tels*

---

(1) Job xxxiii, 4.
(2) Gen. ii, 7.
(3) I Corinth. xv, 45.

qu'ils avaient été parmi les vivants (1), selon l'expression même du Livre des souffles. Ils écrivaient sur ces petites statuettes d'Osiris que le défunt emportait dans le cercueil comme gage de sa foi : « Sont tes muscles et tes os réunis à tes « chairs ; tes chairs réunies à leur place ; ta tête « est fixée sur ton cou ; ton cœur est à toi uni par « ses protections... les souffles délicieux qui « viennent d'Atoum à ta narine. »

Tous les membres sont donc retrouvés ; les os, les chairs, les muscles ont repris leurs fonctions ; la tête se dresse sur le cou ; le cœur bat dans la poitrine ; le souffle de la vie arrive, comme au jour de la création, à la face du ressuscité (2). Le défunt le constate avec joie : *le corps est com-*

---

(1) *Les chairs et les os selon les formes existant sur la terre. Sat en Sinsin.* Edit. Brugsch, p. 16, l. 4.

(2) Dans un papyrus du Louvre n° 3279, la défunte dit à Osiris : « Fais-moi mon cœur à la place des cœurs, mes entrailles à la place des entrailles ; fais rester mon cœur à sa place... donne-moi ma bouche pour parler, mes jambes pour marcher, mes bras pour renverser tous mes ennemis éternellement. »

Trad. Deveria. *Manuscrits égypt.* p. 161.

Un peu plus loin le texte continue ainsi : « O mon cœur, je te possède, ne t'éloigne pas de moi... Tu es dans mon sein, ne t'éloigne pas de moi... Que mon cœur ne me soit pas enlevé par les (bourreaux)... La lumière est placée dans mes yeux pour que je marche dans la nuit et dans le jour, pour que je contemple ses rayons éternellement : *lux perpetua luceat eis* ; il accorde que je parcoure le monde à l'horizon du ciel et ne me laisse pas mourir dans le lieu funèbre, afin que j'y fasse ce qui me plaît éternellement. »

plet (1); aucun organe ne manque; et il le répète sans cesse avec une émotion pleine de surprise et de plaisir : « Tu comptes tes chairs : au complet, intactes (2). »

Que peut-il désirer encore cet heureux ressuscité! Il a recouvré tout ce qu'il avait perdu dans la mort : tous ses membres, tous ses organes, outes ses facultés. Il *voit de ses yeux*, il *entend de ses oreilles*, il prend part au festin des dieux. *Je mange de ma bouche* (3), s'écrie-t-il. Enfin il va atteindre ce qui mettra le comble à son bonheur; il verra Dieu face à face, comme tous les esprits célestes, comme le contemplent les personnes divines.

De ses chairs, lui-même, il le voit, comme le cyde des dieux (4).

---

(1) Todt. 165. 6.

(2) Le papyrus du Louvre 3452 représente, dans une de ses vignettes, au chapitre IX, une tête, un bras, un thorax, le dos, les cuisses, les jambes et les pieds. L'âme visite tour à tour chacun de ses membres, et la légende reproduit ses paroles devant les divers organes du corps. » Je suis l'âme, l'âme respirant avec sa tête et ses bras dans leur entier... Ô âme qui respire! ses cuisses sont à elle pour marcher à son gré... Ô âme respirant... elles sont à elle, ses jambes pour marcher en joie... Ô âme respirant sur ses pieds, pour s'ouvrir le chemin en paix sur toute terre...
Catalogue des manuscrits du Louvre, p. 142.

(3) Todt, 48, 2.

(4) Todt. 138, 28.

Tous les voiles qui cachent aux yeux des mortels la substance divine se sont déchirés devant son regard, et il s'écrie :

Je suis venu pour voir les dieux, quand vous dévoilez votre face (1).

Il contemple l'essence infinie de l'éternel et de l'invisible (2).

Je suis venu, je contemple votre essence (3).

Je suis venu vers toi, seigneur des dieux et des hommes : je suis arrivé pour voir tes beautés (4).

Quand Moïse demanda à Jehovah de voir sa gloire et de contempler ses splendeurs, Dieu lui

---

(1) Todt. 149. 23.
(2) Les rabbins semblent aussi avoir conservé cette tradition. *Corpora resurgentia perinde sustentanda ac Mosis in monte XL dies, beatifica nempe visione Dei, quam Judæi lumen vultus regis vitæ vocitant.* Machmanides, d'après le R. Jochanam dans le Talmud. Et encore dans le traité Berachoth, cap. II : *In mundo futuro nec est esus, nec potus, nec lotio, nec unctio, neque usus lecti genialis : verum sedent justi coronas in capite gestantes et voluptatem capientes e splendore majestatis divinæ.*
(3) Todt. 149. 24.
(4) Todt. 125, 1.

répondit par une formule tout égyptienne et dont chaque mot semble traduit d'un texte hiéroglyphique :

אני אעבר כל טובי על פניך

Je ferai passer toutes mes bontés devant la face (1).

Le mot *Toubi*, mes bontés, est le synonyme exact des *noferu* que nous venons de rencontrer tout à l'heure; ils signifient tous deux également *les beautés* et *les bontés* de Dieu. Le beau et le bon semblaient se confondre dans la même notion et le même terme. Mais dans les idées des Sémites, comme des Égyptiens, on ne peut voir Dieu qu'après la mort (2), et Jéhovah ajoute : « Tu ne peux voir ma face; car l'homme qui a vu ma face ne peut continuer à vivre; je crierai devant toi le nom de Jéhovah. »

---

1) Exode, xxxiii, 19.
(2) Creator nullam animam in corpore fecit idoneam per se ipsam videre suum opificem : cæterum cum animadverteret utilissimam creaturæ fore hanc cognitionem, si modo et contingeret — hic enim felicitatis finis est — superne inspiravit nonnihil de suo numine.

Philo. *Quod det. potiori insid. soleat.* Par. 1740, p. 171.
Dans le livre de la mort de Moïse, 1, 23, Dieu dit à son serviteur : *Vitæ tuæ terminus instat, lumen solis, lunæve aut stellarum non amplius indigebis, sed nec cibo, nec potu, nec vestibus : non oleum capiti tuo adfundes, non pedes calceos indues : ego gloria ac decore meo tibi lumen et omne genu vestium ero; splendore meo vultum tuum illustrabo, dulcedine faciem rigabo.*

Moïse dut se contenter de voir passer l'ombre de Dieu, mais sans contempler ses beautés : joie suprême, réservée aux élus, quand l'âme est sortie de sa dépouille terrestre et que celle-ci a retrouvé, dans une vie immortelle, des organes nouveaux et des puissances surnaturelles qui nous manquent encore ici-bas (1). Arrivé à ce suprême bonheur, le défunt n'a plus qu'à vivre en paix dans les siècles sans fin, et c'est la dernière promesse que lui font les théologiens de l'Egypte :

Vit l'âme étérnellement (2).

Rien ne vient plus troubler sa félicité; assise entre la vérité et la justice, elle goûte à jamais son inaliénable bonheur : « Sur la belle route du temps, sur le chemin de l'éternité (3).

Telle est l'idée que se faisait la théologie égyptienne de la résurrection et de la récompense des justes. Le cadavre en son sépulcre est comme la

---

(1) Est autem finis metaque hujus vitæ, scientia et cognitio Dei.

PHILO. *Quod Deus sit immutab.* Par. 1740, p. 314.

Cum igitur in Deum ipsum intuebimur, tum pulcherrimo sane rerum etiam humanarum speculo, ad vim animi perspiciendam utemur, atque ita nos ipsos pervidere maxime ac nosse poterimus.

PLATON, cité par Eusèbe, *Præp. Evang.* lib. XI, c. 27.

(2) Todten. 130.

(3) *Man. du Louvre*, N. 3148, 7, 17.

graine confiée à une terre fertile : tous deux attendent, dans le silence, l'obscurité et le mystère, le moment de renaître, quand les rayons du ciel viendront réveiller la séve endormie. *Amen, amen dico vobis : nisi granum frumenti cadens in terram, mortuum fuerit, ipsum solum manet; si autem mortuum fuerit, multum fructum affert.*

Alors le défunt ressuscite comme son rédempteur et son juge. *Si complantati facti sumus similitudini mortis ejus, simul et resurrectionis erimus* (1). Pour lui la tombe devient un berceau (2) comme pour Osiris : *Sicut modo geniti infantes* (3). Il commence une vie nouvelle, il devient un homme nouveau, qui semble sortir pour la seconde fois des mains du créateur : *Induite novum hominem, qui secundum Deum creatus est in justitiâ et sanctitate veritatis* (4). Le

---

(1) Rom. vi, 5.
(2) Qu'on me permette de citer ici cette touchante apostrophe d'un défunt à son tombeau : « O cercueil, ô cercueil... ô puissance magique, approche-toi de l'Osiris... véridique ; fais qu'il entre dans ton sein chaque jour; donne-lui la force de passer les portes du ciel inférieur; donne-lui la vie qui fut avant toi, les souffles qui sont après toi, l'entrée et la sortie (de la vie) qui sont en ta puissance. Il voit en toi, il vit en toi, il entre en toi, c'est en toi qu'il ne s'anéantira jamais. Cette mère divine (la tombe) lui dit : ta mère t'a conçu en dix mois, elle t'a nourri en trois ans. » C'est ainsi que le sépulcre devient le berceau d'une seconde existence, et le jour de la mort, le jour d'une nouvelle naissance. Le Martyrologe appelle également *dies natalis* le jour où les saints quittèrent la vie.
(3) Ep. Pet. ii, 2.
(4) Ephes. iv, 24.

souffle d'une vie immortelle vient ranimer ses membres; *quod si spiritus ejus qui suscitavit Jesum a mortuis vivificabit et mortalia corpora vestra* (1). Ce sont toujours les mêmes dogmes et les mêmes images dans la foi chrétienne et la doctrine de la vieille Egypte. Enfin, quand le corps est ressuscité et l'élu admis dans la demeure de Dieu, ce sont encore les mêmes récompenses et le même bonheur. Vivre près de l'Eternel, connaître l'incréé, voir l'invisible, contempler ses beautés, pénétrer son essence, le voir face à face, alors que tous les voiles qui le dérobent à nos regards sont tombés : *Videmus nunc per speculum et in ænigmate : tunc autem facie ad faciem* (2). *Carissimi, nunc filii Dei sumus : et nondum apparuit quid erimus. Scimus quoniam cum apparuerit, similes ei erimus : quoniam videbimus eum sicuti est* (3). « De ses chairs lui-même il le voit, comme le voient les personnes divines. »

Toutes ces saintes espérances étaient déjà contenues dans la profession de foi du patriarche : « lorsque cette peau aura été rongée, de mes chairs je verrai Dieu : ce Dieu, je le verrai moi-même ; mes yeux le contempleront, non ceux d'un autre. »

En terminant l'étude de ces redoutables pro-

---

(1) Rom. VIII, 11.
(2) I Corint. XIII, 12.
(3) Joan. I Epist. III, 2.

blèmes du monde d'outre-tombe, je ne saurais mieux faire que de citer ici les paroles d'un grand penseur, qui, de l'avis de tous, demeure une des plus pures gloires de l'humanité. Après une discussion longue et brillante, où l'on avait abordé enfin ces graves et salutaires doctrines dont nous avons retracé l'histoire : les jugements de Dieu à l'heure de la mort, les éternels châtiments et les éternelles récompenses, Platon met ces nobles paroles sur les lèvres de Socrate :

« Quant à moi, ô Calliclès, je suis profondé-
« ment ému par de telles doctrines et je cherche
« à présenter à mon juge une âme sans tache. Je
« mépriserai tous les honneurs d'ici-bas et, les
« yeux fixés sur la vérité, je m'efforcerai, autant
« qu'il sera en moi, de vivre et de mourir dans le
« bien. J'engage de toutes mes forces les hommes
« et vous en particulier d'entrer dans cette voie
« et de commencer cette lutte qui, je vous le dé-
« clare, laisse loin derrière elle tous les combats
« de la terre. Faites-le, je vous en conjure, vous,
« qui ne pourrez plus vous secourir, alors que
« l'on vous jugera ou que la sentence pèsera sur
« votre tête; vous qui, arrivant auprès du tribu-
« nal, tremblerez et serez saisis de vertige, non
« moins que moi-même : car peut-être vous serez
« accablés de reproches et couverts de honte.

« Tout cela sans doute peut vous paraître un
« conte suranné et vous en faites peu de cas. Le

« mépris en effet ne me surprendrait guère, si
« nous pouvions trouver quelque chose de meil-
« leur et de plus vrai; mais vous voilà, tous trois,
« vous, Polus et Gorgias, les plus sages de la
« Grèce, incapables de montrer qu'il y ait une
« voie qui ne conduise pas à ce terme. Bien plus,
« tandis que tout autre système de conduite ren-
« contre d'invincibles objections, seuls ces prin-
« cipes demeurent inattaquables. Oui, il faut
« craindre bien davantage de faire le mal que d'en
« être victime. L'homme doit avant tout s'inspirer
« de ces pensées : ne point paraître bon, mais
« l'être dans la vie privée et publique; quiconque
« est mauvais à quelque degré doit être puni : car
« si le premier bien c'est d'être juste, le second
« c'est de le devenir à travers le châtiment et en
« payant sa dette. Il faut donc fuir toute flatterie
« pour soi et les autres, qu'ils soient nombreux ou
« non. La rhétorique, comme les autres arts, ne
« peut avoir qu'un but : la justice.

« Croyez-moi donc : marchons dans cette voie,
« où, comme le dit la raison, nous serons heureux
« en la vie et la mort. S'il le faut : qu'on nous
« méprise, qu'on nous traite de fous, qu'on nous
« couvre de honte; au nom de Dieu, portons vail-
« lamment ces offenses. Vous n'aurez rien de bien
« cruel à souffrir si vous êtes vraiment justes et
« ne cherchez que le bien. Quand ensemble nous
« aurons pratiqué ces vertus, alors, si cela vous

« semble opportun, livrez-vous aux affaires pu-
« bliques, aux emplois qui vous plairont. Nous en
« parlerons alors mieux que nous ne le ferions
« aujourd'hui. Il est honteux, étant ce que nous
« sommes, de nous vanter comme si nous avions
« quelque mérite, nous qui ne pouvons seulement
« nous entendre sur ces sujets les plus importants
« de tous. Nous en sommes réduits à ce degré
« d'humiliation! Tenons donc cette voie qui s'est
« montrée à nous, c'est la meilleure : vivre et
« mourir dans la justice et la vertu. Suivons-la et
« exhortons les autres à la suivre avec nous.
« Quant à celle que vous avez embrassée, ô Cal-
« liclès, où vous vouliez m'entraîner tout à
« l'heure, renoncez-y, car elle n'est point digne. »

CHAPITRE VIII

TRADITIONS ET FORMULES.

> Hæc denique testimonia deorum vestrorum christianos facere consueverunt : quin plurimum illis credendo, in Christo Domino credimus. Ipsi litterarum nostrarum fidem accendunt : ipsi spei nostræ fiduciam ædificant.
> TERTULL. *Apol.* XXIII.

L'ensemble imposant des doctrines dont nous venons de retracer l'histoire contient, sur les origines de l'humanité, sur notre responsabilité à travers la vie et au delà de la tombe, sur nos devoirs, nos espérances et nos droits, en même temps que les notions nécessaires et les principes essentiels à la direction de la conscience, l'explication des graves problèmes dont notre esprit abandonné à son ignorance native ne saurait trouver la solution, ni supporter les ombres mystérieuses et alarmantes.

Si Dieu s'est jamais inquiété du sort de cette infortunée créature qu'il avait laissée dans un isolement profond, au milieu des mirages décevants de l'univers et des voix discordantes qui murmurent autour d'elle et en elle-même : il devait sans doute, avant de la quitter, lui faire connaître ses volontés et lui laisser entrevoir du côté de l'avenir ces perspectives pleines d'espérances qui nous fortifient et nous consolent. Oui, si le sort de l'homme est bien ce que nous disent nos croyances, nous devions retrouver, sur le chemin où sont passés nos aïeux, les traces confuses mais encore reconnaissables, les souvenirs vagues mais toujours vivants, de ce qui reste après tout la seule affaire importante pour la famille humaine.

Nous ne saurions comprendre, en effet, que l'humanité, qui devait un jour rencontrer Dieu sur sa route, qui le verrait partager les misères, les humiliations et les douleurs de notre nature, qui recevrait des épanchements de son cœur les consolations les plus tendres, les plus douces promesses et les gages assurés d'un amour sans borne, eût dû jusqu'à cette heure, et peut-être pendant la plus longue partie de son existence, marcher à tâtons dans les ténèbres, poursuivre son chemin sans en connaître le but, succomber sans espoir, avec ses générations innombrables, sur cette route, où les ossements blanchis de nos ancêtres marquent derrière nous les étapes de la famille humaine. Tant d'amour à un moment, tant d'oubli pendant des siècles, pouvaient nous surprendre à bon droit. Une telle contradiction fût restée le plus inquiétant des mystères. Elle ébranlait du même coup notre confiance en cette miséricorde tardive qui, dans son élan imprévu en faveur de l'homme, n'eût semblé qu'un caprice et notre respect pour la sagesse divine dont la création nous avait fait apprécier autrement les conseils prévoyants et mesurés, dans l'économie de nos organes, la marche de la vie, le plan grandiose de l'univers, l'équilibre de ses sphères et la paix ininterrompue de toutes ses forces aveugles qui maintiennent au milieu de leur éternel désaccord l'éternelle harmonie des mondes.

Après l'inexplicable silence de Dieu et l'abandon séculaire où fût resté l'homme ignorant ses destinées futures et les divines promesses, l'incarnation eût paru une tentative aussi inutile qu'exagérée. Quelques rares privilégiés eussent seuls bénéficié, et comme par hasard, de cette héroïque intervention; mais la famille humaine n'eût tiré qu'un profit médiocre ou plutôt n'eût recueilli, pour ceux de ses membres qui depuis longtemps avaient disparu dans le tombeau, aucun avantage réel de ce déploiement de puissance, de miséricorde et d'amour qu'un moindre effort eût suppléé avec avantage en une heure mieux choisie.

Le grand œuvre de la sagesse et de la bonté divine rencontrerait à juste titre de semblables objections, si les âges primitifs de notre histoire dont les découvertes de la science semblent encore devoir élargir la durée, n'avaient connu les doctrines et les enseignements, sans lesquels nous sommes incapables de rien espérer et de rien craindre au delà des joies vulgaires et des rapides épreuves de cette laborieuse existence, nous ignorons ce que Dieu veut de nous, en un mot, nous ne savons plus ni vivre ni mourir.

Mais tout change d'aspect, dès lors que nous retrouvons dès les temps les plus reculés, comme de nos jours, les croyances qui nous éclairent, les promesses qui nous consolent, cette foi inébranlable qui, dans la fuite rapide des siècles, dans la vie des générations qui se succèdent, nous montre comme un grand fleuve, dont le mouvement emporte l'humanité vers les seules réalités permanentes. Ce qui n'eût été que le partage de quelques familles isolées et le lot des survivants des vieilles races éteintes devient un trésor commun et le bien de tous. Si, dès les âges les plus anciens, les premiers hommes dont nous pouvons retrouver le souvenir sont déjà en possession de ces croyances que leurs pères leur avaient léguées en mourant; si elles passent de main en main, s'obscurcissant, il est vrai, à travers tous les nuages qui montent de l'esprit et du cœur, mais éclairant encore de lueurs affaiblies la marche de l'humanité; s'il reste enfin quelques derniers rayons, si incertains qu'ils puissent être, pour diriger les pas des hommes de bonne volonté et de courage, jusqu'au moment où se rallume au milieu des nations le flambeau qui ne s'éteindra plus : aucun siècle, aucune génération n'a le droit de se plaindre, et la Providence, justifiée de ses retards, nous apparaît guidant les choses et les hommes dans des voies qui, pour être mystérieuses, n'en demeurent pas moins au-dessus de tout reproche.

Cette vérité importante dont notre foi nous donnait la certitude vient de trouver son éclatante démonstration dans les découvertes d'une science qui jeune encore a déjà bien mérité de tous et qui nous promet bien d'autres services.

Les grands enseignements, sur lesquels repose notre société chrétienne, se sont donc maintenus depuis les premiers jours de l'histoire, à travers toutes les formes de la pensée, les révolutions des empires et la chute des dynasties, entretenant nos pères du souvenir de leur origine et des espérances de nos destinées ; ils sont restés comme le fond traditionnel de la vie religieuse de notre race, la meilleure part de son patrimoine, le fondement de ses droits et la sanction de ses devoirs. Or s'il en a été ainsi, faut-il être étonné de retrouver ces doctrines sous les mêmes formules dans la théologie chrétienne et les livres des anciens ; pouvons-nous être surpris de voir les apôtres et Jésus-Christ lui-même ressaisir les images et les expressions qui avaient servi autrefois à rendre les mêmes vérités ? Si la lumière de ces dogmes s'était obscurcie peu à peu et leur signification amoindrie ou détournée, ne fallait-il pas, en rétablissant leur véritable caractère, en relevant leur autorité, en assurant leur triomphe dans la conscience, réintégrer l'homme dans ses croyances primitives, lui rendre, dans leur antique forme, ses premières traditions et renouer ainsi à travers les siècles cette chaîne brisée sur mille points par les violences des passions humaines et les égarements de la pensée. Oui, certainement il devait en être ainsi; et il fallait s'attendre à voir, dans les institutions nouvelles, Dieu ne point dédaigner les symboles d'autrefois, les anciennes figures, les expressions et les formules qui remontent aux temps les plus reculés de notre histoire. C'étaient d'ailleurs bien souvent ses propres paroles et presque toujours les révélations qu'il avait faites lui-même aux origines qu'il recueillait, dans ces débris confondus, où la pensée de Dieu se cache encore sous les élucubrations de la pensée humaine. C'est dans ce sens qu'il faut sans doute comprendre cette parole caractérisant la mission du Christ : *In dispensatione plenitudinis temporum, instaurare omnia in Christo, quæ in cœlis et quæ in terra sunt, in ipso* (1). Il a rétabli toutes choses en leur ordre, rendant à l'humanité tout ce qui avait été perdu en un instant par la faute de ses

---

(1) Éphés. I, 10.

pères, ou compromis lentement, à travers les âges, par les égarements de l'imagination.

Après avoir montré, sous ce jour nouveau, la longue histoire de nos dogmes, je voudrais compléter, au moins dans ses traits saillants, l'histoire parallèle des formules qui les enveloppent. Nous avons déjà signalé, au cours de notre étude, quelques expressions remarquables, qui ont certainement fixé l'attention du lecteur; nous avons insisté d'une façon plus particulière sur cette idée de la seconde mort dont saint Jean a relevé la saisissante image dans le texte de son Apocalypse, mais il reste encore, dans ces anciens documents, des manières de dire qui nous rappelleront le langage de la liturgie et de la Bible. Il sera curieux d'en rechercher la genèse dans ces âges lointains. Mais avant, pour ne point laisser de lacune et compléter les données que nous venons de recueillir, il faut peut-être rappeler ici quelques dogmes communs à la religion de la vieille Égypte et à la foi chrétienne dont nous n'avons pas eu l'occasion de parler jusqu'à ce moment. Nous saisirons mieux, après cette exposition, les analogies et les rapports de ces formules dont quelques-unes même trouveront leur place dans l'examen des doctrines.

Toutes les anciennes théologies commencent leur histoire par le récit d'une grande lutte dont le ciel fut le théâtre et les combattants étaient d'un côté, Dieu avec ses serviteurs fidèles, et, de l'autre, un révolté soutenu par des légions intrépides et nombreuses, qui n'avaient pas craint d'engager une bataille inégale avec le Créateur et le Tout-Puissant. Nos auteurs classiques ont raconté ce combat sous mille formes, et déjà bien avant eux, les poëmes de l'Inde en avaient chanté les péripéties. Chaque race interpréta à sa façon le thème traditionnel de cette lutte de géants, animant les soldats et les chefs de ses passions, et de ses ardeurs, leur prêtant ses armes et ses ressources, ses goûts et sa tactique, infligeant aux vaincus un sort différent, suivant les mœurs contemporaines, mais ramenant toujours la victoire sous les mêmes étendards. Partout, c'est Dieu qui triomphe; et cependant, malgré la défaite de ses ennemis, partout il voit le mal envahir la création. Dès ce jour, en effet, commence une autre lutte qui enveloppe l'univers et partage le monde; elle se poursuit sur tous les points du temps et de l'espace, mais son vrai champ de bataille est le cœur de tout être libre : c'est la volonté capable de prendre parti pour les armées fidèles, ou le camp en révolte qui décide en chacun de nous de la défaite ou de la victoire.

Le premier combat qui ouvrit cette nouvelle lutte où nous sommes tour à tour vaincus et vainqueurs, nous est sans cesse rappelé dans les Écritures : *Et factum est prælium magnum in* cœlo : *Michael et angeli qui præliabantur cum Dracone, et Draco pugnabat cum angelis ejus, et non valuerunt, neque locus inventus est eorum amplius in cœlo... Et projectus est Draco ille magnus, serpens antiquus, qui vocatur Diabolus et Satanas ; qui seducit universum orbem, et projectus est in terram, et angeli ejus cum ipso missi sunt. Et audivi vocem magnam in cœlo dicentem: Nunc facta est salus et virtus et regnum Dei nostri, et potestas Christi ejus* (1).

Le grand Dragon, l'antique serpent, succombe avec ses suppôts, les enfants de la rébellion, les obstinés de cœur, comme disent les textes égyptiens, et roule dans l'abîme où seront punis les méchants : *Discedite a me maledicti in ignem æternum, qui paratus est Diabolo et angelis ejus* (2). Ils sont plongés dans les ténèbres et portent des chaînes qui ne se délieront jamais : *Angelos vero qui non servaverunt suum principatum, sed dereliquerunt suum domicilium, in judicium magni diei vinculis æternis sub caligine reservavit* (3). Ils subissent, en cette prison, d'éternelles tortures : *Si enim Deus angelis peccantibus non pepercit, sed rudentibus inferni detractos in tartarum tradidit cruciandos, in judicium reservari* (4).

---

(1) Apocal. xii.
(2) Matt. xxv, 41.
(3) Jud. 1.
(4) II Petr. ii, 4. « Tu as anéanti la valeur de l'impie ; l'adver-

Tel fut le dénoûment du combat.

Les insondables mystères du mal moral, de la douleur, des châtiments éternels, venaient de faire de l'œuvre de Dieu le plus redoutable et le plus effrayant de tous les problèmes. Du plus grand de tous les biens, du plus précieux de tous les dons, du plus noble de tous les honneurs : la liberté, il venait de sortir le plus grand de tous les maux, la plus fatale destinée, la plus lamentable déchéance.

La pensée se déconcerte et s'épouvante devant ce résultat où aboutit une part de la création... la plus grande peut-être. Cette sublime entreprise du cœur de Dieu, inspirée par un sentiment de générosité et d'amour, vient se perdre dans l'éternel désespoir des coupables, pour lesquels il eût été meilleur de n'exister jamais. Devant ces perspectives d'une douleur qui fera sans cesse gémir tous les échos des mondes et retentira pendant l'éternité jusqu'au seuil des célestes demeures, notre esprit troublé se demande comment les mains bénies du Créateur ne défaillirent pas à l'heure où elles pétrissaient cette boue qui respire, pense et souffre; alors que sa voix souveraine appelait du néant tous ces êtres condamnés à la douleur. Mystère, mystère impénétrable! devant

---

saire tombe dans le feu de la désolation... les enfants de la rébellion n'ont plus de force... les obstinés de cœur tombent sous les coups. »

lequel il faut s'incliner dans le respect et le silence, en attendant l'heure des suprêmes révélations.

Toujours est-il que, sur l'origine du mal et de la souffrance, les traditions de tous les peuples semblent unanimes : le témoignage de toutes les races vient confirmer notre foi tremblante et résignée; mais l'Egypte paraît avoir gardé un souvenir plus exact de cette première révolte. Ses textes nous parlent sans cesse du grand serpent, *Draco ille magnus, antiquus serpens*, ennemi de la lumière, du vrai et du bien, que Dieu perce de ses flèches et repousse dans les gouffres de l'enfer. Un de ses noms est *Apep* 𓂝𓊪𓊪𓆙𓆙𓆙 accompagné comme déterminatif d'un serpent percé de flèches. L'étymologie même de ce nom nous rappelle le principe et la cause de la chute. *Apap* signifie *ramper la tête haute, monter* (1). Ce mot ou plutôt cette devise jetée à la face de Dieu semble résumer le cri de Satan dans les traditions bibliques : *Ascendam, Je monterai*. Il provoque chez le chef des légions fidèles cette réponse dont nous avons fait le nom du guerrier céleste. *Mi-ca-el, quis ut Deus* (2) ?

---

(1) Voir à ce mot le dictionnaire de M. H. Brugsch.

(2) C'est un usage ancien, en ces vieilles civilisations, de prendre, au jour de l'avénement au trône ou d'une action décisive, un nom nouveau, inscrit sur la bannière royale et les protocoles des inscriptions. Osiris lui-même a comme nom royal le titre *oun nofre*, l'être bon. Nous ignorons le véritable nom de

Or c'est en vain que les interprétations naturalistes dont la mode prévalut dans les écoles d'Alexandrie et qu'on cherche encore à faire dominer aujourd'hui d'une manière exclusive dans l'explication des doctrines et des mythes, ont identifié cet ennemi des puissances divines avec les ténèbres et la nuit, où le soleil dont on veut faire le seul dieu de l'Egypte semble disparaître et perdre ses rayons. Mais si le dieu égyptien n'est pas seulement l'astre du jour, comme nous l'avons établi, je crois, son adversaire ne peut être seulement l'obscurité et la nuit. Il suffit de remarquer, dans les textes les plus anciens, le rapport intime qui unit en une même idée le dragon vaincu et les impies frappés par la colère de Dieu pour saisir la notion véritable que représente cet ennemi de Dieu et de l'homme. « Salut à toi, dit le Livre des morts, tu as massacré les coupables, tu as anéanti Apep (1). Lançant le mal contre les coupables tu anéantis l'ennemi (2). » Comme dit l'Apocalypse : *Projectus est Draco ille magnus serpens antiquus.*

Le serpent *Apep*, appelé aussi le serpent *Nak*, représente, comme le dragon des Ecritures, nonseulement la personnification du mal, le chef des

---

S. Michel, nous ne connaissons que sa devise, son nom de guerre, son second cartouche, si je puis ainsi dire.

(1) Todten, xv, 32, 33.
(2) Todten, xv, 35.

Nous lisons, dans le livre de Job un texte analogue : Dieu ne revient pas sur sa colère; sous lui s'incline la milice du Dragon.

révoltés, le grand impie, mais encore l'exécuteur des justices divines : c'est lui qui torture en enfer les condamnés à la seconde mort. « Maître de la barque divine, dit l'hymne à Ammon-Ra, toi qui parcours en paix l'espace céleste, tes nautonniers sont en allégresse, quand ils voient que l'impie est renversé. Le glaive perce ses membres, la flamme le dévore. Son âme est séparée de son corps, le serpent Nak dévore ses jambes (1). » Le dragon s'attaque aussi aux justes, mais Osiris ou Dieu, sous un autre de ses noms, lui arrache sa proie : « précipitant son ennemi par la flamme, c'est son regard qui renverse les impies ; son dard perce les abîmes célestes et fait vomir au serpent Nak ce qu'il avait avalé (2). » Ces dernières paroles font sans doute allusion au mystère de la mort d'Osiris et des fidèles dont il est le type divin et le libérateur. Le serpent, qui triomphe du juge et du sauveur de l'Egypte comme de ses serviteurs à l'heure de la mort, doit rendre à Dieu ceux qui ont échappé par leur sainteté aux châtiments dont Apep est l'exécuteur redoutable. Quelques textes des papyrus du Louvre confirment ces vues. « Il vient comme Set, l'aspic, le serpent malfaisant ; le venin qui est dans sa bouche est brûlant ! celui qui vient, sa face est épouvantable, ses yeux sont

---

(1) Planches IX, 7 ; X, 1.
(2) Planche III, 6.

entourés de ruse (1) *pour renouveler la grande violence qu'il a commise une fois contre Osiris...* Arrière! tourne ta face derrière toi, aspic, serpent malfaisant, dont le venin brûle, *n'attente pas aux membres divins.* C'est toi qui as fait ce qui est dit par les quatre briques de Tahen, qui sont à Héliopolis, deux desquelles, brisées en ce jour, frapperont ta tête, tourmenteront ton corps, anéantiront ton âme méchante dans tout lieu où tu seras, mureront ta bouche, scelleront tes lèvres; elles t'immoleront et tu mourras dans l'intérieur de ton antre; tu ne pénétreras plus pour voir le Dieu grand : *Qu'arrive la résurrection d'Osiris,* car seront frappés les impies (2)! »

Je sais bien qu'il n'est pas sans péril de voir

---

(1) Sed et serpens erat callidior cunctis animantibus terræ quæ fecerat Dominus Deus. (*Gen.* III, 1.)

(2) *Catalogue* des manuscrits égyptiens. Collect. Anastasi, p. 172.

Il faut sans doute rapprocher de ce texte les paroles de l'Apocalypse : « Et projectus est draco ille magnus, serpens antiquus, qui vocatur diabolus et satanas, qui seducit universum orbem et projectus est in terram, et angeli ejus cum ipso missi sunt. Et audivi vocem magnam in cœlo dicentem : *Nunc facta est salus et virtus et regnum Dei nostri et potestas Christi ejus.* » Apocal. XII.

Dans le livre de l'hémisphère inférieur, à la douzième heure, la vignette représente quatre hommes armés de javelines, et le texte commente ainsi cette image : « Ceux qui sont dans ce tableau portent leurs javelines ; ils repoussent Apophis en arrière du ciel, lors des naissances du dieu, lors de sa résurrection.

Catal. des manus. égypt., p. 38.

partout thème à rapprochements et sujet à analogies ; pouvons-nous cependant ne pas remarquer ici cette menace faite au serpent, à celui dont les *yeux sont entourés de ruse* et dont les méfaits, conservés par les traditions antiques, étaient gravés sur les briques d'Héliopolis ? Ce texte sacré contenait de telles espérances que la tête du serpent devait être brisée sous le poids de cette stèle : *ipsa conteret caput tuum* ; sa bouche devait être muselée par l'accomplissement des promesses divines et lui-même devait mourir dans son antre *au jour de la résurrection d'Osiris.* Nous retrouvons les mêmes croyances dans les livres d'Israël, et c'est la foi des chrétiens que la résurrection du Christ assure le triomphe de l'humanité sur son antique ennemi.

Mais la victoire, certaine dès ce jour, ne devient définitive qu'à l'heure du suprême jugement de la race humaine, alors qu'Osiris ressuscite avec tous ses membres ; en attendant, le dragon, le serpent tentateur, conserve son pouvoir et peut intervenir dans les affaires d'ici-bas pour en troubler le cours et entraver l'action de la Providence. C'est lui qui, invoqué par les formules magiques, pénètre de ses influences fatales les puissances créées ; il en suspend l'action, en change la direction, en modifie les forces ; et, de sa ténébreuse retraite, il remplit de perturbations imprévues et de secousses que rien n'explique l'œuvre de Dieu toujours ouverte à ses irruptions.

Dans son premier discours, Job rappelle ces incantations formidables de l'ancienne magie, qui provoquent les interventions redoutables du dragon.

> Périsse le jour où je suis né,
> Et la nuit qui cria : un homme est conçu ;
> Ce jour qu'il se change en ténèbres,
> Que Dieu ne le regarde pas d'en haut,
> Et qu'aucun rayon ne l'éclaire ;
> Que les ténèbres et l'ombre de la mort s'en emparent ;
> Qu'un nuage le couvre ;
> Que l'éclipse de sa lumière jette l'épouvante.
> Cette nuit, qu'un brouillard épais l'environne.
> Qu'elle ne compte pas dans les jours de l'année ;
> Qu'elle s'efface du cercle des mois.
> Oh ! que cette nuit soit désolée ;
> Qu'aucune acclamation n'y retentisse ;
> *Que ceux qui maudissent le jour, la maudissent :*
> *Ceux qui sont habiles à susciter le dragon.*
> Que les astres de son crépuscule s'éteignent ;
> Qu'elle attende le jour en vain ;
> Qu'elle ne voie pas les paupières de l'aurore (1).

Au milieu des vieilles races orientales, ces incantations apparaissaient comme une puissance si dangereuse que les législateurs ne purent s'empêcher d'intervenir, en édictant les peines les plus sévères contre tout homme qui avait recours à ces sortiléges pour exercer ses vengeances et troubler la sécurité de ses concitoyens. Moïse défend à son

---

(1) Job. III, 3-9.

peuple, sous peine de mort, les pratiques de la magie. *Anima quæ declinaverit ad magos et ariolos et fornicata fuerit cum eis, ponam faciem meam contra eam et interficiam illam de medio populi sui* (1). *Maleficos non patieris vivere* (2). La même loi était inscrite dans les codes égyptiens, et nous savons par les papyrus Rollin et Lee que les tribunaux l'appliquaient dans toute sa rigueur. Il nous est resté à ce sujet un dossier du plus vif intérêt : l'acte d'accusation et la sentence d'un certain Haï, intendant des troupeaux, qui s'était livré à ces ténébreuses opérations. Le procès-verbal relate comment l'accusé s'empara d'un texte qui mit en ses mains des puissances surnaturelles ; il constate ensuite que l'incriminé en usa pour troubler la sécurité publique et attenter à tous les droits. « Il trouva le véritable moyen pour toutes les horreurs et toutes les méchancetés dont son cœur avait conçu la pensée ; et *il les pratiqua réellement et il les fit toutes*, ainsi que d'autres grands crimes, l'horreur de tout dieu et de toute déesse. De même qu'il lui soit fait des condamnations grandes jusqu'à la mort que les paroles divines disent devoir lui être faites. »

Après ce réquisitoire, vient la sentence des juges : « Les magistrats qui l'ont examiné ont fait

---

(1) Levit., xx, 6.
(2) Exode, xxii, 18.

leur rapport en disant : *Qu'il meure lui-même par l'ordre du Pharaon, selon ce qui est dans les livres de la langue divine qui disent : que cela lui soit fait* (1). »

Voilà un procès en bonne forme et digne en tous points des tribunaux du peuple le mieux policé. La sentence est prononcée au nom du souverain et le texte du code est dûment cité à l'appui du jugement. Inutile de dire que l'arrêt fut exécuté comme de juste et que le susdit intendant des troupeaux paya de la tête sa désobéissance aux lois du pays.

Ce sujet est trop important pour qu'il ne me soit point permis de donner ici une des formules dont se servaient pour leurs opérations ces hommes habiles à susciter le dragon, comme les appelle le texte de Job. Quoique de basse époque, elle doit nous rappeler sans doute, du moins dans ses traits généraux, les formes traditionnelles des incantations de l'Egypte. Elle est empruntée à un papyrus démotique du musée de Leyde et traduite par Reuvens.

« Je t'invoque, toi qui es dans le souffle vide,
« terrible, invisible, tout-puissant, dieu des dieux,
« toi qui détruis et qui rends désert... Tu es sur-
« nommé celui qui ébranle tout et qui n'est pas
« vaincu. Je t'invoque, ô Typhon, Seth ! J'ac-

---

(1) Papyrus magique Harris, p. 171, 172.

« complis tes cérémonies magiques, car je t'in-
« voque par tes propres noms, en vertu desquels
« tu ne peux refuser d'exaucer : Jôërbeth, Jôpa-
« kerbeth, Jôbolchôseth, Jopatathnax, Jôsôrô,
« Jôneboutosoualeth, Aktiôphi, Ercechigal, Ne-
« bopoðaleth, Aberamenthôou, Lerthexanax,
« Ethreluôth, Nemareba, Aëmina. Viens à moi
« entièrement et marche et renverse un tel ou une
« telle par la gelée et par la chaleur. Il m'a fait
« injure et il a versé le sang du Phyôn chez lui ou
« chez elle. C'est pour cela que je fais ces céré-
« monies (1). »

Telle est la puissance que conserve le dragon sur l'homme et le monde. Il est à la disposition des méchants et leur prête son concours pour assouvir leurs vengeances, perdre l'innocent et le juste, compromettre le salut des élus. Il n'attend même pas les provocations de ceux qui, rangés parmi ses serviteurs, poursuivent son œuvre et l'aident dans ses entreprises : comme le serpent de la Genèse et le Satan du livre de Job, de compagnie avec ses suppôts, entouré de ses complices, il est toujours en campagne pour tendre des embûches aux créatures de Dieu, préparer leur ruine et précipiter leur existence à travers les plus douloureuses péripéties.

---

(1) Voir à ce sujet l'étude de M. Chabas dans le *papyrus magique Harris*.

Le roman du papyrus d'Orbiney nous a conservé le souvenir de ces rondes perpétuelles du génie du mal.

Deux frères, nous dit ce texte, vivaient heureux sous le toit de leurs pères. L'aîné s'occupait des travaux des champs, l'autre soignait les bestiaux. Ils menaient une vie douce et bénie de Dieu dans ces paisibles occupations, lorsque la femme de l'aîné, un jour que son mari faisait les semailles, se trouva seule à la maison avec le jeune Batou. Dans une scène qui rappelle tous les traits de l'histoire de Joseph dans la maison de Putiphar, elle perdit le cadet de réputation pour se venger de sa vertu. Injustement poursuivi par la colère de son frère, Batou se retira aussitôt en une profonde solitude, où il vécut de chasse dans une hutte bâtie de ses mains. Or, un jour, il fut rencontré dans son désert par le cycle des dieux, qui s'en allait à travers le pays, réglant les destinées de la terre entière. Comme les anges, qui gagnaient la vallée de Siddim pour punir les villes de la Pentapole et demandèrent l'hospitalité à Abraham, ils étaient trois et marchaient de conserve. Ayant aperçu le solitaire, le cœur des dieux fut ému de son isolement. Ils en furent attristés *beaucoup, beaucoup*, selon l'expression du texte égyptien (1).

---

(1) Dixit quoque Dominus : Non est bonum esse hominem solum ; faciamus ei adjutorium simile sibi. *Gen.* ii, 18.

Alors ils dirent *d'une seule bouche* (1), comme les Elohim de la Genèse : *Faisons-lui une compagne.*

Le démiurge fut chargé de ce soin et sur l'heure se mit à l'œuvre. Il s'en acquitta comme un dieu peut le faire, en créant pour cet exilé une femme d'une beauté incomparable. Aucune n'était plus belle en la terre entière : *tout le divin était en elle*, dit le vieux papyrus. Cela fait, les célestes voyageurs reprirent leur route et s'en allèrent vaquer à d'autres soins. Or quand ils furent partis, sept génies mauvais, les sept Hathor (2), qui faisaient aussi leur ronde, mais avec des intentions moins louables, passèrent par là. L'œuvre du cycle divin et le bonheur de ces deux mortels provoquèrent leur jalousie maligne. Ils laissèrent, comme souvenir de leur visite, ce redoutable présage qui était aussi une malédiction dont les effets ne devaient point se faire attendre longtemps : *Cette femme mourra de mort violente.*

---

(1) Cette expression rappelle encore le langage de la *Genèse*, lorsque Abraham semble ne reconnaître dans les trois mystérieux voyageurs qui demandent l'hospitalité qu'une seule et même personne. Mais je n'ose insister sur ce rapprochement, car peut-être la même pensée inspire-t-elle au groupe divin le même vœu et la même formule, ce qui suffirait sans doute à expliquer cette expression : *Ils disent d'une seule bouche.*

(2) Sept génies malfaisants représentés avec des têtes de génisses qui rappellent les sept vaches maigres du songe de Pharaon.

Genèse, XLI, 19.

Et, à leur tour, ils se retirèrent, allant porter ailleurs pernicieuses influences : ils pouvaient partir fiers de leur succès : ils avaient fait assez de mal. Dès ce jour, en effet, commencèrent par une légère désobéissance les fautes de la femme. Celle que les dieux avaient donnée au solitaire pour faire son bonheur fut la cause de ses plus cruelles épreuves. Elle arrive bientôt de chute en chute jusqu'aux derniers crimes et aux plus lamentables infortunes. Ces malheurs pourtant ne furent pas sans remède : elle fut réhabilitée à la fin par la naissance d'un héritier du trône.

Pour si capricieux et bizarre que soit ce long récit, il est difficile de n'y pas reconnaître, dans un assemblage incohérent de souvenirs et de légendes à peine liés par le fil de la narration, quelques traditions racontées dans la *Genèse*. La résistance du héros aux propositions honteuses de la maîtresse de maison, son audacieuse accusation, son innocence touchante, son infortune imméritée, rappellent les traits saillants de l'histoire de Joseph. La création de la femme, le langage du cycle divin sur l'isolement de l'homme, la tristesse des dieux, ces mots au pluriel : *Allons et faisons-lui* une compagne, ces paroles prononcées d'*une même bouche*, l'intervention des mauvais génies, la malédiction qui tombe sur la femme, sa facile désobéissance, ses malheurs, sa réhabilitation tardive paraissent de vagues réminiscences des récits sémitiques (1). Comment ne pas rapprocher ces divins voyageurs, qui s'en vont, réglant les destinées du monde, promettent un fils à Sara et donnent une femme à Batou? Les deux narrations, pleines de simplicité et de charme, nous reportent à l'âge poétique et naïf des patriarches, alors que les aïeux d'Israël rencontraient sans cesse les Elohim (2)

---

(1) Ces réminiscences à peine déguisées qui mêlent en une seule histoire tous les souvenirs traversant la pensée du scribe, nous présentent, dans un curieux exemple, la première phase de la composition du roman. L'auteur ne s'est mis nullement en peine d'ordonner ses scènes et de préparer ses effets; il se contente d'enfiler l'un après l'autre des récits venus de sources différentes, et il serait facile de détacher de l'ensemble chaque pièce juxtaposée dans cette marqueterie. Il y a loin sans doute de procédés si ingénus à la trame savante de nos romans modernes; et cependant là encore c'est un souvenir, un fait, une observation prise sur la nature, un récit plus ancien qui ont fourni le thème de la composition. Ce sont toujours des réminiscences, plus habilement voilées, plus suivies, plus savantes, mieux ordonnées, mais des réminiscences encore; car l'homme n'invente rien au sens absolu du mot; il tourne sans cesse dans le cercle de ce qu'il a vu, entendu, éprouvé. Le roman des deux frères est l'essai le plus ancien et le plus naïf du genre. Ce qui le caractérise, c'est qu'il se borne aux données fournies par la mémoire.

(2) Si je mets ce mot au pluriel, c'est que je suis convaincu que les patriarches sémites eurent quelque idée de la Trinité, comme leurs contemporains d'Égypte. La forme de ce mot, les allusions des premiers chapitres de la *Genèse*, la rencontre d'Abraham et des trois voyageurs, sont des indications qui trouvent dans la théologie égyptienne une confirmation trop nette pour que nous hésitions encore sur la haute antiquité de cette croyance aux trois personnes divines et l'authenticité de la révélation primitive sur ce point.

sur leur chemin, dans la vallée de Membré et dans ces solitudes profondes où Jacob luttait avec l'ange.

Ce n'est pas seulement par ces souvenirs que le papyrus égyptien nous rappelle les textes bibliques; le caractère de la rédaction, en confirmant ces rapprochements, nous apporte une preuve décisive des influences qui avaient pénétré son auteur.

Ce roman, en effet, écrit à l'époque de l'*Exode*, est émaillé d'idiotismes sémitiques; soit que le scribe ait voulu rendre ainsi son style plus original, soit qu'il ait cru assurer à sa composition par ces formules plus savantes et d'un goût raffiné une saveur particulière, un tour moins banal, quelque chose de plus poétique. Peut-être même, quoique cette hypothèse ne soit guère probable, quand il s'agit d'un scribe de la cour et du précepteur de l'héritier du trône, peut-être, dis-je, l'auteur était-il de race sémitique. S'il était Egyptien, peut-être avait-il perdu, dans la familiarité des documents étrangers et ses relations avec les Asiatiques, la pureté de sa langue maternelle. Quoi qu'il en soit, malgré ses diplômes et son rang, ce qui arrive bien quelquefois, le style et le langage de notre écrivain n'étaient point sans reproches.

Pour en revenir à notre sujet, car ceci importe peu, il nous faut constater que ces pérégrinations des mauvais esprits, faisant leur ronde à la manière du cycle divin, non plus pour veiller au bonheur des hommes, mais troubler leurs destinées, ont les plus piquantes analogies avec les courses dont parle Satan au début du livre de Job.

Un jour que les fils de Dieu étaient réunis autour de son trône, Satan arriva parmi eux, et Jéhovah lui dit : D'où viens-tu? Et Satan de répondre : *De parcourir la terre et de m'y promener*. Jéhovah lui demande alors s'il avait rencontré sur la route son serviteur Job. Peu de jours après, se renouvelle la même scène. Dieu adresse la même question à l'infatigable voyageur, et celui-ci répond encore : Je viens de parcourir la terre et de m'y promener (1).

Ainsi voyageaient les mauvais génies du Roman des deux frères. Le texte sémitique et le texte égyptien nous les montrent jetant partout sur leur passage la semence du mal, cette ivraie dont l'Evangile parlera plus tard. C'est toujours par leur intervention, dans les premiers chapitres de la *Genèse*, dans le livre de Job et dans le papyrus d'Orbiney, que le mal pénètre dans les œuvres de Dieu, que commencent les infortunes du patriarche hussite, des habitants d'Eden, du solitaire de la vallée du cèdre.

---

(1) Job, 1, 7, 8; II, 2.

Nous retrouvons donc encore sur ce point les enseignements de la vieille Egypte en accord avec les croyances sémitiques et chrétiennes : l'histoire et le rôle du révolté, puni de Dieu, sont les mêmes dans les deux familles. Tombé par orgueil, celui qui avait pris pour devise *Ascendam* descend dans les abîmes, où il s'agite sans cesse, malgré sa défaite, poursuivant avec acharnement contre Dieu et ses créatures une guerre qui n'a pas de terme. Impuissant à ruiner l'œuvre divine et à faire prévaloir ses desseins, il trouble le monde par le mal moral et la douleur ; implacable ennemi de tout ce qui est juste, pur et heureux, il use de sa puissance pour empoisonner les rares jours de bonheur que l'homme connaît ici-bas et entraîner la conscience humaine dans les voies de la perdition. Ainsi celui qui veillait avec une maligne jalousie auprès du berceau de l'humanité, poursuit notre race à travers son existence et l'attend à l'heure de la mort pour l'associer à ses éternelles douleurs. Par lui, le mal entre dans le monde ; par lui, il est sans cesse fomenté au milieu de la création, jusqu'à l'heure où, par un terrible retour des justices divines, ceux qui ont écouté sa voix et suivi ses inspirations, ceux qui furent ses amis deviennent ses victimes.

Mais si les écoles théologiques de la vieille Egypte ont connu les efforts de l'archange déchu pour détourner l'homme de sa voie et semer les épreuves sur sa route, il semble qu'elles aient aussi conservé le souvenir, sinon de son intervention à l'heure où, pour la première fois, le mal pénétra dans l'âme humaine, du moins quelque vague idée du grand malheur qui fit alors déchoir nos ancêtres et entraîna leur postérité dans un désastre irréparable. Le peuple d'Egypte, en effet, semble avoir appris par d'anciennes traditions que tous les fils d'Adam portent, en venant au monde, la trace d'une souillure originelle.

Des rites particuliers, qui remontaient à des âges inconnus, devaient, au moment de la naissance, purifier l'enfant de cette tache qu'il n'avait pu contracter lui-même et dont il était cependant responsable. Des ablutions étaient ordonnées dans ce but, et la circoncision, pratiquée certainement en Egypte bien avant Moïse et Abraham, n'avait peut-être pas d'autre objet que d'assurer au nouveau venu le pardon de cette malédiction dont il portait le poids, avant d'avoir su discerner le bien du mal.

Je m'empresse de le dire : cette tradition au sujet de la faute originelle semble violée, et peut-être à dessein, dans les documents que nous possédons jusqu'à cette heure. La recherche du mystère a toujours été une des tendances les plus persistantes du sentiment religieux. Dans tous les cultes, les aspects les plus importants et les plus augustes des dogmes, comme les cérémonies les plus saintes, aiment à s'abriter derrière un voile que les regards du profane ne sauraient pénétrer. Il sera curieux, lorsque les documents anciens auront été suffisamment éclaircis, de faire l'histoire de cette forme que prend la vie religieuse à toutes les époques, en Egypte comme à Rome, chez les chrétiens et dans le paganisme. En tous cas, ce ne peut être ici notre prétention : il suffit d'avoir signalé dans le vieux monde égyptien ce que nous retrouverons plus tard aux origines du christianisme. Nous devions avertir le lecteur que si les documents dont nous allons discuter la signification paraissent obscurs, ce fut peut-être parce que les rédacteurs de ces textes tenaient à envelopper d'ombre ce dogme qui trouble notre foi et déconcerte la raison.

Quoi qu'il en soit, ces données ont trop d'importance et d'intérêt pour être passées sous silence ; d'ailleurs, même à travers l'obscurité dont elles sont entourées, il ne sera pas impossible d'y reconnaître la doctrine sur laquelle repose toute l'économie de la rédemption.

Nous lisons dans le Livre des morts une formule qui bien des fois déjà a été remarquée et met tout de suite notre esprit en éveil. Le défunt, justifiant devant son juge les actes de sa vie terrestre, déclare son âme pure et affirme qu'il n'a plus aucune faute à se reprocher.

Plus de tache, *autrement dit*, souillure aucune de ma mère (1).

Nous avons dans nos textes sacrés de semblables expressions. Au psaume cix, dans une imprécation saisissante contre les méchants, David s'écrie : « Quand on le jugera, il sera déclaré impie... ses enfants seront orphelins et sa femme veuve; ses fils s'en iront abandonnés de tous et mendiant leur pain, car leur maison sera détruite... l'iniquité de ses pères reviendra à la mémoire de l'Éternel, et, ajoute le prophète :

וחטאת אמו אל תמח

Le péché de sa mère ne sera pas effacé (2).

A premier abord, on pourrait ne voir ici qu'une allusion à cette solidarité qui, d'après les idées juives, enveloppait les membres d'une même famille; et, par conséquent, l'imputation des fautes personnelles de la mère à chacun de ses fils

---

(1) Todten. LXIV, 7.
Plus de tache autrement dit, ou, selon une autre lecture : souillure aucune venant de ma mère. Cette formule, *autrement dit, autre leçon*, se rencontre souvent dans le Livre des morts; elle indique une glose explicative ajoutée au texte pour en préciser la signification. Ici le défunt se déclare purifié de toute tache provenant de ses fautes personnelles et de celle qui lui vient de sa mère.

(2) Ps. cix, 14.

par une sorte de virement dans la responsabilité.

Le sentiment exagéré de l'autorité du chef de la famille ou de la tribu faisait, dans les mœurs sémitiques, une part modeste et une place bien humble aux enfants, quel que fût leur âge, et aux autres parents, quel que fût leur mérite. L'individu s'effaçait dans une unité puissante et seule responsable, comme les gouttes d'eau disparaissent dans les nappes mobiles du fleuve qui les entraîne en son cours. Le droit de tous se perdait dans l'autorité d'un seul, qui pouvait par sa sagesse ou ses imprudences compromettre ou sauvegarder les intérêts de chacun (1).

---

(1) Cette phase de la vie sociale est du plus grand intérêt dans l'histoire de l'humanité. Aux premiers jours, l'intimité de la famille, l'isolement au milieu des animaux féroces, le besoin de protection et de défense avaient uni par des liens étroits les individus impuissants à faire respecter leur liberté et leurs droits ou incapables de s'assurer les ressources les plus indispensables. Quiconque en effet vivait en dehors de ces groupes s'exposait à végéter et à périr. Si l'on perdait, en se maintenant dans ces cercles fermés, quelque dignité et quelque indépendance, on trouvait une large compensation dans la sécurité et la force qui enveloppaient comme un réseau les membres de ces associations. Le bloc n'en était que plus solide et plus résistant, à mesure qu'un ciment plus compacte figeait dans une même masse les éléments disparates dont il était formé. Sans doute l'esprit d'initiative en souffrait, tout progrès était difficile : toute spontanéité comprimée. Chacun était lié par de fortes entraves et maintenu à sa place par des anneaux qui ne se brisaient jamais : le groupe complet semblait ne former qu'un seul corps,

Je ne pense pas cependant qu'il faille interpréter dans ce sens ces paroles de David : Le péché de sa mère ne sera pas effacé. S'il s'agissait, en effet, de la responsabilité particulière encourue par les ascendants de la famille, ce serait le père ou les aïeux qui seraient mentionnés, et non la mère, dont l'autorité était plus effacée. Si notre texte parle de la faute de la mère, c'est pour faire allusion sans doute à cette souillure mystérieuse que contracte chaque fils d'Adam dans le sein maternel. La célèbre déclaration de David au psaume LI confirme cette interprétation de la manière la plus nette : « J'ai été conçu dans l'iniquité, dit-il, et ma mère m'a engendré dans le péché. »

---

n'avoir qu'un mouvement. De pareilles attaches laissent toujours quelques meurtrissures, mais on les acceptait pour sauver la vie. Le sentiment de la liberté et de la responsabilité personnelle ne se développa que dans des associations plus larges et plus puissantes, où le nombre pouvait suppléer à ce que l'unité seule donnait jusque-là. La force, assurée par le concours de bras plus nombreux, ne dépendant plus dès lors au même degré de l'union des membres de ces sociétés nouvelles, chacun retrouvait plus d'indépendance et se mouvait librement dans une sphère plus étendue. Cette détente des premiers liens a été grandissant à travers les phases de la vie sociale, et aujourd'hui elle semble devoir aboutir à cette dernière étape de dangereuse désagrégation qu'on a caractérisée de nom d'individualisme. Je ne sais pas d'étude qui eût plus d'intérêt que cette longue histoire : elle donnerait peut-être la solution de difficiles problèmes, et, en tous cas, nous fournirait de graves leçons, qui ne devraient pas être perdues pour nous.

ובחטא יחמתני אמי

Dans le péché m'a engendré ma mère (1).

Or ici il ne peut y avoir de doute : l'état civil du berger de Bethléem, du chef de la dynastie messianique, en écartant du côté de la femme d'Isaï l'hypothèse d'une faute personnelle dont son fils d'ailleurs ne se fût point vanté, ne laisse à ces mots d'autre sens que l'aveu de notre commune participation à la faute originelle.

Nous avons donc dans nos Ecritures une formule semblable à celle du Livre des morts. Mais si nous savons quelle idée attachaient les docteurs d'Israël à ces paroles ; s'ils y voyaient la croyance de leurs pères en la solidarité qui enveloppe tous les membres de la famille dans la déchéance de nos premiers parents; s'ils croyaient que cette chute première avait empoisonné d'un venin mortel la source même de la vie : était-ce de la même manière que les théologiens d'Egypte entendaient les paroles que nous venons de citer? Il serait peut-être téméraire de l'affirmer sans restriction ; cependant nous avons de bonnes raisons de le croire, et quelques indications du chapitre XVII nous permettront, sinon de résoudre

---

(1) Ps. LI, 7.

le problème, d'y apporter du moins quelque lumière.

Dans un récit sommaire que donne le défunt de sa vie terrestre, il est dit à la ligne quatorzième : « Il efface les péchés, il détruit les souillures : *on l'explique*, ajoute le texte. — Cette formule, écrite ordinairement à l'encre rouge, marque le commencement de la glose. — *On l'explique : c'est le retranchement de la honte d'Osiris*. M. de Rougé, auquel nous empruntons ces observations pleines de finesse et de critique, a cru reconnaître dans cette phrase la désignation ésotérique de la circoncision. Le mot *shepu, pudor,* semble ne pas laisser de doute à ce sujet. Dès l'origine, elle fut peut-être considérée comme un des rites qui pouvaient purifier l'âme de la souillure dont nous sommes infectés en venant au monde (1).

---

(1) Saint Augustin a soutenu que la circoncision remettait le péché originel. *De Nupt. et Concept.* IV, c. 2. Dans plusieurs de ses ouvrages contre les pélagiens, il défend cette idée. Saint Grégoire, dans ses *Morales sur Job,* lib. IV, c. 3; Bède; saint Fulgence, saint Prosper, le Maître des sentences, Alexandre de Halès, Scot, Durand, saint Bonaventure, Estius l'ont soutenu tour à tour. Quoique cette opinion n'ait jamais prévalu dans la théologie, elle a cependant trop de crédit pour n'avoir pas de fondement dans les traditions anciennes. Notre texte du Livre des morts semble justifier, sinon l'avis de ces grand docteurs, du moins l'ancienne croyance en l'efficacité de ce rite.

Il est incontestable aujourd'hui, malgré les travaux des exégètes des derniers siècles, que les Égyptiens pratiquèrent la circoncision bien avant Abraham. Le fait est prouvé par les monuments et l'étude des momies. Il semble que ce fut au temps où Dieu choi-

Le défunt a donc détruit ses souillures par le retranchement de la honte d'Osiris; cependant cette cérémonie ne semble pas suffire, car le texte ajoute : « Il enlève toutes les fautes qui restaient. *On l'explique* : l'Osiris (un tel) a été purifié, au jour de sa naissance [hiéroglyphes], dans le grand bassin de la royale demeure de l'enfant. »

Outre la circoncision, il semble donc qu'au jour même où naissait un enfant, des ablutions étaient encore nécessaires pour laver la tache dont il était souillé.

On le plongeait dans l'eau d'un bassin, où il recevait une sorte de baptême (1). Alors seulement disparaissait la mystérieuse souillure qu'il avait contractée en venant au monde (2).

---

sissait le père des croyants, un signe de distinction et d'origine illustre que Dieu voulût conférer à son peuple, pour placer la famille d'Abraham, dès le jour où il l'adoptait, au rang des maisons princières et des familles nobles. C'était aussi un signe de pureté, que Jéhovah accordait à la nation qui devait être appelée la nation sainte et le royal sacerdoce de Dieu.

(1) Au chap. 45, 11, du *Todtenbuch*, il est encore fait allusion à cette cérémonie : « Je me purifierai dans l'eau par laquelle Phtah opérera ses purifications. »

(2) Cette ablution dont parle ici le Livre des morts a un caractère sacré et ne peut être le bain vulgaire dans lequel on lave l'enfant de ses souillures toutes matérielles. Il s'agit d'une cérémonie religieuse d'une haute importance, puisque le bonheur ou le malheur éternel du défunt semblent en dépendre. Si nous rapprochons ces indications des données que nous avons de par ailleurs sur le baptême de Jean le baptiseur, des anciens juifs et de plusieurs peuples païens, peut-être serait-il permis de recon-

Or cette tache effacée au jour de la naissance, ces rites sacrés dont le défunt se fait un mérite devant son juge, ne peuvent se rapporter à des ablutions et des souillures toutes matérielles. Il y a ici quelque chose de plus pour que mention en soit faite, en de si graves circonstances, à l'heure du jugement, dans l'examen des responsabilités morales de l'âme qui sera condamnée à l'expiation éternelle ou au bonheur des élus. Le caractère du Livre des morts, et en particulier de ce chapitre où sont contenus les enseignements les plus élevés de la doctrine, ne peut laisser aucun doute à ce sujet. Pour que le défunt rappelle, à ce moment décisif, cette souillure et les rites sacrés par lesquels il en a été purifié, il faut qu'elle affecte la partie immortelle de nous-mêmes, qu'à quelque degré nous en soyons responsables.

De plus, le Livre des morts distingue cette faute, contractée par le seul fait de la naissance, de celles que l'homme commettra plus tard de son chef sur les chemins de la vie; il insiste même pour faire ressortir ce contraste; mais la faute originelle comme les fautes personnelles grèvent également sa responsabilité morale. En effet, si nous suivons avec quelque attention dans ce texte la marche de la pensée, nous verrons cette double consé-

---

naître dans ces rites une institution des temps primitifs, symbole du véritable baptême, ayant déjà quelque efficace par l'application des mérites du Christ à venir.

quence se dégager nettement du document égyptien. Après cette allusion à la souillure originelle, le défunt reprend ainsi : « Salut à vous, seigneurs de la double justice; princes qui êtes derrière Osiris! Accordez-moi, quand j'arrive près de vous, la destruction de toutes les souillures que je conserve... *On l'explique : toutes les souillures que je conserve*, c'est tout ce qu'il a fait devant le seigneur des siècles, depuis qu'il est sorti du ventre de sa mère (1). »

Nous avons donc deux paragraphes au sujet de la responsabilité humaine : dans le premier, le défunt fait allusion à une faute purifiée par une sorte de baptême et la circoncision. Or il ne peut rester aucun doute sur le caractère et l'origine de cette tache effacée par *le retranchement de la honte d'Osiris et des ablutions, au jour même de la naissance*. L'enfant n'avait pu encore commettre de faute; si sa responsabilité est engagée, ce ne peut être qu'au titre de membre solidaire d'une famille déchue. Cette conséquence ressort avec un vif éclat de l'opposition intentionnelle du second paragraphe, où le défunt demande miséricorde pour les fautes qu'il commit, devant le Seigneur des siècles, *depuis le jour où il quitta le sein maternel.*

---

(1) Voir l'étude sur le rituel par M. E. de Rougé, *Revue archéologique*, 1861.

Nous avons donc, d'un côté, les fautes personnelles dont on peut se rendre coupable au cours de la vie; de l'autre, celle dont on se purifie dès le jour de la naissance. Par conséquent nous sommes autorisés à conclure que cette faute *venant de la mère,* rappelée dans le Livre des morts et les Psaumes, est bien la faute originelle que tous les enfants d'Adam portent en entrant dans la vie, la marque indélébile de la chute de nos pères, la source de toutes nos douleurs et le principe de toutes nos défaillances.

Enfin si nous avions besoin d'une preuve nouvelle pour nous confirmer dans ce sentiment, nous la trouverions encore dans le souvenir fort précis de l'arbre de vie que nous ont conservé les documents égyptiens. En éclairant ce que les inscriptions que nous venons d'analyser peuvent avoir d'obscur, ces renseignements nouveaux nous reporteront à la scène même racontée par le livre de la Genèse, au jour de la prévarication du premier homme.

La tradition égyptienne aurait ainsi conservé tous les traits principaux de cet événement, qui devait avoir une influence décisive dans la vie de l'humanité, non-seulement quant à nos destinées de la terre, mais encore pour l'avenir d'outre-tombe. Elle aurait cru en une purification mystérieuse, qui peut dès ici-bas purger notre âme de cette souillure; elle aurait espéré en les promesses d'une justification, qui devait rapporter le décret de notre déchéance et nous obtenir grâce au tribunal de Dieu.

Mais si l'Egyptien, pendant cette vie de la terre, pouvait et devait se racheter de la faute originelle par des rites sacrés, depuis longtemps il avait désespéré de revoir en sa vallée fertile, en les *terres divines du Pont,* en les riches campagnes du Maharim, cet arbre mystérieux de la vie dont nos pères avaient connue autrefois le délicieux ombrage. Condamnée à ne germer que des épines, la terre ne nourrissait plus de ses sucs maudits l'arbre de bénédiction, et ses fruits étaient réservés pour les habitants d'un monde meilleur. Les élus seuls pouvaient s'asseoir à l'ombre de ses branches et cueillir dans son feuillage la savoureuse nourriture des immortels. Dès le jour où nos pères l'avaient perdu de vue, il avait été transplanté dans un autre paradis, sur les bords d'un autre fleuve dont les eaux réjouissent la cité de Dieu.

C'est ce que nous expliquent, en un charmant langage, quelques vignettes du Livre des morts et les peintures des tombeaux. Le chapitre LVIII, intitulé: *De posséder les eaux dans les terres divines,* est illustré par un dessin qui montre le défunt assis sous un grand arbre dont les rameaux verts le couvrent de leur ombre. Une main cachée dans le feuillage épanche d'un vase l'eau de la vie, tandis qu'un autre tend vers l'élu une corbeille pleine des fruits que cet arbre seul sait produire. Or cette scène revient souvent sur les sarcophages, les stèles funéraires, les coffres de momie. S'il s'y glisse parfois quelques variantes, elles sont sans importance : toujours l'arbre est vigoureux et couvert de fuits abondants; toujours l'eau céleste s'écoule du milieu de ses branches; toujours les justes s'empressent sous son ombre. Car, comme le dira plus tard l'Apocalypse : *Potestas eorum in ligno vitæ* (1). *Ils ont droit à l'arbre de vie, ils ont le pouvoir de cueillir ses fruits divins.* Il serait difficile de trouver pour le dessin égyptien une suscription plus précise et plus claire que ces paroles de saint Jean. Les âmes, empressées autour de l'arbre, semblent en effet réclamer dans ses fruits leur juste récompense, un bien qui leur revient de droit. Qu'elles soient représentées sous la forme d'oiseaux à tête humaine, ou qu'elles aient conservé les formes corporelles dont elles furent revêtues pendant leur vie d'ici-bas, elles n'en sont pas moins avides de recueillir le pain de l'immortalité et de boire le céleste breuvage. Sur leurs mains étendues devant leurs lèvres, elles reçoivent avec une religieuse inquiétude jusqu'aux moindres gouttes de l'eau sacrée et semblent attentives à ne rien perdre du

---

(1) Apocal. xxii, 14.

don de Dieu. L'Apocalypse nous décrit une scène analogue. Saint Jean, accompagné de l'ange qui conduisait ce visiteur de la terre à travers la cité des cieux, rencontra sur sa route cette eau vive qui coule en un fleuve de cristal dans la demeure des élus. Ce fleuve sortait du trône de Dieu et de l'Agneau. *Et ostendit mihi fluvium aquæ vitæ, splendidum tanquam crystallum procedentem de sede Dei et Agni* (1).

Nous retrouvons à peu près les mêmes expressions dans le papyrus d'Isi-Oer, qui appartient au musée du Louvre. Nous lisons sous la rubrique : *De manger dans la région funéraire et d'entrer dans le lieu des aliments avec l'essence divine* : « Oh ! ce lieu dans le nom duquel est compris la demeure de l'essence divine, où l'eau sort du milieu de la demeure d'Osiris (2). »

C'est à ce fleuve que viennent se désaltérer les élus. L'Agneau lui-même les conduit à ces sources vives : *Agnus* (3), *qui in medio throni est, reget*

---

(1) Apocal. XXII, 1.
(2) *Catalog. des manusc. égypt.* p. 144, n. 3283.
(3) Dans sa langue ésotérique, la vieille Égypte semble avoir désigné aussi son rédempteur Osiris du nom d'*agneau*. La douceur, la bonté, la pureté divine du sauveur égyptien avaient sans doute préparé cette métaphore, qui prévalut dans l'exposition mystique de la doctrine. « O brebis fils de brebis ! agneau fils de brebis, qui te nourris du lait de ta mère la brebis, ne permets pas que le défunt soit mordu par aucun serpent mâle ou femelle, par aucun scorpion, par aucun reptile ; ne permets pas que le venin pénètre dans ses membres ; qu'il ne soit attaqué par aucun revenant, par

illos et deducet eos ad vitæ fontes aquarum. Et l'esprit et l'épouse disent sans cesse : *Veni et qui sitit veniat et qui vult accipiat aquam vitæ gratis* (1).

De même que la tradition égyptienne avait réuni l'arbre et l'eau de la vie en une même figure, nous voyons la tradition hébraïque, les prophètes et enfin saint Jean ne les séparer jamais. Sur les bords des eaux qui coulaient dans le temple de Dieu pour guérir les nations, Ezéchiel avait vu des arbres dont le feuillage ne se flétrit jamais et qui portent toujours des fruits : *Et super torrentem orietur in ripis ejus, ex utraque parte, omne lignum pomiferum : non defluet folium ex eo et non deficiet fructus ejus : per singulos menses affert primitiva, quia aquæ ejus ex sanctuario egrediuntur ; et erunt fructus ejus in cibum et folia ejus in medicinam* (2). Saint Jean nous dit que c'était l'arbre de vie qui croissait au bord de ce fleuve ; il porte son fruit chaque mois, pour que

---

aucune *revenante*, que l'ombre d'aucun esprit ne le hante; que la bouche du serpent Amkahouew n'ait pas de pouvoir sur lui! lui, il est la brebis. » Cette prière touchante en faveur du cadavre qui aurait pu être troublé par la visite importune des esprits mauvais, par la morsure des vers, des serpents, ou du grand dragon, se termine par l'assimilation du défunt avec l'agneau dont on invoque ici la protection. Chaque défunt était, nous l'avons dit, un membre d'Osiris et un autre lui-même. Voir le *papyrus magique Harris*, p. 164.

(1) Apocal. VII. 17.
(2) Ezech. XLVII, 12.

jamais ne défaillent la vie et la béatitude des habitants de la cité sainte. *In medio plateæ ejus et ex utraque parte fluminis, lignum vitæ, afferens fructus duodecim, per menses singulos reddens fructum suum et folia ligni ad sanitatem gentium* (1).

C'est à l'ombre de ces feuilles que voulaient s'asseoir les élus d'Osiris : « Je crois en toi, Dieu grand, s'écrie le défunt dans un papyrus du Louvre, je ne désire que te voir aux fêtes du commencement des années... qu'exalter tes bienfaits... que m'asseoir pour recueillir les bienfaits de l'arbre saint, *astu*, *que recevoir l'ombre de ses feuilles* (2). » Là, en effet, il trouvait le bonheur dans ses fruits qui mûrissent sans cesse, sous ces feuilles qui sont le salut des peuples, auprès de cette source d'eau vive qui jaillit pour la vie éternelle. Le Livre des morts nous dit à chaque page, en parlant de ses élus :

« Il boit l'eau à la source du fleuve des eaux (3). »

Comment ne pas reconnaître dans ces images le souvenir vivant de l'arbre planté dans l'Eden par la main des Elohim, au bord de ces grands fleuves qui arrosaient la terre des délices! Ces anciennes traditions étaient restées dans la mémoire de tous les peuples; mais le regret de ces

---

(1) Apocal. xxii, 2.
(2) *Catalogue des manusc. égypt.* n° 3284, lig. 2.
(3) Todten. cxxxviii, 14.

jours heureux avait trouvé, dans les promesses divines, quelque consolation à ces mélancoliques récits. On transporta du côté de l'avenir ce que le passé avait vu disparaître, et l'homme vécut de la douce espérance de retrouver, en une vie meilleure, tout ce qui avait été perdu pour les jours mauvais d'ici-bas. Dans une terre lointaine qui gardait pour ses futurs habitants, encore attardés en un long voyage, toutes les délices du premier paradis, la famille humaine goûterait un jour les joies ineffables dont les exilés d'Eden n'ont jamais oublié le souvenir (1).

---

(1) La tradition juive enseignait que les âmes des justes s'en allaient, au jour de la mort, dans l'ancien paradis au jardin d'Éden. Le *Targum*, au verset 3 du psaume LVII, s'explique ainsi : *Quia liberasti animam meam a morte quam illaturi erant peccatores : nonne etiam pedem meum a lapsu in peccatum immunem præstabis, ut ambulem coram Domino, in horto Eden, in videndum lucem justorum?* Dans le *Talmud*, codex Taanith, dernière phrase, le rabbin Elasar dit : *Instituet Sanctus, Benedictus, Ille, chorum circularem justis, sistetque sese in medio illorum in horto Eden.* Le rabbin Menachem — Parascham Levitici — semble dire que les âmes attendent là le jugement dernier : *Liquido constat inter nos præmia præceptorum in hac vita non obtingere, verum post dissolutionem justus adipiscitur regnum quod dicitur Paradisus, fruiturque conspectu divino et illic commorantur omnes animæ, unaquæque secundum opera sua usque ad resurrectionem mortuorum et diem judicii.* C'était peut-être aussi la pensée d'Origène : *Puto quod sancti quique discedentes de hac vita permaneant in loco, in terra posito, quam paradisum dicit Scriptura divina, velut in quodam eruditionis loco et auditorio vel schola animarum.* De princip. lib. II, c. 12. Il semble que le savant, dans son amour pour l'étude, ait été tenté de faire du paradis une école : *Trahit sua quemque voluptas!* Les

Je ne sais rien de plus décisif, pour établir l'authenticité et la valeur historique des textes de Moïse, que ces vénérables traditions et ces touchantes légendes. Il faut bien le répéter encore ici : D'où serait venu cet accord entre des peuples séparés par des solitudes immenses, qui appartenaient à des races d'un génie si différent, qui vivaient depuis tant de siècles éloignés les uns des autres, ne se rencontrant que sur le champ de bataille pour s'égorger et disparaître dans un même tombeau, s'ils n'avaient emporté avec eux, sous tous les climats et dans tous les pays, ces souvenirs ineffaçables ? Tertullien disait aux païens de son temps : *Si paradisum nominemus locum divinæ amenitatis, recipiendis sanctorum spiritibus destinatum, maceria quadam igneæ illius zonæ a notitia orbis communis segregatum;*

---

païens ont aussi rapproché la vie des justes dans le monde futur de cet âge d'or, souvenir lointain du passé. Claudien nous a laissé de beaux vers sur ce parallèle :

    Amissum ne crede diem, sunt altera nobis
    Sidera, sunt ortes alii, lumenque videbis
    Purius, elysiumque magis mirabere solem.
    Cultoresque pios. Illic preciosior ætas
    Aurea progenies habitant, semperque tenemus
    Quod superi meruere semel. Nec mollia desunt
    Prata tibi ; zephyris illic melioribus halant
    Perpetui flores, quos nec tua protulit Henna.
    Est etiam lucis arbor prædives opacis,
    Fulgenti virides ramos curvata metallo,
    Hæc tibi sacra datur, fortunatumque tenebis
    Autumnum et fulvis semper ditavere pomis.
                     De raptu Proserpinæ, II, 282.

Elysii campi fidem occuparunt: unde hæc, oro vos, philosophis aut poetis tam consimilia, nonnisi de nostris sacramentis (1) ? Mais si ces traditions remontent à cette commune origine, rien ne nous apprend mieux, à mon sens, l'autorité de nos Ecritures, la considération et le respect dont nous devons entourer leurs enseignements. Ce témoignage des plus anciennes familles est d'une valeur décisive, pour établir l'authenticité des faits qui ouvrent notre histoire, sont la base de notre foi et la raison dernière de nos douleurs et de nos espérances.

Enfin le désir de retrouver un jour ces biens perdus n'est pas moins touchant que le regret de leur absence. Il exerça dans la vie de l'humanité une influence profonde, qui semble nous garantir, à chaque page de l'histoire, la vérité des promesses divines. L'espoir de reconquérir ce patrimoine mis en sequestre, cette certitude générale et persistante de rentrer dans la demeure bénie de nos aïeux, n'eussent jamais pénétré l'âme humaine, si Dieu ne leur eût donné créance par d'indiscutables engagements.

C'est là tout le sens de ces images et de ces symboles dont nous avons signalé le langage charmant chez les théologiens de l'ancienne Egypte et les docteurs chrétiens. Mais n'oublions

---

(1) TERTULL., *Apol.* 42.

pas que, pour les uns et les autres, ce ne sont que des images et des symboles enveloppant des réalités mystérieuses, dont nous ne pouvons encore ici-bas nous faire une juste idée. La véritable cause du bonheur des élus ne peut être ni l'eau de la vie, ni les fruits de l'arbre divin : sans cesse les textes sacrés nous rappellent que c'est la vision de Dieu, la contemplation de son essence, le rayonnement de sa beauté, qui seront la source de notre joie. Mais des pensées si hautes, des espérances si éloignées des données de l'imagination et des sens ne sauraient répondre, dans leur abstraite sévérité, aux besoins de notre nature complexe et aux désirs encore grossiers de nos âmes : il fallait envelopper ces conceptions sublimes, ces saintes espérances, dans des formes sensibles, pour les mettre à la portée de tous. De là, dans la doctrine égyptienne et la liturgie catholique, ce langage pittoresque et brillant qui, sans rien compromettre de la pureté de la foi, résume des traditions vénérées et les souvenirs de nos destinées premières. En rappelant le passé, il nous fait encore entrevoir dans l'avenir, derrière des voiles transparents, les mystérieuses promesses dont nous ne pouvons guère dès cette vie apprécier la signification et comprendre le prix. Ce monde de l'éternité nous échappe, et il nous faut chercher dans les choses du temps un lointain reflet de ces réalités inaccessibles. C'est du rapprochement incessant de deux ordres toujours opposés et toujours semblables que s'illumine toute la vie de notre âme. De ces analogies et de ces contrastes se forment aux horizons de notre esprit comme de vagues et flottantes perspectives qui nous soutiennent à travers les jours désolés de notre route. Ainsi fortifiés, nous avançons d'un pas plus courageux et plus ferme, ne doutant pas que Dieu saura, dans sa puissance, tenir ses engagements et réaliser au delà de nos vœux tout ce qu'il nous promet.

Pour saisir l'esprit et fixer l'imagination de l'homme, toutes les religions se sont laissées pénétrer par des images et des métaphores qui, prises à la lettre, n'auraient parfois qu'un sens vulgaire et une élévation médiocre, et pourraient même entraîner des natures grossières vers de dangereuses erreurs ; mais lorsqu'elles sont interprétées et soutenues par un enseignement éclairé, elles maintiennent à un juste niveau les esprits et la foi. Alors, en laissant aux dogmes leur austère grandeur, elles gardent une grâce naïve et un charme pénétrant qui les rend chères aux esprits les plus sublimes et aux plus humbles intelligences.

L'Evangile est ici, comme partout, le modèle achevé de cette union des deux éléments contraires qui composent l'homme et s'unissent en des proportions inégales dans toutes les institutions qui dirigent et assurent la marche de nos destinées.

Dans ce livre divin, comme dans l'œuvre divine et humaine à la fois qui en est à travers les siècles le développement nécessaire et le commentaire vivant, un merveilleux équilibre maintient toujours l'invisible et le spirituel en harmonie avec les figures, les images et les symboles. C'est le monde de la nature avec ses spectacles variés, ou les souvenirs de la tradition avec ses récits des premiers âges qui fournissent le riche trésor où puisent Jésus-Christ et son Eglise, quand ils nous entretiennent des choses de Dieu, de la vie de l'âme, des espérances du monde avenir. Le divin royaume des élus, par exemple, nous sera représenté comme la salle d'un banquet où les enfants du père de famille partagent la joie d'un festin préparé pour les justes. Nous avons vu les Egyptiens nous dire aussi que ceux qui avaient quitté la terre pour les éternelles demeures mangeaient et buvaient chaque jour à la table d'Osiris (1). Le royaume de Dieu sera encore le jardin des délices, où l'on cueille les fruits de vie, où l'on boit l'eau de l'immortalité. Jésus ne laisse passer aucune occasion de parler de ces espérances aux âmes égarées qu'il rencontre sur sa route. Dans un long voyage, après avoir longtemps porté le poids du jour et de la chaleur, quand il se repose un instant près de l'antique margelle du puits de Sichem,

---

(1) Todten, 136, 13.

il aime à rappeler à la femme de Samarie cette autre fontaine dont avaient parlé les prophètes, après laquelle de leur côté soupiraient les habitants de la vallée du Nil, cette eau vivifiante dont Jacob ignorait la source cachée, cette eau mystérieuse qui étanche à jamais la soif et donne la vie éternelle : *Qui autem bibet ex aqua quam ego dabo ei, non siliet in æternum, sed aqua quam ego dabo ei fiet in eo fons aquæ salientis in vitam æternam* (1). Cette scène, si touchante dans sa simplicité, prend un caractère d'incomparable grandeur et de majesté divine, lorsque nous l'entourons aujourd'hui de toutes ces traditions, dont les écrits des prophètes et les vieux monuments des anciens peuples nous ont gardé le souvenir. Dans un langage qui ne permet aucun doute sur la conviction et l'autorité du divin voyageur, Jésus annonce qu'il réalisera toutes ces promesses, et que lui, le Messie, ouvrira enfin à l'humanité cette source qui jaillit pour la vie éternelle : *sed aqua quam ego dabo ei fiet in eo fons aquæ salientis in vitam æternam.*

C'est à ce torrent de délices que viendront s'abreuver les élus, ceux dont le nom est inscrit sur le livre divin. Nous avons vu, dans la vignette du Livre des morts qui représente le jugement particulier, le dieu de la sagesse écrivant sur des

---

(1) Jean. IV, 14, 13.

tablettes le nom de ceux qui sont trouvés justes dans les balances du juge suprême. De là naissait encore un symbole qui devait fournir une longue carrière dans la littérature sacrée et la liturgie chrétienne. Les apôtres rappelleront sans cesse le livre de vie aux néophytes des églises naissantes. Au milieu des persécutions, le courage des premiers chrétiens se retrempera dans l'espérance de cette patrie meilleure où n'entre rien de souillé et d'impur, où leurs noms sont déjà écrits sur les divins registres : *Non intrat in eam aliquod coinquinatum aut abominationem faciens et mendacium, nisi qui scripti sunt in libro vitæ Agni* (1). Tandis que les persécuteurs, les méchants et les impies dont les noms sont effacés du livre de Dieu, tomberont dans l'abîme : *et qui non inventus est in libro vitæ scriptus, missus est in stagnum ignis* (2). Priant une dernière fois sur la dépouille mortelle de ses enfants, l'Eglise chantera, en rappelant tous ces symboles, en s'unissant par la pensée à tous ceux qui craignirent en leur vie les jugements de Dieu : *Liber scriptus proferetur, in quo totum continetur, unde mundus judicetur.* Ses artistes des écoles byzantines, dans leurs peintures de l'Etimacia, symbole du jugement dernier, représenteront le livre de vie placé sur le

---

(1) Apocal. xxi, 27.
(2) Apocal. xv, 15.

trône où doit s'asseoir le Christ (1); dans les grandes compositions du moyen âge et de la Renaissance, les anges le porteront devant le Rédempteur qui va séparer les bons des méchants. Les justes reçoivent alors cette couronne de justification dont nous parle le Livre des morts, comme l'Apocalypse : *Dabo tibi coronam vitæ* (2). *Vincenti dabo tibi coronam vitæ* (3). Ainsi se termine dans la glorification des élus tout le cycle de l'œuvre divine.

Si nous repassons maintenant d'un coup d'œil rapide cet ensemble de doctrines dont nous venons d'exposer les grands enseignements, nous verrons se confirmer ce fait décisif que nous annoncions, au début de notre travail, comme la plus haute leçon de l'histoire; il restera incontestable aux yeux de tous, que la religion chrétienne, dans ses dogmes fondamentaux et ses croyances essentielles, a été, dès les premiers jours de notre histoire, l'héritage de la famille humaine.

Nous avons trouvé, dans des documents plus anciens que la Bible et les Védas, sur de légers papyrus et des rouleaux de toile, échappés comme par

---

(1) Et vidi mortuos magnos et pusillos, stantes in conspectu throni, et libri aperti sunt, et alius liber apertus est qui est vitæ; et judicati sunt mortui ex his quæ scripta erant in libris secundum opera eorum. *Apoc.* xx, 12.
(2) ii, 10.
(3) ii, 7.

miracle aux ravages du temps, aux révolutions des empires, au vandalisme de tous les barbares, la foi en un Dieu qui est un et seul, quoiqu'il vive au sein de triades dont les personnes sont distinctes; qui sans cesse s'engendre lui-même, demeure son unique cause et sa raison dernière; qui est le Seigneur du temps et fait l'éternité par la durée de sa vie. C'est lui qui a créé toutes choses : celles qui existent sont dans sa main; celles qui ne sont point encore, dans la pensée de son cœur. Il veille sans cesse sur sa création, dont il soutient les forces par sa puissance, dont il administre l'économie par sa sagesse ; il donne la pâture aux oiseaux du ciel, aux poissons des fleuves; il n'oublie pas la souris dans son obscure retraite; il écoute la prière de l'innocent qui crie vers lui et exauce les vœux de quiconque lève ses bras vers le ciel. Tel est le rayonnement de sa gloire, dans l'œuvre de ses mains, que le cœur se pâme à contempler ces grandeurs et ces magnificences. Ce Dieu éternel, tout-puissant et infiniment bon, sous son nom d'Osiris, habita parmi les enfants des hommes et devint l'un d'entre eux. Roi débonnaire, docteur inspiré, doux et tendre ami de son peuple, il parcourut les campagnes de son royaume, entraînant les foules à sa suite par le charme de sa parole, l'élévation de sa doctrine, la grâce divine qui rayonnait autour de sa personne. Mais il succomba bientôt sous les efforts du génie du mal et mourut dans la douleur. Le sépulcre ne put cependant retenir captif le dieu sauveur de l'Egypte; il ressuscite, triomphe de la mort et devient le juge des âmes. Il les pèse en son tribunal dans les divines balances, envoie les justes qui ont mérité le bonheur éternel dans la demeure où ils contemplent à jamais la face de Dieu. Les impies vont aux supplices qui n'auront point de fin, tandis que les âmes médiocres, ainsi que les appela Platon, se purifient par une expiation proportionnée à leurs fautes dans le bassin du feu. Comme leur rédempteur et leur juge, les fidèles d'Osiris, devenus membres de son corps mystique, ressusciteront un jour et assis à sa table prendront part à l'éternel festin réservé aux élus.

Telle fut, dans ses traits caractéristiques, la doctrine des théologiens d'Egypte; tels furent sans doute les enseignements de la religion primitive de toute la famille humaine. Si, au pays du Nil, elle se conserva mieux, au milieu d'un peuple qu'Hérodote appelait avec raison le plus religieux de la terre et qui avait eu la bonne fortune d'asseoir son empire, loin de toute influence étrangère, dans une vallée féconde que les déserts isolaient du reste des hommes, il ne faudrait pas croire pourtant que partout ailleurs elle disparut sans laisser quelques souvenirs. Il est plus difficile sans doute d'en retrouver la trace chez les nations plus jeunes qui, dans une existence agitée, à travers de longues pérégrinations, laissèrent sur tous les chemins leurs traditions anciennes; cependant il n'est pas moins vrai que, partout où nous rencontrons les ruines d'un temple ou d'un tombeau, tôt ou tard se révèlent quelques-unes de ces croyances. Mais là il est plus malaisé de dire ce qui remonte aux âges primitifs, ce qui fut emprunté aux civilisations contemporaines ou découvert par les sages de la nation. Le voisinage de la famille d'Israël, son long séjour au milieu des grands empires de l'antique Orient ont pu exercer une influence latente dont il est imprudent de préciser la limite. Cette race entreprenante et voyageuse, qui eut seule autrefois et seule encore aujourd'hui conserve le privilége de vivre sous tous les climats, de pénétrer dans toutes les civilisations, de se mêler à toutes les races, en gardant ses dogmes, ses traditions et jusqu'à sa physionomie, avait envahi l'univers avant Alexandre et les généraux de Rome; elle s'était installée dans toutes les grandes villes, avait dressé sa tente sur tous les points du globe. Ce serait une œuvre de délicate critique de démêler, dans les livres de nos sages d'Occident, depuis Platon jusqu'à Epictète, ce qui remonte aux traditions sémitiques; ce serait plus difficile encore de préciser la part qu'il faut attribuer à ces influences dans les travaux des sages d'Orient en Perse, dans l'Inde, en Chine. Si l'on admet que cette part a été médiocre, et volontiers je serais de cet avis, il faudra alors la faire bien large aux souvenirs qui remontent aux premiers jours de l'humanité.

Depuis bientôt de longues années, toute une école de savants s'épuise à démontrer, et quelquefois avec un grand déploiement d'érudition et de science, que le christianisme existait avant le Christ, que la doctrine et la vie de son fondateur étaient des traditions et des légendes qui se répétaient d'âge en âge chez tous les peuples, de longs siècles avant sa naissance. Enhardis par ces découvertes, les uns nous disent que le mythe est devenu une histoire, par l'illusion naïve des contemporains; les autres prétendent que l'histoire s'est transformée en mythe, dans l'imagination créatrice et le travail inconscient des générations : pour tous, à l'heure où naquit Jésus, le type et la doctrine du libérateur étaient dans tous les esprits : il n'y avait plus qu'à les introduire dans les faits, les incarner dans une vie. Cette évolution, disent-ils, se préparait partout dans le vieil Orient; partout grandissaient, dans le silence et l'obscurité, les germes de cette merveilleuse efflorizon, qui n'attendait pour éclater qu'un soleil propice et les jours bénis du printemps.

Tout est à merveille tant qu'on s'en tient à ces vagues affirmations; mais quand, de ces spéculations un peu trop générales, il faut descendre dans l'étude particulière des faits, on rencontre un obstacle infranchissable dans ce qui devait être un secours : on est embarrassé par le choix du véritable berceau de la religion chrétienne. Or cette difficulté, peu inquiétante au premier abord, devient l'écueil de toutes les théories.

Les uns, qui étudiaient la Perse, se vantaient d'avoir rencontré, dans ce monde encore mal exploré, la solution du problème. Ils trouvaient d'incessantes analogies et les plus curieuses ressemblances entre les dogmes chrétiens et les enseignements de ces sages oubliés : tous les principes essentiels de nos croyances étaient, disait-on, contenus déjà dans ces livres restés indéchiffrables. D'autres, qui étudiaient la Chine, trouvaient dans l'empire du Milieu le point de départ de l'évolution chrétienne. Enfin, l'Inde à son tour, avec ses monastères et ses couvents, ses moines et ses religieuses, ses conciles et ses textes sacrés entourés de commentaires plus nombreux que nos Ecritures, prétendait posséder aussi, dans son Bouddhisme ou son Brahmanisme, toute l'explication des origines chrétiennes. Pour les plus accommodants, la religion de Jésus serait née du génie des races ariennes pénétrant les races sémitiques : elle serait sortie comme une pousse tardive mais vigoureuse du vieux tronc qui épancha ses parfums et ses fleurs sur le berceau de notre antique famille. Mais là encore des difficultés imprévues naissaient de la nécessité de choisir. Deux religions contraires étaient en présence et les uns invoquaient celle du Bouddha, les autres celle des Brahmanes, comme la source de l'Évangile.

Dernièrement encore, pour établir l'une de ces théories, on jetait parmi nous de nouveaux livres dont le ton tranchant et les prétentions bruyantes ne peuvent suppléer à l'absence d'une critique de bon aloi et d'une science sérieuse. Je regrette, pour ma part, que les preuves ne soient point meilleures en un pareil travail : rien n'aurait mis dans un jour plus éclatant la vérité que nous exposons, je veux dire que, dans ses parties essentielles, la doctrine de l'Évangile est restée, avant comme après le Christ, l'héritage inaliénable et le patrimoine sacré de notre race.

S'il est, en effet, quelque chose de concluant en faveur de notre thèse, c'est la prétention de ces hommes, pour la plupart d'une érudition respectable et d'une incontestable compétence dans leurs études spéciales, pour la plupart aussi d'une bonne foi au-dessus de tout soupçon, qui veulent retrouver tout le christianisme dans leurs documents favoris. On ne saurait admettre que des esprits si clairvoyants et d'ordinaire si sages aient tous subi, en des sens contraires, un pareil entraînement, s'ils n'eussent rencontré dans leurs études quelques-unes de nos doctrines et de lointains souvenirs de notre foi.

Oui, certainement, ils constataient des vérités

communes, ils trouvaient des traditions analogues, de semblables croyances, les mêmes formules : mais que fallait-il en conclure, si ce n'est que tout cela remontait à une même origine, tenait aux entrailles de l'humanité, répondait à ses besoins comme à ses aspirations et avait persévéré partout, malgré la différence des races, les transformations des dialectes, la séparation des peuples et le travail des imaginations (1) ?

Ce qui semblerait donc, à premier abord, une objection redoutable contre la foi des chrétiens, devient pour tout esprit sérieux la preuve décisive de la haute valeur de nos croyances, l'éclatante démonstration de la divinité du christianisme. Sa doctrine est, en effet, si nécessaire à l'humanité que l'homme n'a jamais pu vivre sans elle ; et aux jours où personne ne la possédait dans son inté-

---

(1) Qu'il me soit permis de signaler, à ce sujet, une de ces injustices qui se renouvellent sans cesse autour de nous, sans provoquer la moindre surprise et la plus légère opposition. Chaque fois que l'on rencontre dans les livres des philosophes de la Grèce, de l'Inde, de la Perse, de la Chine, quelques-uns des enseignements chrétiens sur l'unité de Dieu, l'immortalité de l'âme, le type idéal du juste, la vie future, on n'a pas assez d'éloges pour exalter le mérite de ces œuvres. Mais ce qui fait tant d'honneur aux sages et aux philosophes païens, est dans nos croyances en butte à toutes les objections, et quelquefois même l'objet du plus inexplicable dédain. La parole de Tertullien est peut-être encore plus vraie aujourd'hui qu'aux premiers jours du christianisme : *Hæc sunt quæ in nobis solis præsumptiones vocantur, in philosophis et poetis summæ scientiæ et insignia ingenia. Illi prudentes, nos inepti ; illi honorandi, nos irridendi, imo eo amplius puniendi.*

grité, des peuples entiers ne se consolèrent que grâce aux humbles débris et aux fragments mutilés qu'ils conservaient encore comme leur plus précieux trésor.

Un dernier mot sur cette grave question. Au cours de ce travail, je me suis demandé bien des fois ce que serait devenue, en d'autres mains, une semblable étude ; à quelles conclusions eut-elle abouti ? Personne ne me démentira, si j'affirme qu'elle eût été traitée avec plus d'art, d'intérêt et de charme ; mais je ne crains pas d'ajouter que là encore, dans ces vieux documents dont nous venons de commenter les textes, dans cette vieille Égypte dont nous avons admiré les doctrines, on eût sans doute voulu retrouver les origines du christianisme, comme on croyait les découvrir dans la Perse ou dans l'Inde. Que manquerait-il, en effet, pour reconstituer toute la foi chrétienne avec les éléments dont la religion de l'Egypte nous a donné l'étonnante synthèse ? Rien, ou à peu près. Nous avons signalé le baptême et la faute originelle ; nous avons reconnu le Rédempteur et le juge des âmes, le divin ressuscité ; on nous a parlé des destinées de l'âme immortelle, du feu de l'enfer, de la vision intuitive, du purgatoire, de Satan et de ses œuvres, de la résurrection des corps, du jugement et de ses balances ; des récompenses promises à ceux qui donneront des vêtements et du pain aux pauvres. Rien ne manque ; et cependant, alors même que l'Egypte aurait connu tous nos dogmes, vingt siècles avant Jésus-Christ et plus tôt encore, qu'en pourrait-on conclure? Ne faudrait-il pas avouer humblement, qu'à l'heure où naissait Jésus, malgré les efforts des philosophes et des sages, ces dogmes étaient à peu près perdus pour l'humanité? Ne faudrait-il pas reconnaître que, malgré les sublimes spéculations de Platon, les panthéistiques élucubrations de l'école d'Alexandrie, les intuitions incertaines d'Hermès, malgré les longs textes gravés sur les portiques et les stèles, les papyrus et les toiles des momies, ces doctrines étaient condamnées à descendre dans la tombe, pour y rester à jamais enfouies en compagnie des morts? Personne ne les aurait rendues aux vivants, sans l'intervention du Christ.

Pour que rien ne manquât à l'évidence de cette vérité et par conséquent à la justification des voies de la Providence, il fallait que l'impuissance humaine fût mise à nu à tous les regards; et c'est pour cela sans doute que Dieu convia les plus beaux génies de l'humanité à tenter l'œuvre qu'il se réservait de réaliser lui-même dans l'avénement de son fils. Il envoya les grands esprits de la Grèce étudier les traditions et les dogmes des anciennes civilisations; et lorsque, pendant trois siècles, les plus nobles intelligences se furent épuisées à cet ingrat labeur, quand il fut bien établi que l'homme était à jamais incapable de dégager les vraies notions de Dieu, de l'âme et de nos destinées, de ce chaos de systèmes et de mythes qui enveloppait la révélation première, on vit pendant trois ans, sur les collines de la Galilée, dans la vallée du Jourdain, sur les bords du lac de Tibériade, un jeune docteur, ignorant les sciences et les lettres humaines, le fils adoptif d'un pauvre charpentier qui n'avait visité ni Athènes ni Alexandrie, qui ne connaissait ni les promenades du Lycée ni les collections du Muséum, enseigner aux peuples, dans des entretiens simples et touchants, ce que les philosophes et les sages n'avaient pu leur apprendre : d'où vient l'homme, où il va, où il est.

Il est étrange qu'on ose formuler une objection contre la divine mission de Jésus, de ce qu'il rend à l'humanité ses traditions vénérables et sa foi des anciens jours. Car enfin, si l'homme a eu toujours les mêmes devoirs vis-à-vis de ses destinées, faut-il au moins qu'il les ait connus dès son origine; et, s'il a eu le malheur d'en oublier le souvenir à travers sa vie, faut-il qu'on le lui rende! Oui, une doctrine nouvelle pourrait seule être une présomption grave et une objection décisive contre l'autorité du Christ : elle semblerait, à juste titre, une accusation contre la sagesse divine et le gouvernement de la Providence.

Ce dont on veut faire si légèrement, contre le fondateur du christianisme, un motif de suspicion et de méfiance ou un sujet de bruyant scandale, reste donc la justification éclatante de sa mission et de son enseignement. Qu'on ne nous objecte plus par conséquent que les doctrines de Jésus sont plus anciennes que lui, que l'humanité les avait connues avant ses prédications : car c'est là un titre de plus à notre respect, c'est peut-être le signe le plus décisif de son autorité. Ici d'ailleurs Dieu a voulu, à cause des graves intérêts qui s'agitent autour de ces questions, que les preuves eussent une puissance redoutable dont les tentatives de notre pensée rebelle et les efforts de nos cœurs corrompus ne peuvent éluder l'implacable logique. Alors même qu'il serait vrai que l'humanité avant le Christ possédait dans leur intégrité tous les enseignements dont l'Evangile deviendra le code, alors même que les dogmes eussent eu l'éclat et la précision dont les écoles philosophiques et les mythologies des temples nous les montrent privés, que pourrait-on en conclure encore une fois contre l'Evangile? L'existence historique du Sauveur, sa mission, son enseignement, sa mort, n'en demeureraient pas moins incontestables ; la fondation de l'Eglise chrétienne par quelques pêcheurs du lac de Génésareth, mis en déroute par la mort de leur maître, trompés par ses vaines promesses de résurrection et de triomphe; le renouvellement du monde païen et barbare sous ce souffle nouveau et vivifiant, les hautes destinées des races chrétiennes, leur supériorité au milieu des peuples, n'en seraient que plus inexplicables. La domination qu'exercent ces croyances sur les nations modernes, l'influence qu'elles exercèrent sur le monde primitif ne seraient-elles pas le plus insoluble de tous les problèmes, si ces dogmes n'avaient aucun fondement, s'ils n'étaient qu'une vaine illusion dont le genre humain est l'éternelle victime?

Or, quel est l'homme assez sûr de lui, pour se dresser en face de l'humanité et lui dire qu'elle se trompe et qu'elle s'est toujours trompée? Quel est le génie assez téméraire pour déclarer à ces générations sans nombre qu'elles sont dans l'erreur? Qui annoncera à ces peuples qui s'agitent sur nos continents, ou se reposent dans leurs sépulcres, que leurs espérances sont des mensonges, leur foi une hallucination, la conscience un mot vide de sens, le vrai, le juste, le bien des idées creuses, sans sonsistance ou réalité? Qui de nous se lèvera pour dire aux anciens et aux modernes : vous avez été dupes de vous-mêmes, seul je suis arrivé au vrai?

Ce serait là un étrange langage, et cependant nous l'entendons tous les jours autour de nous, lorsqu'on nous annonce qu'un nouveau venu a trouvé enfin la vérité et va l'enseigner au monde; lorsqu'un synologue, un indianiste, un sémitisan ou quelque autre érudit vient nous apprendre qu'il a découvert, au pays de ses études favorites, le principe et la source du christianisme ; qu'il a entrevu la genèse des religions; que toutes ces évolutions s'expliquent par les lois générales de l'esprit humain et la marche de la pensée; que ces croyances et ces dogmes n'ont d'autre réalité que le phénomène subjectif dont ils naissent.

Depuis bientôt cent ans, on a répété à chaque génération cette retentissante nouvelle : la lumière est faite, l'erreur est démasquée; et cependant, après les premiers cris de victoire, quand se calmait la fièvre et revenait le sang-froid, on avouait bientôt que les premières solutions étaient peut-être insuffisantes, qu'il en fallait chercher de nouvelles. Dupuy et Strauss, ces triomphateurs de la veille, ont été abandonnés le lendemain, et leurs successeurs eux-mêmes, après avoir un instant agité l'opinion et troublé les consciences, s'en vont sur les mêmes chemins du silence et de l'oubli, portant dans leur vieillesse attristée et solitaire cette condamnation redoutable dont parle Cicéron : *condemnatio taciturnitatis*, juste châtiment de ceux qui incendient les temples pour léguer leurs noms à la postérité.

Ce qui n'empêche pas de voir, chaque année, des légions nouvelles de travailleurs reprendre cette tâche décevante, pour arriver au même succès d'un jour et au même oubli des siècles. Les échecs de ces mille tentatives avortées ne pourront encore décourager ceux qui viendront demain, toujours incapables, dans leur obstination et leur aveuglement, de se laisser instruire par les déceptions de leurs devanciers. Eh bien, qu'ils continuent leur œuvre, car elle tournera toujours au triomphe de la vérité et à la gloire de la religion. Le passé nous donne pour l'avenir des assurances certaines.

En dépouillant les anciens textes des plus vieilles civilisations, on a montré que les dogmes chrétiens étaient, au sein de notre race, avant même la naissance de Jésus, la meilleure part des traditions de la grande famille humaine; on a établi le caractère universel de ces doctrines, leur haute antiquité, leur harmonie merveilleuse avec tous les besoins, toutes les faiblesses et toutes les énergies de notre nature; on a démontré qu'elles formaient la seule religion véritable et qu'elles portaient le signe de Dieu. Voilà ce qui est sorti de toutes les discussions qui ont retenti dans ce siècle, des efforts de ses savants, de l'apparition successive de ses théories se condamnant l'un l'autre. Deux grands faits ont été entourés d'une auréole de lumière qui les met pour jamais à l'abri de toute discussion : le caractère historique de la vie du Christ et l'importance des traditions primitives qui conservaient, au milieu des anciennes races, la plupart de ces dogmes dont l'ensemble forme la vraie religion. Quoi qu'on ait pu faire, toutes les études, toutes les découvertes, tous les progrès de la science ont abouti à cette vérité sur laquelle reposent nos meilleures espérances : le Christ fut un homme, et cet homme est un Dieu. Son passage parmi les habitants de la terre provoqua, à travers les siècles, une agitation féconde, qui s'exprime, avant la naissance du Sauveur, par un ardent désir et, après son départ, par de longs et amers regrets; dans tous les temps, l'homme a répondu à ses promesses par une invincible espérance, et à ses bienfaits par un éternel amour.

« Nous te rendons grâces, ô souverain très-
« haut; par ta bonté, nous avons reçu la lumière
« de ta connaissance; nom saint et vénérable,
« nom unique par lequel Dieu seul doit être béni
« selon la religion paternelle! Puisque tu daignes
« nous accorder à tous la piété paternelle, la
« religion, l'amour et les plus doux bienfaits,
« quand tu nous donnes le sens, la raison, l'in-
« telligence : le sens pour te connaître, la raison
« pour te chercher, l'intelligence pour avoir le
« bonheur de te comprendre. Sauvés par ta puis-
« sance divine, réjouissons-nous de ce que tu te
« montres à nous tout entier; réjouissons-nous
« de ce que tu daignes, dès notre séjour dans ce
« corps, nous consacrer à l'éternité. La seule joie
« de l'homme, c'est la connaissance de ta gran-
« deur. Nous t'avons connue, très-grande lumière,

« toi qui n'es sensible qu'à la seule intelligence.
« Nous t'avons comprise, ô vraie voie de la vie ! ô
« source féconde de toutes les naissances ! Nous
« t'avons connue, ô plénitude génératrice de
« toute la nature ! nous t'avons connue, ô perma-
« nence éternelle ! Dans toute cette prière, ado-
« rant le bien de ta bonté, nous ne te demandons
« que de vouloir nous faire persévérer dans l'a-
« mour de ta connaissance, afin que nous ne
« quittions jamais ce genre de vie (1) ».

---

(1) *Hermès Trismégiste*, liv. II, ch. xv, p. 173.

CONCLUSIONS

Depuis quelques années, une théorie nouvelle de la genèse de l'univers et de l'homme semble prévaloir dans la science et faire tous les jours de plus nombreux adeptes. Pour passer de l'élément fondamental du monde inorganique, de la molécule, à ces formes primitives où la vie se montre encore incertaine et hésitante, chez des êtres qu'il est malaisé de classer dans le règne minéral ou parmi les végétaux; pour passer ensuite de la vie végétale à cet épanouissement supérieur qui forme le règne animal, où chaque individu sent, hésite, choisit, se meut, se dirige par ses instincts, sa raison, son libre arbitre; pour franchir ces frontières et traverser les distances qui les séparent : il ne semble plus nécessaire aujourd'hui d'avoir recours à une force extérieure qui constitue par un acte souverain d'intelligence et de volonté ces groupes distincts, ces types fixes et permanents, ces cadres inflexibles, dans lesquels on avait distribué autrefois le monde de la matière et celui de la vie. Une force aveugle mais progressive, un ressort caché et sans cesse agissant au sein de l'univers, pousseraient à travers des évolutions lentes et fatales, par mille degrés et mille nuances à peine appréciables, le mouvement ascendant de la vie et amèneraient l'apparition successive de tous ces êtres que le temps, de compagnie avec les circonstances heureuses, façonne en cachette dans le laboratoire impénétrable du *to fieri*.

Le monde inorganique contient le germe de la cellule; la cellule, le germe de tout ce qui respire. Laissez-les faire et restez en paix : vous en verrez sortir le monde avec ses soleils, ses planètes, ses continents, ses plantes, ses animaux et l'harmonie qui domine toutes ces manifestations de l'être et de la vie, comme Minerve sortait autrefois d'une laborieuse migraine de Jupiter. Lentement et pas à pas, la plante naît de la pierre; l'animal, de la plante; l'homme, de l'animal. Ce dernier n'est qu'un singe heureux dont le temps et les circonstances soulevèrent à propos le crâne aplati pour y loger dans la boîte osseuse du cerveau le libre arbitre et la pensée, tandis que sa queue se détachait sans doute, un beau jour qu'il gambadait suspendu par cet appendice aux branches d'un grand arbre.

A l'origine, l'homme ne fut qu'un animal perdu dans la foule des bipèdes qui s'agitent sur nos continents : comme eux, il cherchait un refuge dans les cavernes, vivait en compagnie des fauves dont il se protégeait de son mieux par la fuite et plus tard par des armes de silex, quand les circonstances lui eurent donné assez d'esprit et de loisir pour songer à ce nouvel engin de guerre encore inconnu de ses cousins. A la longue il apprit à pétrir un peu d'argile dans ses mains plus souples et plus adroites, à fabriquer des vases informes où cuisaient, sur le feu qu'il venait de surprendre dans l'étincelle d'un caillou, les chairs appétissantes de quelque gibier pris au gîte ou forcé à la course. Entre temps, et sans doute après boire, il s'essayait, en poussant des cris inarticulés, à tirer de son gosier, encore rauque et caverneux, des sons plus nets et plus fermes dont il ferait des mots, aussitôt qu'il aurait des idées. Or ceci, comme le reste, vint à son tour, avec du temps, de la patience et des circonstances favorables. Chaque jour se multipliaient ainsi d'utiles inventions et de nouvelles ressources; chaque génération assurait par son travail quelque important progrès à ceux qui viendraient après elle. Pour tout cela, il est facile de le comprendre, il fallut bien des siècles. Le temps est un grand démolisseur qui ne rebâtit guère, ou du moins ne se hâte pas. Faute d'une cause plus active pour expliquer de tels phénomènes : la formation des mondes, la genèse des espèces, l'évolution simienne, la civilisation et le progrès, on demande donc beaucoup de temps, et on a raison sans doute, car enfin il fallait bien attendre les circonstances propices, qui pouvaient ne pas se presser : les singes à côté de nous sont bien obligés de prendre patience. D'ailleurs du temps, on en a tant qu'on veut : qui aurait le droit de le mesurer à l'aune et de prétendre qu'on en prend trop ? Telle est la théorie nouvelle.

Je n'ai pas à parler ici des minéraux et des plantes, des végétaux et des bêtes : ceci regarde les naturalistes, et pour le moment n'est pas de mon ressort; je dois m'en tenir à l'homme. Or, sur son origine, nous avions eu jusqu'à ce jour des idées différentes. On nous avait appris qu'il avait été créé par Dieu dans un acte de libre volonté et de souveraine puissance; que son corps avait été pétri de cette boue où il retourne; que son âme avait été formée par le souffle de Dieu et qu'elle revient vers son divin auteur. On nous avait dit que Dieu avait fait l'homme heureux mais libre, et qu'une faute l'avait entraîné dans une chute profonde et condamné à mourir. Dès ce jour, il avait été soumis au travail et à la douleur : le vaste et stérile domaine de la terre lui avait été livré pour y chercher sa vie; le monde, pour qu'il en fît la conquête à ses risques et périls. Enfin on nous avait dit que notre infortune ne fut point sans espérance : Dieu, en quittant nos pères, leur laissa des promesses qu'il se réservait d'accomplir à son heure.

Or, si c'est au nom des faits réellement acquis à la science que l'on veut aujourd'hui renverser ces enseignements; j'ose affirmer qu'on n'en a pas le droit.

Il est en effet constaté, nous l'avons dit dans notre introduction, que les débuts de l'homme sur la terre, aux époques préhistoriques, furent laborieux et durs; que nos pères rencontrèrent autour d'eux d'âpres résistances et traversèrent des jours de misère et d'angoisse. Mais comment se faire illusion et ne pas reconnaître qu'ils n'eurent jamais plus besoin qu'à cette heure d'intelligence, d'ardents efforts et de constante volonté, pour se sauver des périls sans nombre qui les environnaient, et entreprendre la conquête de ce patrimoine où ils étaient reçus, non plus comme des maîtres, mais comme des esclaves? Avait-on jamais enseigné que le fugitif d'Eden, poursuivi à travers les sables brûlants par la colère de Dieu, fût entré dans la vie en souverain et en triomphateur; et devions-nous être étonnés de le rencontrer solitaire et errant sur ce sol, qui ne savait plus produire que des épines et attendait la sueur de son front pour donner du pain?

En fouillant les grottes profondes où s'abritaient nos aïeux, si la science a découvert quelque chose, c'est la malédiction qui pesait sur des coupables, c'est la redoutable sentence que le Créateur avait prononcée contre eux. Qu'on ne vienne pas nous dire, en effet, que cette existence laborieuse et agitée, cette poignante misère doivent être mises au compte de leur intelligence bornée et somnolente, sous le crâne encore trop étroit des descendants du singe. On rencontrerait dans les faits une contradiction sans réplique. Dans les conditions où se trouvaient ces hommes, privés de toutes les ressources que nous ont léguées l'activité, l'initiative et le travail de tant de siècles, il leur fallut dans ce dénuement absolu au moins autant de pénétration, d'habileté et d'intelligence pour découvrir le feu, pétrir l'argile, ciseler de grossières parures, tailler les pointes de silex, qu'il en faut aujourd'hui pour fondre un canon Krupp, construire un navire blindé, après l'inappréciable héritage que nous ont laissé des générations innombrables de travailleurs. Nous pouvons le dire sans crainte : avec sa hache d'obsidienne emmanchée en un andouiller de cerf et sa flèche de silex, l'habitant de nos cavernes était vis-à-vis du singe au même niveau que le chasseur qui vise l'orang-outang de sa carabine et garde à sa ceinture un revolver pour les dernières luttes.

Si les découvertes archéologiques de ces derniers temps prouvent quelque chose, c'est ce que nous savions depuis longtemps : que l'homme, au lendemain de son apparition sur la terre, avait été jeté dans une rude épreuve ; qu'il entra dans la vie désarmé et maudit, voué aux plus durs labeurs, à la tâche des condamnés. N'eût-il pas été étrange, en effet, de rencontrer l'homme des âges primitifs seigneur heureux et prince tout-puissant en son immense fief, après ces paroles du Créateur : *Maledicta terra in opere tuo; in laboribus comedes ex ea cunctis diebus vitæ tuæ. Spinas et tribulos germinabit tibi. In sudore vultus tui vesceris pane, donec revertaris in terram de qua sumptus es: quia pulvis es et in pulverem reverteris.*

Mais si nous n'avons pas eu de surprise, le jour où commençaient à se révéler, sur toutes les parties de nos vieux continents, ces restes inattendus des premières phases de la civilisation, les partisans du progrès nécessaire et fatal pourront-ils à leur tour envisager sans inquiétude qu'en plein xixe siècle les peuples qui marchent à la tête de l'humanité, et demeurent les représentants les plus puissants et les plus illustres de notre race, après des péripéties sans nombre, des migrations sous tous les climats, des batailles qui mêlaient dans la victoire et la défaite le sang des races opposées, après des révolutions innombrables qui transformaient leurs constitutions et leurs lois, renversaient les trônes et les autels pour en relever d'autres et changeaient bientôt la face du monde; après tous les efforts des philosophes de la Grèce et de Rome, du moyen âge et des temps modernes; après Socrate et Platon; après Cicéron et Epictète, après Augustin, Anselme, Thomas d'Aquin, Pascal, Bossuet et Leibniz, après Spinosa, Kant et Hégel : l'humaine intelligence n'a encore rien trouvé de meilleur que les enseignements et la foi de ces peuples oubliés, qui vivaient dix siècles avant Moïse et étaient déjà vieux quand Abraham quittait avec ses caravanes les terres d'Ur au pays de Chaldée. Tous les nuages se sont amoncelés autour de ces dogmes; toutes les tempêtes ont obscurci ce rayonnement lointain, qui depuis le jour de la création montrait à l'homme sa voie; ces lampes mystérieuses, qui veillent dans l'atmosphère inquiète de la pensée humaine, furent agitées par tous les vents; des nuits plus épaisses et plus longues que celles des pôles s'étendirent sur des peuples entiers et les enveloppèrent de leurs ombres; des générations innombrables marchèrent à tâtons sur les sentiers de la vie : mais tout cela n'avait qu'un temps; partout de vagues lueurs pénétraient les bords des horizons et semblaient par leur visite rappeler aux habitants de la terre, que si les astres du ciel peuvent s'obscurcir et le soleil se voiler, les dogmes essentiels à la vie religieuse et morale ne doivent jamais périr.

La loi qui domine et dirige l'histoire religieuse de l'humanité n'est donc pas une loi de progrès, amenant, à travers les phases fatales d'une évolution ascendante, la pensée humaine vers des conceptions plus hautes et des idées plus pures. C'est par une confusion inexplicable que des esprits d'ordinaire pénétrants et critiques ont transporté cette loi de l'ordre matériel et de la sphère de nos connaissances naturelles dans un domaine étranger, dans un monde à part qui échappe à son influence. Oui sans doute et je suis le premier à le reconnaître : quand il s'agit d'agriculture, d'industrie, de commerce, de chemins de fer et de télégraphes, de chimie, de physique, de biologie, d'histoire, de linguistique et d'archéologie : il ne peut y avoir d'autre loi pour diriger la marche de nos connaissances que celle d'un perpétuel progrès. Les observations de la veille provoquent et préparent celles du lendemain; chaque jour on fait un pas en avant; les faits constatés s'enregistrent tour à tour dans les dossiers de la science, et chaque génération nouvelle n'a plus à reprendre le travail qui a déjà été fait pour elle. Mais, quand il s'agit de vérités ou de faits qui échappent pour la plupart à l'expérience et demeurent, pour les intelligences les plus lumineuses comme pour les esprits les plus obscurs, entourés d'assez de clarté pour qu'on ne puisse en détourner le regard et enveloppés de mystères assez impénétrables pour qu'on ne puisse en sonder les profondeurs, on ne peut s'attendre, en face de cet ordre nouveau, qu'à des crises de découragement et de doute, d'enthousiasme et de foi; on ne peut prévoir que des mouvements révolutionnaires, ramenant les intelligences d'un côté ou de l'autre; il ne faut compter que sur de longues et lentes étapes dans l'incertitude ou la paix, l'erreur ou la vérité : Mais de progrès, comme dans les sciences naturelles, il ne peut y en avoir.

C'est bien, en effet, avec ce caractère que se présente à tout observateur attentif et impartial l'histoire religieuse de l'humanité. Les sages les plus habiles, les penseurs les plus profonds, les longs travaux des écoles, en Egypte, dans l'Inde, en Chine, en Grèce, n'ont pu améliorer la religion de leurs contemporains et n'ont assuré aucun progrès aux générations qui les suivirent. L'initiative privée n'a exercé d'influence sérieuse sur la vie religieuse des nations que lorsque les questions sociales ou les passions politiques se cachaient derrière l'étendard des réformateurs, comme dans l'apparition du Bouddhisme et le triomphe de Mahomet.

Nous retrouvons partout des révolutions religieuses; mais de lentes transformations progressives, il n'y en a nulle part.

Je demanderai humblement à nos philosophes modernes quel progrès ont préparé leurs travaux à la religion de leurs admirateurs. Ont-ils fixé une vérité encore douteuse avant eux? ont-ils chassé une erreur du domaine de la pensée? Si Cousin, Jouffroy et les autres dont j'honore le talent et respecte la mémoire, n'étaient jamais montés sur leur chaire de philosophie, il manquerait sans doute à notre littérature moderne quelques pages brillantes, mais resterait-il une lacune dans la foi des croyants, une incertitude de moins dans l'esprit de ceux qui doutent? On peut l'affirmer hautement, quand il s'agit d'histoire religieuse, dans les âges lointains comme de nos jours : les faits donnent sans cesse un éclatant démenti à la théorie du progrès dont on essaye en vain de faire l'unique loi de la vie intellectuelle et morale de l'homme.

Mais si les faits refusent leur sanction à la doctrine nouvelle, je puis ajouter que, jusqu'à cette heure, ils rendent un témoignage décisif aux enseignements de la foi. Elle nous avait dit, en effet, que l'homme à son origine avait eu de Dieu une idée juste et vraie; qu'il avait connu ses destinées et son devoir dans la vie aussi bien que la sanction redoutable qui l'attendait à la mort ; que par sa faute il avait perdu la place élevée que Dieu lui avait faite dans la création, mais qu'un jour un rédempteur lui rendrait ses espérances et ses droits. Elle nous avait dit que peu à peu, par la force même des choses, par l'infirmité de notre intelligence, les passions de notre cœur, l'isolement de la famille humaine au milieu de l'univers et l'influence qu'exercent les spectacles de la nature sur nos imaginations troublées et incertaines : ces hautes pensées s'étaient effacées lentement et perdues dans de vagues souvenirs qui pénètrent encore de leurs lueurs intermittentes toutes les vieilles religions de l'antiquité. Elle nous avait appris enfin qu'à mesure que la lumière de ces enseignements des premiers jours se perdait dans l'obscurité plus profonde qui envahissait partout l'intelligence humaine, à mesure que s'éteignaient ces points lumineux qui avaient suffi encore à diriger dans la nuit ces frêles barques qui portent vers de meilleurs rivages nos immortelles destinées, Dieu rallumait au milieu des grandes nations qui détenaient alors dans leurs mains les forces et les espérances de l'humanité, comme un éclatant flambeau dont le rayonnement lointain grandissait sans cesse pour attirer le regard et montrer la route à tous ces peuples perdus dans la nuit.

Telle fut la glorieuse mission de la famille d'Israël. Dieu la plaça entre les grands royaumes d'Assyrie et d'Egypte, aux confins de la Phénicie dont les innombrables navires abordaient toutes les plages de nos continents ; il la promenait sous la tente dans la terre de Gessen, sur les barques du Nil, dans les montagnes du Sinaï ; il la transportait sur les chariots assyriens aux bords de l'Euphrate, aux portes de Babylone, et il semble qu'il ne se soit pas rencontré une grande ville et une grande nation que Dieu ait oublié de faire visiter tôt ou tard par quelques-uns de ces sages qui avaient reçu le dépôt des véritables doctrines et les promesses dont le monde allait voir bientôt l'accomplissement.

Ainsi lorsque les dernières lueurs des enseignements primitifs s'éteignaient partout, comme les pâles rayons du crépuscule, quand la nuit étendait ses ombres plus épaisses sur tous les horizons de la terre, déjà de nouvelles clartés pénétraient le ciel du côté de l'Orient. Incertaine et circonscrite d'abord dans un cercle étroit et mobile, cette aurore grandissait sans cesse, illuminant de ses rayons les sommets de la terre, jusqu'à l'heure où son éclat se perdit dans les splendeurs du soleil qui se levait des collines éternelles et illuminait le monde de sa féconde lumière et de sa vivifiante chaleur (1).

Ce fut alors à travers la création un tressaillement de joie et un cri d'allégresse qui retentissait jusque dans les entrailles de la terre. Dans leur tombeau d'Idumée, sur les plages syriennes, les vieux enfants de Sem, qui par la bouche de Job avaient proclamé leur rédempteur vivant, qui avaient gardé dans le silence et les ténèbres du sépulcre la certitude de le voir un jour se dresser sur leurs cendres; dans la vallée du Nil, les fils de Cham, qui attendaient le sauveur et le juge des âmes, le véritable Osiris, celui qui pèse dans

---

(1) Moyses lucerna.... Jesus autem sol justitiæ, si non fulget mundus et illuminatur, non sit sol.

Euseb. Pamph. *De Resurrect. et Ascens.* lib. II.

les balances le cœur de chaque mortel, n'étaient point déçus dans leur foi. Ceux qui avaient donné du pain à qui avait faim, de l'eau à qui avait soif, des vêtements à qui était nu : malgré les erreurs de leur sacerdoce, les égarements de leurs sages, pouvaient encore se réclamer de lui, s'autoriser de ses paroles, de ses antiques promesses et de leur longue espérance pour demander grâce à son tribunal.

Depuis ce jour, loin déjà de dix-huit siècles, les générations humaines ont continué à naître et à mourir, traversant les mêmes chemins, se retirant par la même porte, sans rencontrer sur leur route de meilleure espérance. Les humbles et les pauvres, les ignorants et les docteurs, les puissants et les heureux n'ont pas eu des destinées différentes : tous sont descendus dans le même oubli, en cette commune demeure où s'en va toute chair pour attendre le jour du réveil. Après de longs débats, des luttes retentissantes, de patientes recherches, à l'heure de quitter la vie pour aborder les rivages inconnus, ils n'ont rien trouvé de mieux pour consoler leur départ que ces antiques croyances qui avaient rayonné sur leur berceau et venaient visiter leur tombe. Ainsi feront ceux qui marchent après nous, jusqu'à ce que se lève le jour des grandes révélations, le jour où tomberont les voiles qui nous cachent l'avenir.

En attendant, nous pouvons avancer sans inquiétude, au milieu de cette foule immense de croyants qui nous enveloppe de toutes parts. L'histoire de l'humanité est la justification éclatante de notre foi, et la science, malgré les airs indépendants et frondeurs qu'on essaye en vain de lui donner, rend un solennel témoigage à l'inébranlable autorité de nos dogmes. Interrogée sur nos origines, sur le passé et sur le présent, elle a toujours la même réponse : l'homme est tombé et il souffre ; mais sa douleur est une expiation et sa chute n'est pas sans espérance.

Et, en effet, depuis les premiers âges, où nous l'avons rencontré infortuné et maudit, promenant à travers tous les climats sa condamnation et sa déchéance, l'homme n'a point changé. Intelligent et actif, prêt pour toutes les luttes, armé pour tous les progrès, en quête de toutes les découvertes, il accomplit la tâche que Dieu lui donna : *Replete terram et subjicite eam, et dominamini piscibus maris et volatilibus cœli et universis animantibus quæ moventur super terram.* A tous les jours de notre histoire, les hommes ont continué à croître, à se multiplier, à dompter la matière, à discipliner ses forces, à surprendre ses secrets, à pénétrer ses arcanes. Sur plus d'un point, leurs efforts ont été récompensés par le succès ; et cependant le sort de notre race ne paraît guère en devenir meilleur. Après tous nos progrès, comme au temps de nos premiers essais, il semble que les mêmes souffrances et les mêmes douleurs s'attachent à nos pas : la même condamnation pèse sur la famille humaine. Si, à certains points de vue, notre destinée ici-bas est moins dure que celle de nos pères ; si l'inestimable trésor d'expérience et de progrès qu'ils nous ont laissé semble avoir apporté quelque soulagement à notre misère, nous n'en naissons pas moins dans la douleur, nous n'en quittons pas moins la vie par la porte sombre et étroite du tombeau. Et même, à travers cette courte existence, est-il bien sûr que nos jours soient meilleurs ? Ne dirait-on pas que ceux qui ont travaillé pour nous aient été jaloux de la bonne fortune qu'ils préparaient de loin à leurs héritiers, quand ils n'ont pas voulu nous livrer sans réserve l'acquit immense dont ils disposaient à leur mort ? Avec une fatale adresse, ils ont su, en effet, mêler pour toujours dans leur legs aussi précieux que redoutable une mesure égale et de bien et de mal. Tandis que, dans leurs terres défrichées, dans leurs demeures remplies d'ingénieuses découvertes et d'inestimables inventions, ils nous abandonnaient d'immenses richesses, fruit d'immenses labeurs ; dans un sang agité par toutes les colères, brûlé dans sa séve par toutes les ardeurs des passions, devenu chaque jour plus prompt à toutes les convoitises et plus pauvre par tous les excès, ils nous préparaient un principe d'inépuisables souffrances et d'une incurable langueur. Ainsi, d'un côté, tandis que le travail, l'expérience, de nobles efforts nous assuraient un riche héritage et nous promettaient quelque soulagement au milieu de notre commune détresse; d'un autre côté, les fautes de nos pères, leurs passions et leurs vices creusaient dans les entrailles humaines une source profonde d'où s'écoulent plus abondantes ces eaux amères qui portent à travers nos membres la lassitude, le dégoût, une inexprimable tristesse, et tous ces ravages inconnus aux temps primitifs qui apparaissent à nos regards inquiets comme des symptômes de décadence et de mort.

C'était peut-être ainsi qu'en ordonnait l'éternelle justice, pour que les fils ne pussent être jaloux de leurs pères, et les pères de leurs enfants. Un redoutable équilibre devait s'établir et distribuer d'une manière égale la part de douleur que l'humanité doit payer, au cours de sa longue carrière.

Qu'ils sont donc mal venus parmi nous, qui portons un si lourd fardeau et pouvons à peine soulever sur nos bras amaigris le poids qui pesait sur nos aïeux, qu'ils sont mal venus ces plaignants de toute sorte qui se disent nés trop tôt ou trop tard! Quelques-uns de ces rêveurs auraient voulu vivre au temps où sur la terre il était des poëtes qui chantaient sans le savoir, alors que se formaient dans un brillant mirage de lumière et de poésie ces mythes charmants de la Grèce et ces vieilles légendes d'Homère, alors que peuples et rois étaient des pasteurs guidant leurs troupeaux à travers les pâturages. Séduisante idylle et rêve doré qui trouble le savant jusque dans son cabinet confortable; mais songe creux du passé dont les réalités font justice tout aussi bien que des promesses de l'avenir. On nous prédit un temps et on nous annonce une époque où l'homme, ayant soumis toutes les forces, pénétré tous les mystères et conquis jusqu'à ses dernières limites le fief que le créateur donna à notre race, sera un demi-dieu; et quelques-uns d'entre nous voudraient se réserver pour cet âge. Naïve ou orgueilleuse illusion? je ne sais; mais toujours étrange et dangereuse erreur, pour laquelle nos passions suffisent à préparer une réfutation sans replique. Le passé répond par ses souvenirs douloureux à tous ces faux prophètes et parle d'un autre avenir. Le cœur de l'homme, avec ses indomptables convoitises et ses envahissantes ardeurs, porte en lui toute la solution du problème. Or, si nous écoutons ses pulsations et ses battements fiévreux, plus que jamais on peut affirmer à cette heure que l'humanité n'en a pas fini avec la douleur. Oui, la même mesure et le même poids de misère, qu'il tombe sur l'âme ou sur le corps, pèsera sur chaque génération.

Demain, comme aujourd'hui et hier, il faudra payer le juste impôt de souffrance que la justice de Dieu prélève sur chacun de ceux qui traversent le divin domaine de la vie. Il semble que ce soit le droit de péage que le maître réclame des serfs révoltés. Rien n'a changé et rien ne changera : les misères des premiers mortels valent les nôtres, les nôtres valent bien les leurs ; et ceux qui viendront après nous n'auront rien à nous envier de ce côté. Si nous avons du pain, des armes, des demeures à l'abri du vent et de la pluie, de la laine, de la soie, des parures d'or et de diamant, la douleur sait encore nous atteindre sous les tissus précieux, et les souffrances semblent aussi se trouver plus à l'aise au milieu de ces richesses Peut-être même, comme il convient à des gens raffinés qui ne se peuvent contenter du médiocre, en goûtons-nous de plus amères et de plus pénétrantes que les natures trop jeunes et trop rudes de nos aïeux n'auraient point su apprécier à leur haute valeur. Ainsi, je le repète, s'accomplit toute justice. Nous bénéficions à la fois des succès et des erreurs, des vertus et des vices, des efforts et des défaillances de tous les siècles passés. Or, tant que les choses en iront ainsi, tant que la douleur et le plaisir demeureront les deux forces dominatrices qui soulèvent et repoussent en une perpétuelle et tumultueuse agitation les flots mouvants de l'âme humaine ; tant que ce double levier, principe unique de tout mouvement et de tout effort, centre de toute activité, oscillera au foyer de notre vie : la conscience aura à se prononcer sur la limite qu'impose le devoir et que fixe le droit, d'un côté à nos appétits qui nous jettent vers la jouissance, de l'autre à notre crainte de souffrir qui nous fait reculer devant le sacrifice, l'abnégation et la douleur. Elle tracera cette frontière sacrée dont aucun motif n'autorise et ne justifie la transgression. Quels que soient les reproches ou les éloges, le blâme ou l'indulgence des contemporains et de l'histoire, cette voix mystérieuse mais souveraine, qui prononce d'éternels arrêts, au sein de notre âme agitée et mobile, au milieu de notre vie fugitive et oubliée, réclamera toujours, par de là les limites étroites où s'écoule notre existence, une sanction suprême à des jugements qu'en ce monde elle ne saurait faire prévaloir. Toujours le juge qui pèse le cœur de l'homme dans de justes balances nous apparaîtra aux confins d'un monde nouveau, sur le trône de l'éternelle justice, sur ce tribunal pour lequel il n'y a ni erreur ni faiblesse, ni succès ni échec, pour lequel il n'y a que ces deux choses sacrées qui dominent le temps et l'éternité : le devoir et le droit.

De plus, tant que l'homme portera sur son front le signe de la malédiction première et qu'il sera condamné à cette expiation que paye chaque recrue humaine ; tant que l'homme continuera à semer pour ses fils la prospérité par son travail et ses vertus, la douleur par ses passions et ses débordements ; tant que ce double héritage ira grandissant à travers les siècles et s'équilibrant sans cesse dans de nouvelles jouissances, sources fécondes de nouvelles douleurs ; tant que l'homme continuera à naître, en déchirant dans des tourments atroces le sein de sa mère, exécuteur inconscient des justices divines : *Multiplicabo ærumnas tuas et conceptus tuos, in dolore paries filios ;* tant que son âme, pour se retirer de son corps, brisera dans les douleurs de l'agonie ces dernières fibres qui la retiennent captive ; tant qu'il laissera, à chacun des jours mauvais et rapides de son existence, quelques gouttes de sang sur les chemins où il passe ; tant qu'il y aura sur la terre une injustice, dans notre cœur une souffrance ; tant que nos yeux se mouilleront de larmes et que nous continuerons à mourir : une heure ou l'autre, il nous faudra porter nos regards au delà des horizons bornés de la terre et chercher dans un monde nouveau les espérances ou seulement la justice que celui-ci nous refuse. Toujours, comme au temps de Job et au pays de Hus, comme aux bords du Nil, au temps des fidèles d'Osiris, l'homme espérera en un libérateur, l'appellera de ses cris, le saluera de ses bénédictions et le proclamera son seigneur et son maître : pour lui sera sa reconnaissance la plus émue, son respect le plus sacré, son dévouement le plus inviolable.

Enfin, tant que l'homme, pétri de chair et de boue, gardera le sentiment de ses défaillances et la honte des souillures qui le flétrissent; tant qu'il entendra ces appels sublimes qui retentissent en son cœur vers de nobles dévouements, vers une vie plus pure et un idéal qu'il ne peut atteindre en sa native impuissance; tant que régneront en nos âmes divisées le désir du bien et l'appetit du mal; tant que se prolongera cette lutte intestine qui fit gémir toutes les générations humaines, arracha des cris émouvants aux impies et aux saints, au libertin dans ses débauches, au moine derrière les murailles de son cloître : il faudra ou désespérer de Dieu et de soi-même, de l'humanité et de la création, ou croire en ce Sauveur des âmes qui lui-même traversa la vie, connut nos déceptions et nos tourments, goûta toutes nos douleurs, sentit toutes nos faiblesses et porta dans sa poitrine le cœur d'un homme sur celui d'un Dieu. Il faudra croire et espérer en lui, du sein de notre incurable misère; en ses mains il faudra avec confiance remettre notre cause, et dans ses bras rendre notre dernier soupir. Il nous connaît et nous aime; hier encore il était un de nous : son nom béni demeurera à jamais le dernier mot de l'espérance humaine.

Heureux donc aujourd'hui, comme aux jours de Job, ceux qui sur sa poitrine s'endorment du sommeil de la mort, ceux qui peuvent répéter à l'heure suprême, avec une foi que ne troublent ni le silence du tombeau, ni les impénétrables mystères du monde à venir :

> Oui ! je sais que mon rédempteur est vivant,
> Qu'il se dressera le dernier sur la poussière,
> Que de ce squelette retrouvant ses formes,
> De ma chair je verrai Dieu.
> Moi-même je le verrai,
> Mes yeux le contempleront, non ceux d'un autre.

Heureux enfin ceux qui entendront à ce moment décisif cette parole : La balance divine est satisfaite : ils ne mourront pas de la seconde mort.

TABLE DES MATIÈRES

INTRODUCTION
CHAPITRE I.
ÉTAT DE LA QUESTION.

But de ce travail. — Son importance au point de vue du livre de Job et de l'histoire générale des dogmes dans les civilisations primitives. 1

CHAPITRE II.
LA STÈLE.

Le livre de Job et sa profession de foi en la vie future, en l'intervention d'un vengeur, en la résurrection de la chair. — Place et influence de cette déclaration dans les discussions du patriarche sémite et de ses amis. — Job voudrait la graver sur une stèle qui se dresserait sur sa tombe. — Rapports de ce texte avec les inscriptions funéraires de l'ancienne Égypte. — La même inspiration a présidé à leur composition. 17

CHAPITRE III.
DIEU DANS LA THÉOLOGIE ÉGYPTIENNE.

La psychologie et les langues dans les civilisations primitives, leur influence sur les évolutions du dogme et la formation des mythologies. — Difficultés qui nous empêchent de saisir dans son véritable jour cette phase de l'histoire de l'esprit humain. — Les dieux de la vieille Egypte : polythéisme et monothéisme. — Explication de cette anomalie. — Le Dieu éternel, unique, créateur, providence d'après les textes originaux. — Vie intime de Dieu dans ses triades composées d'une substance unique et de trois personnes. 39

CHAPITRE IV.

OSIRIS, SAUVEUR ET JUGE DES AMES.

Osiris au sein du Dieu unique. — Il a tous les attributs de Dieu : éternel, tout-puissant, il est le maître au-dessus de tout; on vit par ses créations, personne ne vit sans sa volonté. — Sa place et son rôle dans la triade divine. — Incarnation d'Osiris. — Sa vie sur la terre ; les peuples captivés par le charme de sa parole s'attachent à ses pas; il fait la conquête du monde sans avoir recours aux armes. — Sa mort à l'âge de vingt-huit ans, sa résurrection, son royaume. — Osiris juge et sauveur des âmes. — Osiris et Jésus-Christ. — Origine du mythe osirien 79

CHAPITRE V.

INTERVENTION DU GOEL.

Le Goël dans les civilisations primitives. — Le divin Goël de la profession de foi du patriarche sémite. — Comment il intervient à la mort pour rétablir la justice dans un jugement sans appel. — Il rend à chacun selon ses œuvres. — Attributions analogues d'Osiris. — Horus, Goël de son père. — Le Dieu qui meurt et ressuscite associe ses fidèles à sa résurrection. — Traditions sémitiques à ce sujet. — Explication philologique du texte : *de ma chair je verrai Dieu.* — La doctrine du livre de Job n'a pas été empruntée à l'Égypte. — Traditions parallèles dans les deux races de Sem et de Cham, mieux conservées parmi les Sémites, où la mythologie ne semble pouvoir prendre pied, du moins dans la famille d'Israël. 119

CHAPITRE VI.

LE JUGEMENT ET SES CONSÉQUENCES.

La salle de la grande justice. — Le juge : son caractère et ses attributs. — Appareil du jugement : les balances, le livre de vie, le pèsement des cœurs, la sentence. — Sur quels points porte le jugement. — La morale dans le livre de Job et les documents égyptiens. — Conséquences du jugement : bonheur éternel des élus, châtiments éternels des impies, le feu de l'enfer, la seconde mort. — Le purgatoire. — Le jugement général : les bons à droite, les méchants à gauche. 157

CHAPITRE VII.

LA RÉSURRECTION DES CORPS ET LA VISION INTUITIVE.

La résurrection des corps assimilée à la germination des plantes, à une nouvelle naissance, à une seconde création. — Le démiurge souffle la vie sur le cadavre aussi inerte que l'argile dont il fit le premier homme. — Le ressuscité voit Dieu face à face, il contemple sa beauté, voit son essence. — Le bonheur de l'élu n'aura pas de fin. — Le juste brillera pendant l'éternité comme les astres du firmament. 197

CHAPITRE VIII.

TRADITIONS ET FORMULES.

La grande lutte du ciel et la chute des anges. — Sort de Satan. — Ses interventions dans les affaires humaines d'après les traditions égyptiennes et le livre de Job. — Le péché originel, la circoncision et le baptême. — L'arbre de vie transplanté dans les demeures des élus. — Le fleuve d'eau vive. — Le festin du ciel. — Le second paradis. — Le livre de vie. — La couronne de justification. — Résumé de la théologie égyptienne — Le christianisme avant Jésus-Christ. 223

CONCLUSIONS.

La science et la foi. — Les origines de l'humanité, la chute, l'époque préhistorique. — La théorie du progrès dans l'histoire humaine. — La véritable loi de l'histoire religieuse. — Le passé et l'avenir devant la douleur et la mort. — Le dernier mot de l'espérance humaine. 291

www.ingramcontent.com/pod-product-compliance
Lightning Source LLC
Chambersburg PA
CBHW050307170426
43202CB00011B/1808